D1753146

DIE GEHEIMEN GÄRTEN
von
WIEN

Georg Freiherr v. Gayl | Fotos von Ferdinand Graf von Luckner

DIE GEHEIMEN GÄRTEN
von
WIEN

Unentdeckte Paradiese hinter Hecken und Mauern

Deutsche Verlags-Anstalt

Inhalt

6 *Vorwort*

9 *Romantische Gärten*
10 Verwunschenes Gartenreich in Döbling
16 Gartenhof in Nussdorf
20 Familiengarten in einer Kleingartenkolonie
28 Große Vielfalt in Hietzing
34 Laisser-faire in Unter Sankt Veit
40 Japanromantik in Mauer
46 Garten des Dialogs in Grinzing

53 *Repräsentative Gärten*
54 Ein Garten der Erinnerung
62 Buchsbaum und Gartenkunst in Simmering
66 Bauhausstil im Weingarten
70 Villengarten in Ober Sankt Veit
76 Garten der Fülle in Mauer
84 Josef-Hoffmann-Haus mit zwei Gärten
90 Garten eines Winzerhauses
94 Ein Stück Italien in Grinzing

101 *Stadtgärten*
102 Garten im Geiste Maria Theresias
110 Ein alter Familiengarten in Döbling

117 *Klassische Gärten*
118 Großbürgerlicher Garten im 19. Bezirk
124 Hanggarten mit Wasserlauf
134 Gartenhof in Penzing
140 Südliches Flair in Neustift am Walde

146 *Dachgärten*
148 Andalusien und Alt-Wien
152 Dschungel am Stephansdom
158 An der Kuppel der Karlskirche
164 Über den Dächern am Getreidemarkt
172 Gartenpavillon in Wieden
176 Gemeinschaftsgarten in Penzing
182 Zu Gast bei einer Kosmopolitin
188 Penthouse in Alsergrund

192 Adressen, Dank, Impressum

Vorwort

Seit meiner Kindheit kenne ich Wien. Ab Mitte der 1960er Jahre besuchten wir jeden Sommer meine Großeltern entweder hier in der Stadt oder in einem Forsthaus im Waldviertel bei Grafenschlag.

So durfte ich schon als Junge die Bekanntschaft mit den berühmten Wiener Parkanlagen machen. Eine meiner ersten Erinnerungen ist ein Besuch im Tiergarten Schönbrunn mit meiner Großmutter, wo Löwen in alten Gehegen stoisch auf und ab gingen. Am historischen Palmenhaus vorbei spazierten wir hinauf zur Gloriette, einem Belvedere und gleichzeitig Sichtpunkt am Schönbrunner Berg. Schon damals faszinierten mich die viele Wege flankierenden hohen Hainbuchenhecken, deren strenge Form Gärtner von rollenden Gerüsten aus schnitten.

Das Sowjetische Ehrenmal am Schwarzenbergplatz mit dem riesigen Rotarmisten beeindruckte mich sehr, wenn wir daran vorbeifuhren, um im Park vom Belvedere spazieren zu gehen, und uns das Bild »Der Kuss« von Gustav Klimt anschauten. Auch an den nächtlich illuminierten Park des Prinzen Eugen, der bei Son et Lumière großartig in Szene gesetzt wurde, erinnere ich mich lebhaft.

Manchmal fuhren wir mit der Straßenbahn, die noch mit einer Kurbel durch den Fahrer bedient wurde, oder auch mit dem blauen VW-Käfer meiner Großmutter durch die ziemlich graue, staubige und im Sommer sehr heiße Stadt.

Wien hat sich seit dieser Zeit völlig verändert. Die Sommer sind zwar immer noch heiß, aber die Stadt ist seit den 1980er Jahren immer schöner geworden. Viele öffentliche Plätze wie der Karlsplatz wurden umfassend zu öffentlichen Grünanlagen umgestaltet; Parkanlagen und Stadtplätze wurden neu gestaltet; die dominierenden grauen Häuserfassaden, bedingt durch den sogenannten »Friedenszins«, sind nach der Änderung des österreichischen Mietrechts renoviert worden. Auch die Löwen im Tiergarten Schönbrunn haben neben anderen Tieren schöne, natürlich angelegte Freigehege bekommen.

Wie in fast allen Städten gibt es neben den großen öffentlichen Parkanlagen prächtige Privatgärten. Sie verstecken sich auch in Wien hinter Mauern oder hohen Hecken. Häufig sind sie im Nordwesten der Stadt zu finden. Aber auch hinter baumlosen Straßenfronten nahe der Inneren Stadt kann man Gärten von einer Größe finden, die sich manchmal über einen ganzen Straßenblock erstrecken.

Bei der Suche nach geeigneten Gärten für dieses Buch habe ich Häuser gesehen, in denen die Zeit stehen geblieben zu sein scheint und die einen in ihrer Ausstattung und ihrem Flair sofort in das 18. Jahrhundert versetzen.

Schafft man es einmal hoch hinauf zu einem Dachgarten im 1. Bezirk, also der Inneren Stadt, eröffnet sich eine großartige Dachlandschaft, die vom Wienerwald im Nordwesten eingefasst wird. In diesem Flickenteppich aus Kirchtürmen, Schornsteinen, Schindeln, Pfannen und Zinkblechen überraschen die vielen anderen Dachgärten, die als kleine grüne Punkte gut zu erkennen sind.

Eine Eigenart der Stadt sind die an die Wohngebiete und damit auch an die Gärten direkt angrenzenden Weinberge, die nicht nur von hoher Attraktivität für die Bewohner sind, sondern sich sehr für Ausflüge eignen, die dann häufig an einem Heurigen enden. Auch in den westlichen und südlichen Stadtbezirken konnte ich Gärten finden, die teils überraschend groß waren und sich lohnten, vorgestellt zu werden.

Im Rahmen der Entstehung dieses Bandes machten der Fotograf und ich die Bekanntschaft mit Gärten aus verschiedenen Epochen und von ganz unterschiedlichem Charakter. Auffallend ist, dass trotz Krieg, Zerstörung und politischen Umbrüchen viele alte Gärten erhalten geblieben und daher noch gut erlebbar sind.

Wir haben versucht herauszubekommen, warum Menschen auf eine bestimmte Weise ihre Gärten gestalten, und erfuhren, wie wichtig Kindheitsprägungen auch in diesem Zusammenhang sind. Bei vielen Befragten waren es die Bilder der Kindheit, die ausschlaggebend bei der Gestaltung ihrer eigenen Gärten waren. Eine Bedingung für die Auswahl der vorgestellten Gärten war, dass sie sich in Privatbesitz befinden und nicht öffentlich zugänglich sind und dass sie eben »geheim« sind. Ein zweites Auswahlkriterium war schlicht und ergreifend ihre Besonderheit oder ihre Schönheit.

Öffnet sich die Tür zu einem unbekannten Garten, lässt sich leicht sagen, wer den Garten pflegt. Sind es seine Besitzer selbst oder lassen sie ihn unterhalten? Woran kann man das erkennen? Ein häufiges Indiz ist der Perfektionsgrad der Pflege. Repräsentative Anlagen erheben den Anspruch, die Freianlagen makellos ins Bild zu setzen. Diese Ambition lässt sich jedoch häufig nur mit dienstbaren Geistern erfüllen, die dieser Aufgabe nachgehen und dem Besitzer die Gartenarbeit abnehmen. Nach getaner Arbeit verlassen sie die Anlage dann wieder. Nur noch ganz selten wohnen angestellte Gärtner auch auf den ihnen anvertrauten Anwesen. Der mit eigenen Händen pflegende Gartenbesitzer macht hingegen seine Arbeit vor allem für sich selbst und braucht keine Rücksicht darauf zu nehmen, wie der Garten auf andere wirkt. Für ihn sind die Hauptakteure im Garten seine Pflanzen. Mit ihnen setzt er sich intensiv auseinander, kennt alle Pflanzennamen, schätzt ihr Aussehen und weiß um ihre Ansprüche. Jede Pflanze, ganz gleich ob Zwiebel, Staude, Strauch oder Baum, hat durch das Gespür des Gartenbesitzers irgendwann ihren endgültigen Standort gefunden, auch wenn sie dafür vielleicht mehrfach innerhalb des Gartens umziehen musste.

Ist der Garten mit seinen vielen Bewohnern, seinen versteckten Bereichen, mit Sitz- und Aussichtsplätzen oder einem Wasserbecken auf den ersten Blick nicht erfassbar und muss man ihn erst Schritt für Schritt entdecken, bekommt er wie von selbst etwas Mystisches. Gerade diese Mystik, des Verborgenen und des Unbekannten fasziniert am meisten, und deshalb konnte dieses Buch über die geheimen Gärten der Donaumetropole entstehen.

Blick auf das kupfergrüne Dach des Palais Equitable in der Inneren Stadt.

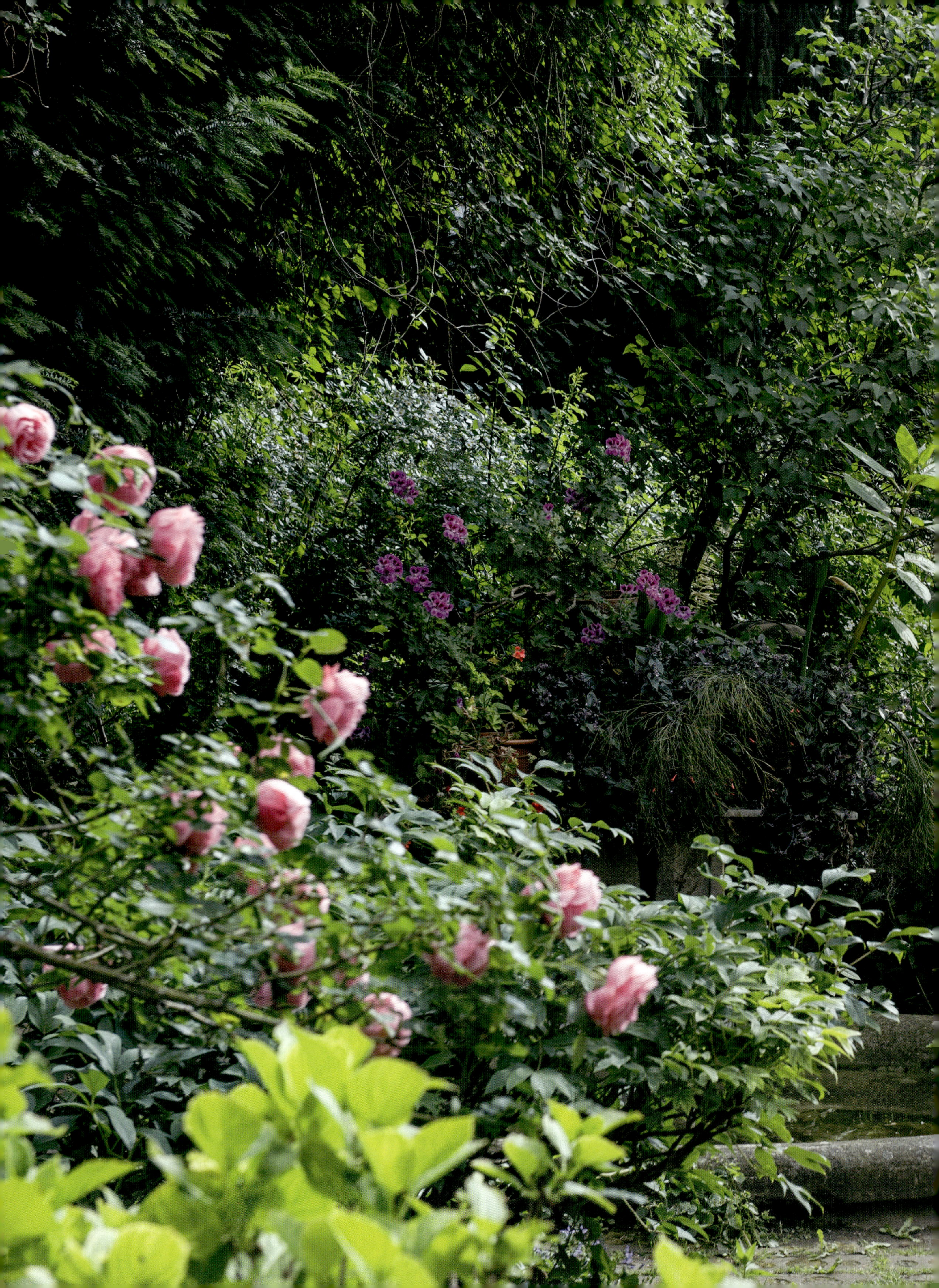

Romantische Gärten

Verwunschenes Gartenreich in Döbling

OBEN: *Gefüllt blühende historische Rosen wie die Sorten 'Jayne Austin' und 'Mme Plantier' rechts im Hintergrund bilden den Übergang vom Garten in die freie Landschaft.*
GEGENÜBER: *Die vielen Sumpf- und Wasserpflanzen im Schwimmteich vergrößern den Artenreichtum im Garten.*

»Das Vorhandene pflegen und durch Neues bereichern« ist das Motto für diesen alten Garten in Wien-Döbling, der im Laufe der Jahre seine Mystik vollends erlangt hat.

Durch die ehemalige Torzufahrt tritt man durch eine Tür aus Sprossenfenstern in den dicht mit Wildem Wein und Efeu bewachsenen, gepflasterten Innenhof des Winzerhauses aus der Biedermeierzeit. Mit dem Kauf Mitte der 1970er Jahre erfolgte die liebevolle Renovierung des Anwesens. Durch den Besuch von Abbruchstellen alter Häuser in Wien wurden auf unkonventionellem Weg historische Bauelemente, wie Fenster, Türen und Beschläge gesichert, und wieder eingebaut, sodass der ursprüngliche Charakter des Gebäudes bewahrt bleiben konnte.

Während der Renovierungsarbeiten wurde auch der schon vorhandene Garten durch konsequentes Absperren der kostbaren Bereiche wirksam geschützt, und durch die ständige Anwesenheit der Bauherren wurden die Bauarbeiter überzeugt, behutsam mit dem Garten umzugehen.

Über ein paar Stufen gelangt man in den höher gelegenen alten Garten. Viele hundert verschiedene Pflanzenarten bilden in Beeten, kleinen Inseln gleich, eigene Gartenräume, die im Halbschatten geschützt unter dem Dach alter Obstbäume liegen. Im Lauf seiner Genese haben sich hier auch Pflanzen selbst angesiedelt, die mit den Bedingungen am jeweiligen Standort zurechtkommen, wenn sie nicht schon durch die Hausherrin eingeführt wurden.

Der Garten hat gerade seinen Reiz, weil er sich ständig wandelt und immer wieder neue Blühbilder schafft. Er wirkt daher nie langweilig. Frühjahrblüher ziehen sich im Gartenjahr wieder ganz in den Boden zurück, und viele Blütenstauden und Gräser kommen erst im Spätsommer nach erfolgtem Wuchs zur Geltung. Anfang Juni ist häufig eine relativ blütenarme Zeit, wenn man sich nicht mit Sommerblumen und Zierlauch zu helfen weiß.

Natürlich hat der Garten auch eine Eigendynamik. Arten-

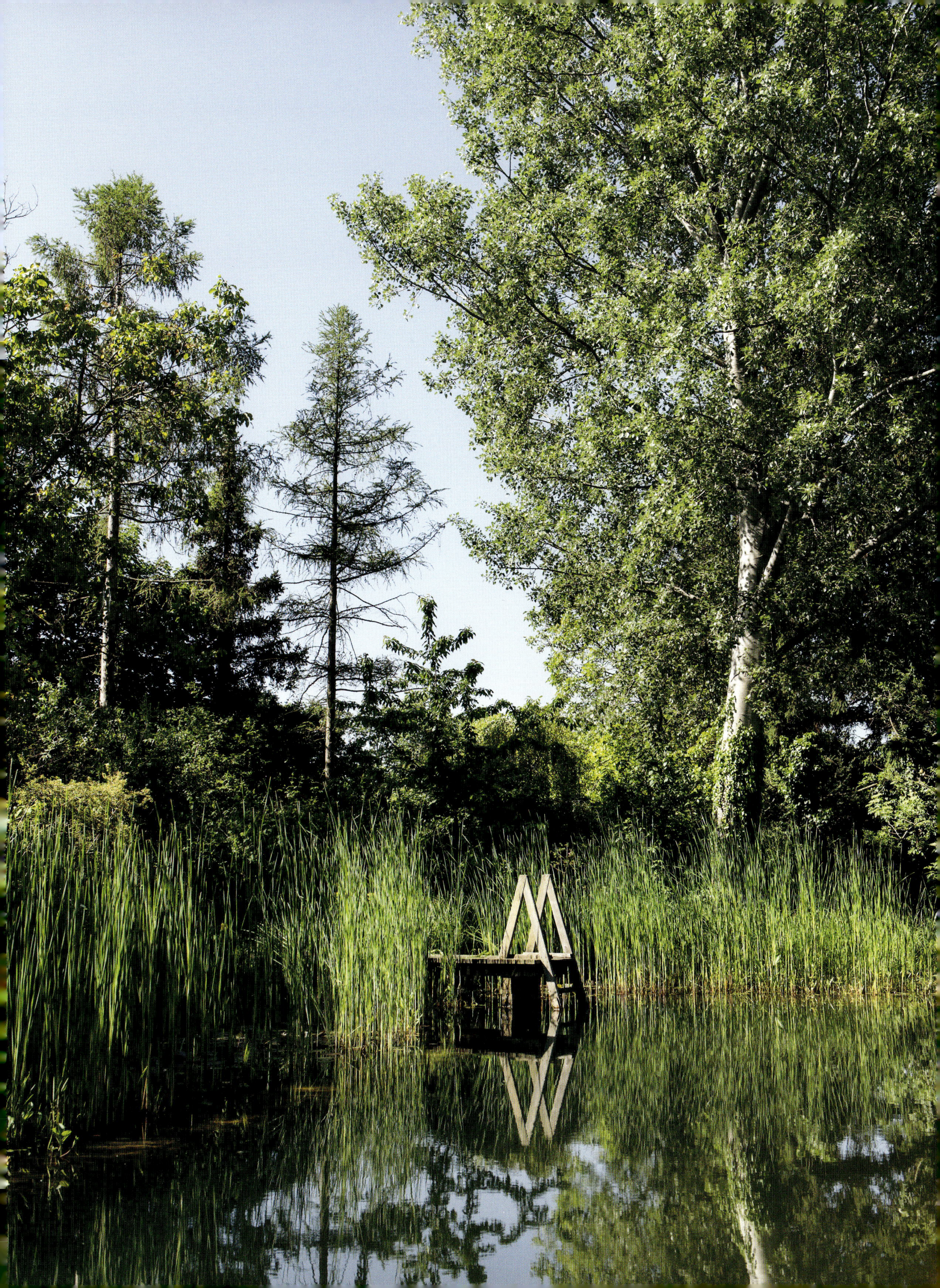

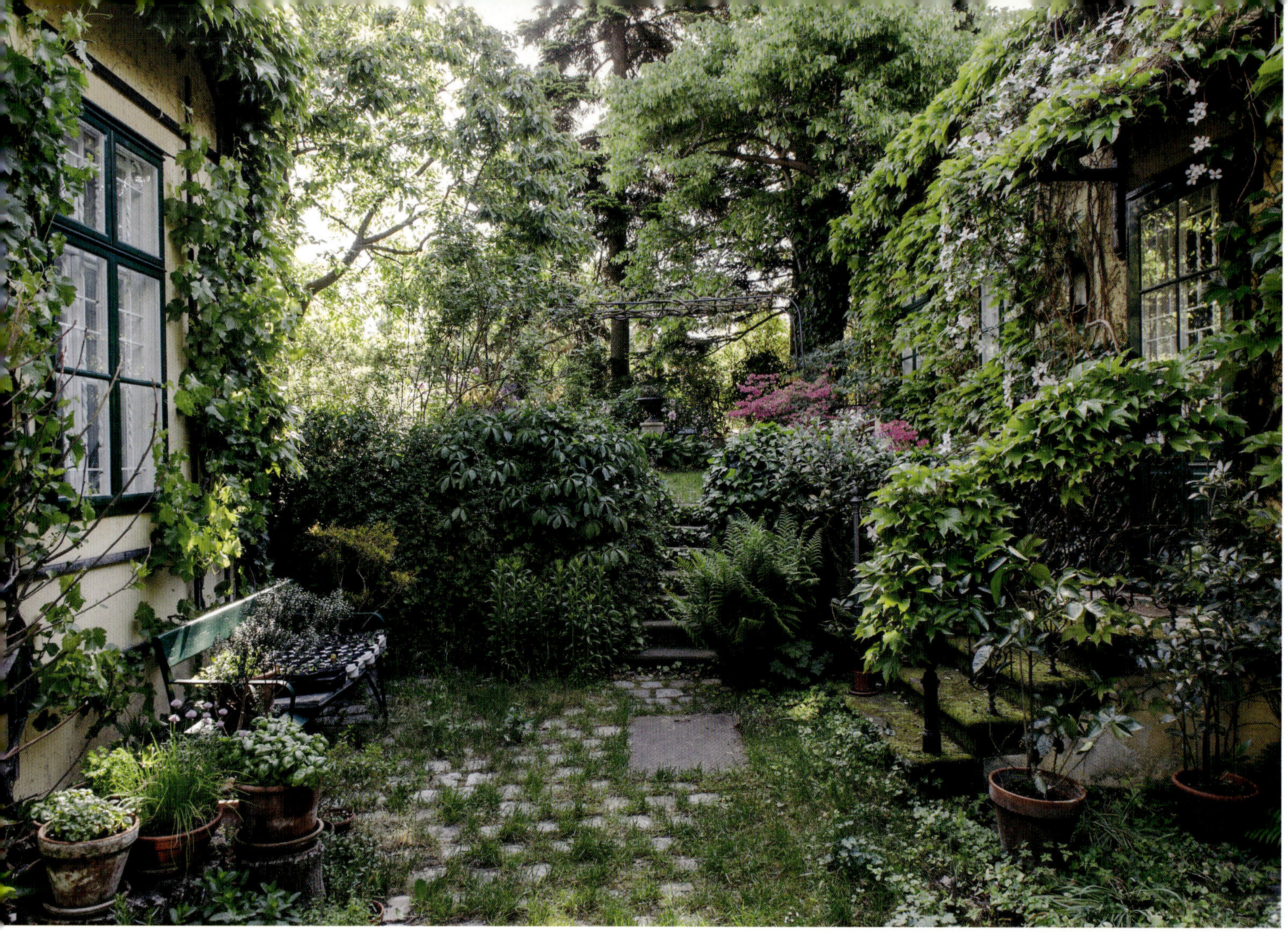

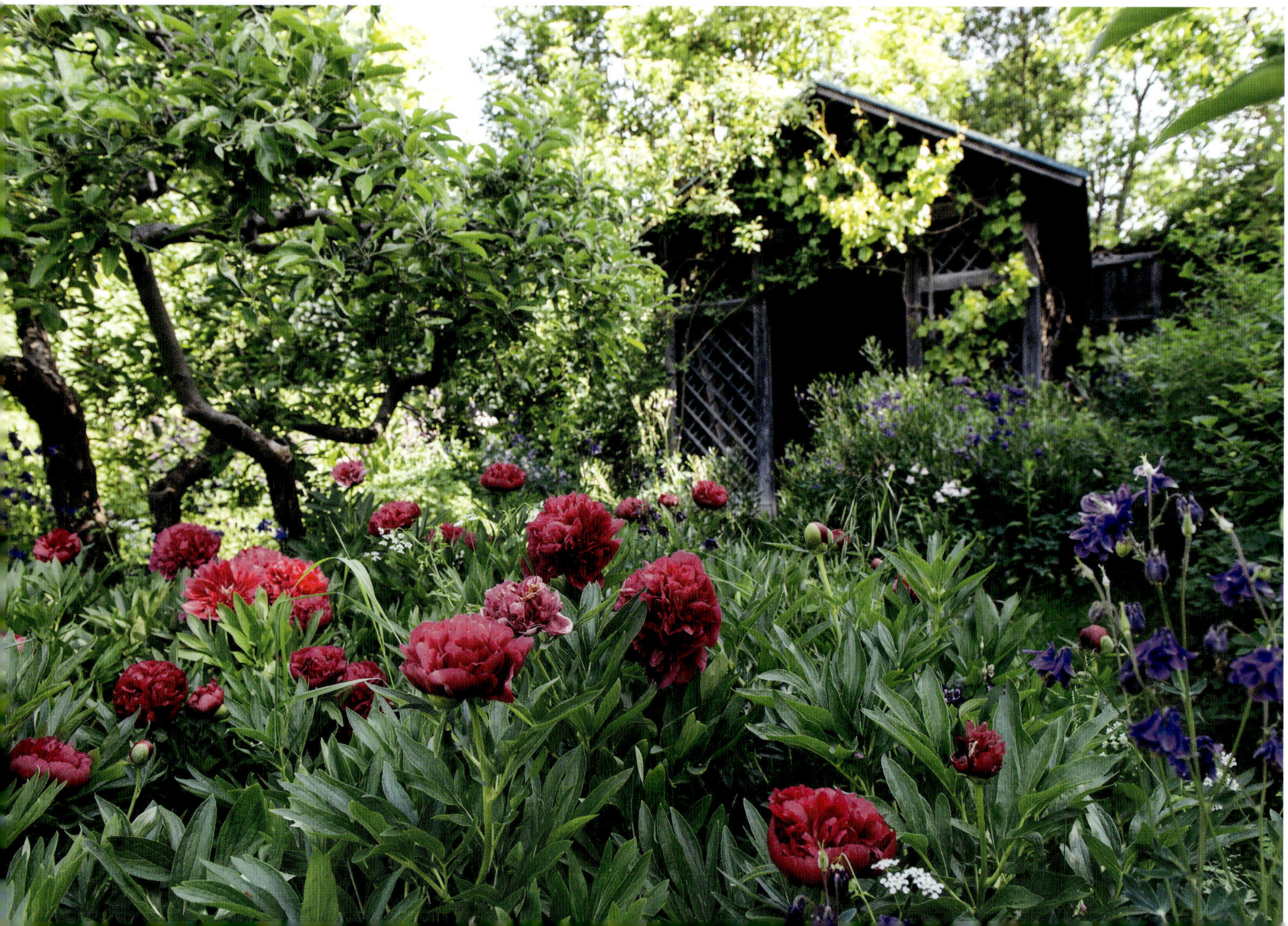

reichtum kann dann auch zu einem Verdrängungsprozess von schwächer wachsenden Arten führen, auf die man aber nicht verzichten möchte. Die erfahrene Gärtnerin muss daher einige ihrer Gartenpflanzen in Bahnen lenken, damit andere nicht wieder verschwinden. Ein Gärtnern mit den Pflanzen ist langfristig die bessere Vorgehensweise, als einen Kampf zu führen, den man doch irgendwann resigniert aufgibt.

Je mehr Pflanzenarten der Garten zählt, desto größer wird auch die Vielfalt seiner Fauna. Gerade Schmetterlinge und viele Insektenarten werden hier vom breiten Pflanzenspektrum angezogen und erweitern das Nahrungsangebot für Vogelarten, die im Garten wichtige Helfer beim Schutz vor Schädlingen sind. Deshalb wird auch auf den Einsatz von Pflanzenschutzmitteln wie Insektiziden und Fungizden ganz verzichtet, und im Frühjahr erfolgt ebenfalls keine Öl-Austriebsspritzung. Um die Pflanzengesundheit zu stärken und die Bodenfruchtbarkeit zu erhöhen, wird der im Garten produzierte Kompost zusammen mit Steinmehl und Hornspänen auf den Beeten ausgebracht.

Eine ungewöhnlich große Mispel ganz nahe am Haus bildet jedes Jahr im Herbst ihre dekorativen Apfelfrüchte aus. Die Früchte sind nach Frosteinwirkung oder längerer Lagerung essbar und haben einen typischen säuerlich-aromatischen Geschmack. Die Gärtnerin isst von Zeit zu Zeit einige, aber

OBEN: *Eine Eisenvase auf einer steinernen Säule, eingebettet von Funkien, vor blühende Rhododendren, Strauchpäonien und Azaleen.*
GANZ OBEN: *Je nach dem Stand der Sonne bietet die Wiesenfläche verschiedene Möglichkeiten, Tisch und Stühle aufzustellen. Im Hintergrund die Rose 'Fatin Latour'.*
GEGENÜBER OBEN: *Der dicht berankte Innenhof vermittelt den ersten Eindruck vom Garten. Wilder Wein, Efeu und Wein begrünen historische Fassaden und Geländer.*
GEGENÜBER UNTEN: *Das Salettl (Gartenhaus) aus Holz dient einer Kletterrose als Halt. Davor Pfingstrosen und blaue Akelei.*

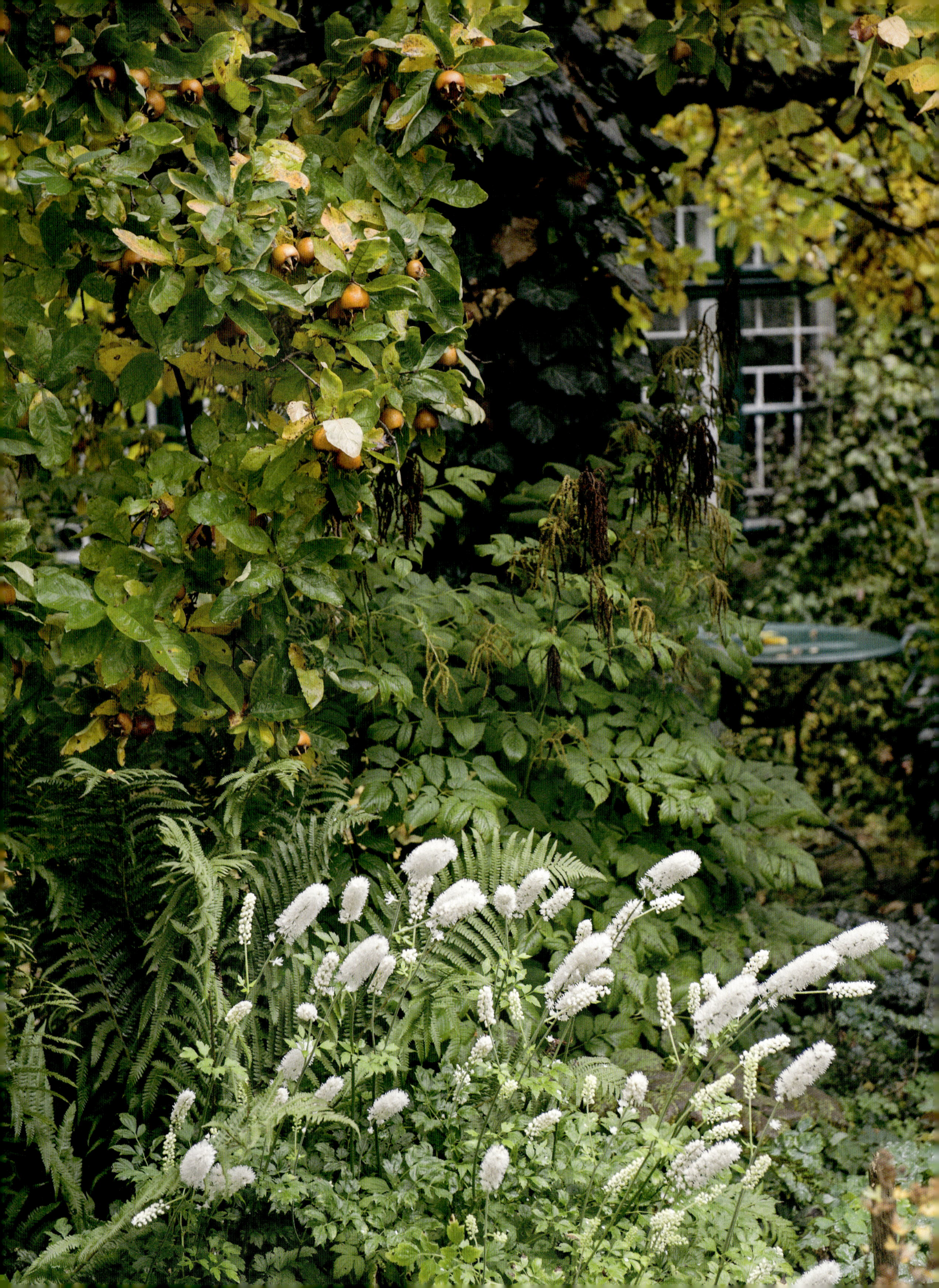

Verwunschenes Gartenreich in Döbling

eigentlich überlässt sie diese den Vögeln. »Amseln picken immer wieder davon, vor allem aber sind es die Wacholderdrosseln. Sie kommen meist im Februar in einem Schwarm bis zu 30 Tieren und fallen regelrecht über den Baum her, wobei ein Vogel bereits am Vortag den Baum ›besetzt‹ und ihn gegen alle anderen Vögel verteidigt. Das ist jedes Mal ein großes Spektakel.«

Vor einigen Jahren wurde der Garten in Richtung Weinberg durch einen großen Schwimmteich erweitert. Die vielen Sumpf- und Wasserpflanzen, die zu zwei Dritteln die Fläche einnehmen, vergrößern den Artenreichtum und sorgen für die Sauberkeit und die Regeneration des Wassers. Gerade im Herbst kommen die bunten Farben der Pflanzen im Umfeld des Schwimmteichs gut zur Geltung.

Auch viele historische Rosensorten konnten an diesem neuen und sonnigen Standort gepflanzt werden. Der unmittelbare Übergang in die Landschaft zu den Weingärten verleiht dem Garten noch seinen zusätzlichen Reiz und erinnert an die besondere Randlage mit ihrem fließenden Übergang in die Natur.

OBEN: *Farbenreiche Herbststimmung am Schwimmteich, den von beiden Seiten Weingärten umfassen.*
GEGENÜBER: *Ein alter Mispelbaum mit seinen dekorativen Apfelfrüchten neben einer Silberkerze* (Cimicifuga *var.* racemosa) *vor den abgeblühten Fruchtständen des Wald-Geißbarts* (Aruncus sylvestris).

Gartenhof in Nussdorf

Im Nussdorf ragt aus einer Maueröffnung der weißgestrichenen Fassade neben der Dorfstraße eine Kletterhortensie hervor. Vor dem grünen Hoftor steht ein großer Oleander auf dem Gehsteig, der Gartenfreunde hinter der Mauer vermuten lässt.

Mit dem 90 Quadratmeter großen Innenhof besuchen wir den kleinsten Garten auf unserer Reise durch die privaten Gärten dieser Stadt. Der Innenhof ergibt sich aus dem U-förmigen Grundriss eines alten Winzerhauses aus dem 16. Jahrhundert, das später eine Fleischhauerei war. Von der schmalen Toreinfahrt aus verbreitet sich der Hof immer weiter, bis man das quer liegende Wohnhaus mit dem Seitenflügel erreicht hat.

Als die Familie mit zwei Kindern und einem Hund hier einzog, wurde im Rahmen der Renovierung der Hof entsiegelt. Das vorhandene Steinpflaster wurde von seinen Betonfugen befreit, sodass sich Pflanzen in den Ritzen ansiedeln konnten und die Fläche einen anderen Charakter erhielt. Schon durch die Entnahme von ein paar Pflastersteinen entstanden Kleinstbeete für klassische Staudenbepflanzungen mit Storchschnabel, Astern, Phlox, Akelei, Sonnenauge, Mädchenauge oder Stockrosen. Auch die vielen Kübelpflanzen wie Schmucklilien *(Agapanthus)*, Zitrone, Oleander und Fuchserln (Fuchsien) stärken die südländische Atmosphäre im Hof.

Da sich im Sommer das Leben der Familie hauptsächlich im Hof abspielt, bezeichnen ihn seine Bewohner als ihr grünes Wohnzimmer. Konsequent ist es dann, wenn auch die ehemalige Garage als überdachter Sitzplatz, für Tafelrunden mit einem Kristallleuchter ausgestattet, eine neue Funktion erfährt. Ein Draht, der als Kletterhilfe für eine den Hof überspannende Rose genutzt wird, dient gleichzeitig rot leuchtenden Glühbirnen als Halterung, die den Nutzungscharakter als Wohnraum noch unterstreichen. Viele im Hof verteilte Kerzen tragen nachts zur atmosphärischen Verdichtung bei.

Einen kleinen Garten oder einen Hof kann man gärtnerisch bereichern, indem die Vertikale ausgenutzt wird. Glyzinen,

OBEN: *Eine Glyzine* (Wisteria sinensis) *liebt ihren sonnigen Standort.*
GEGENÜBER: *Im Gartenhof wurden die Pflasterfugen geöffnet und die Randbereiche mit Blütenstauden ergänzt. Die große Kletterrose wirkt dabei stark Raum bildend.*

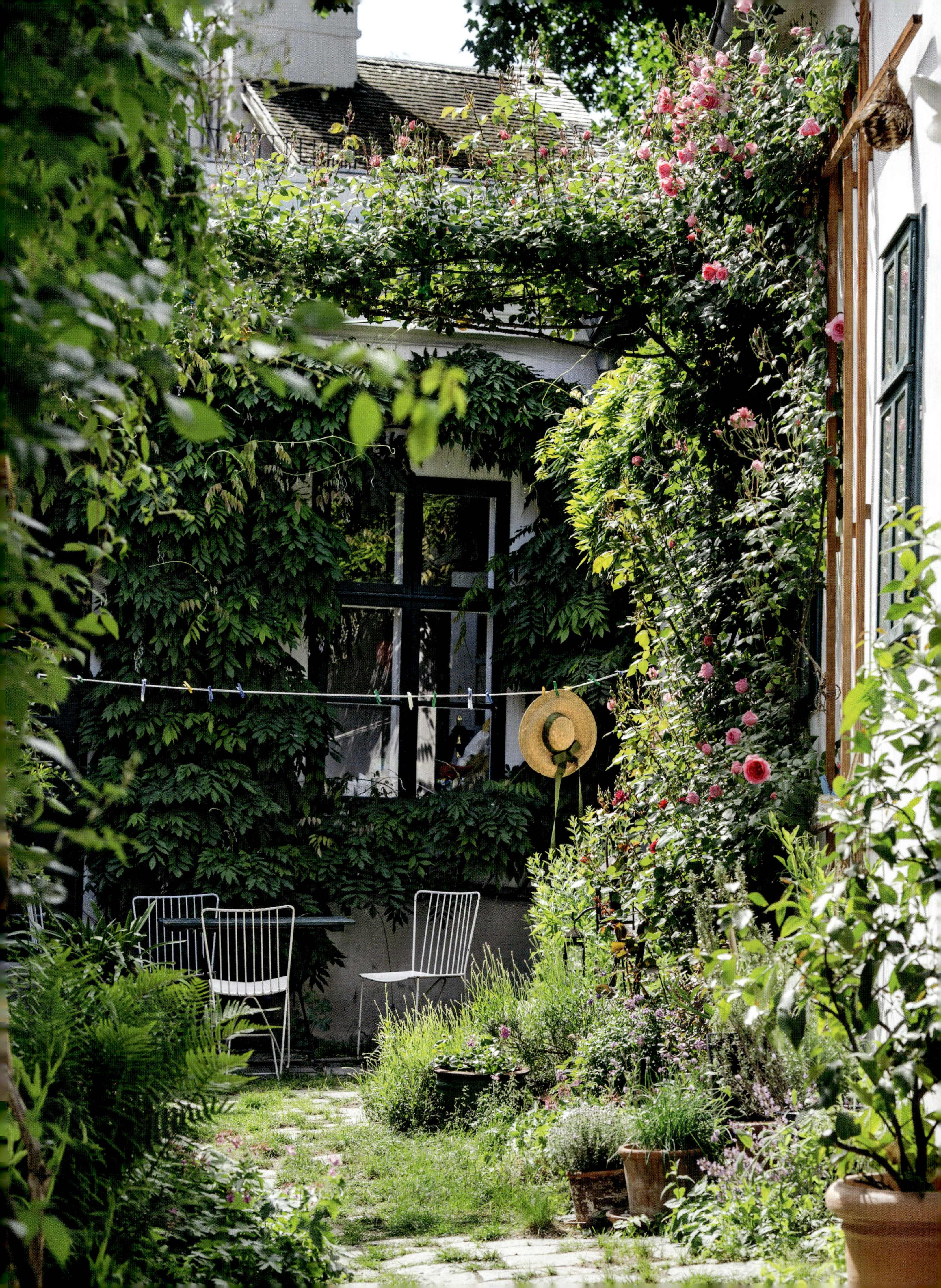

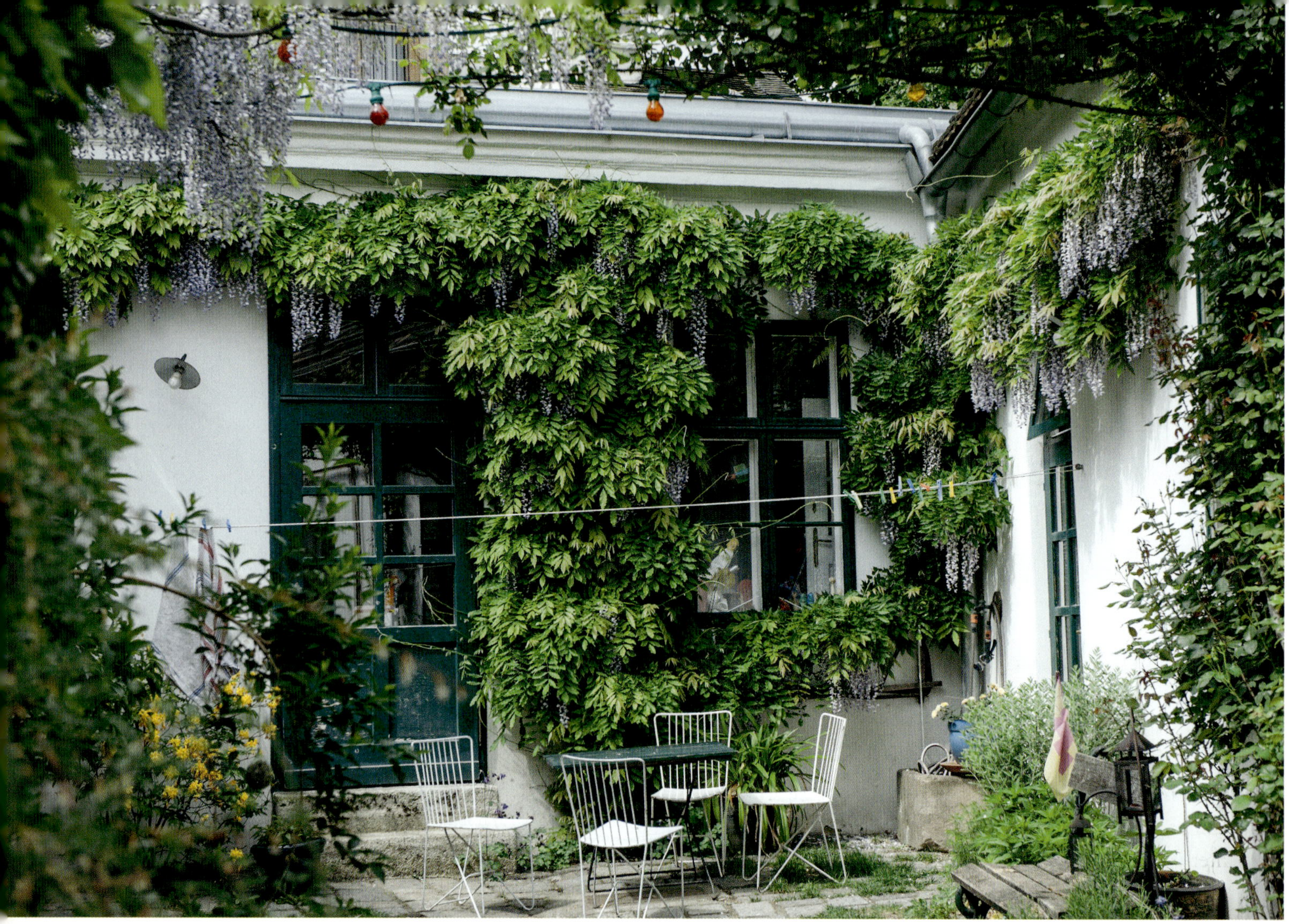
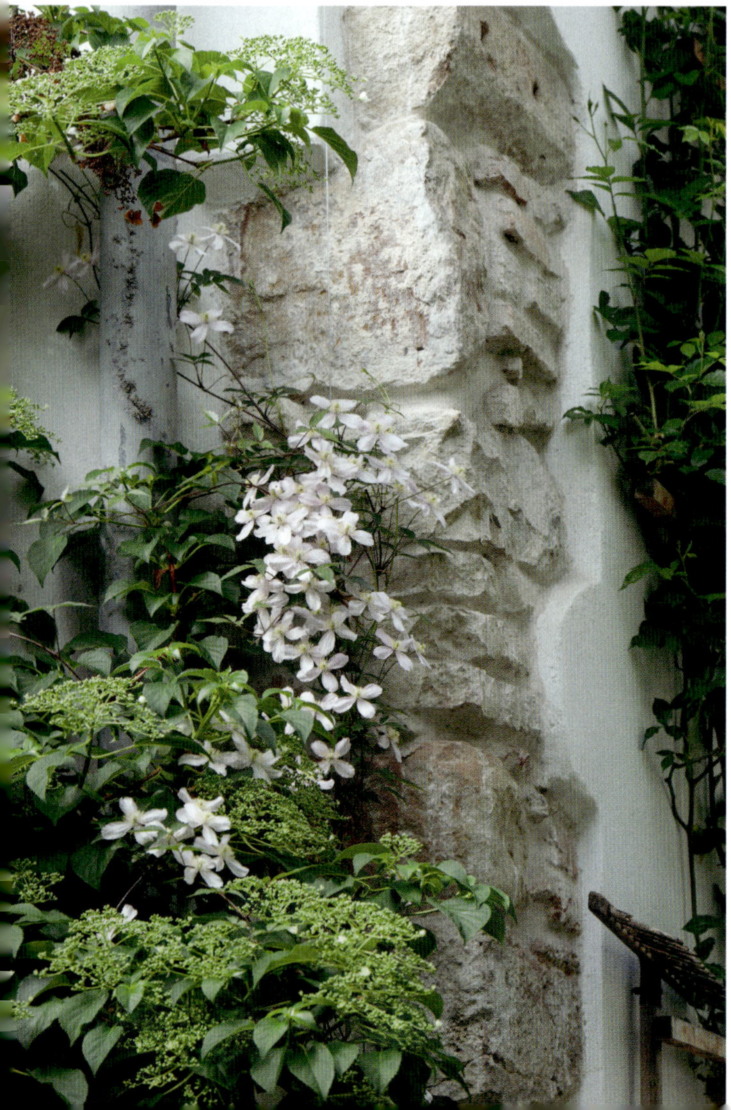
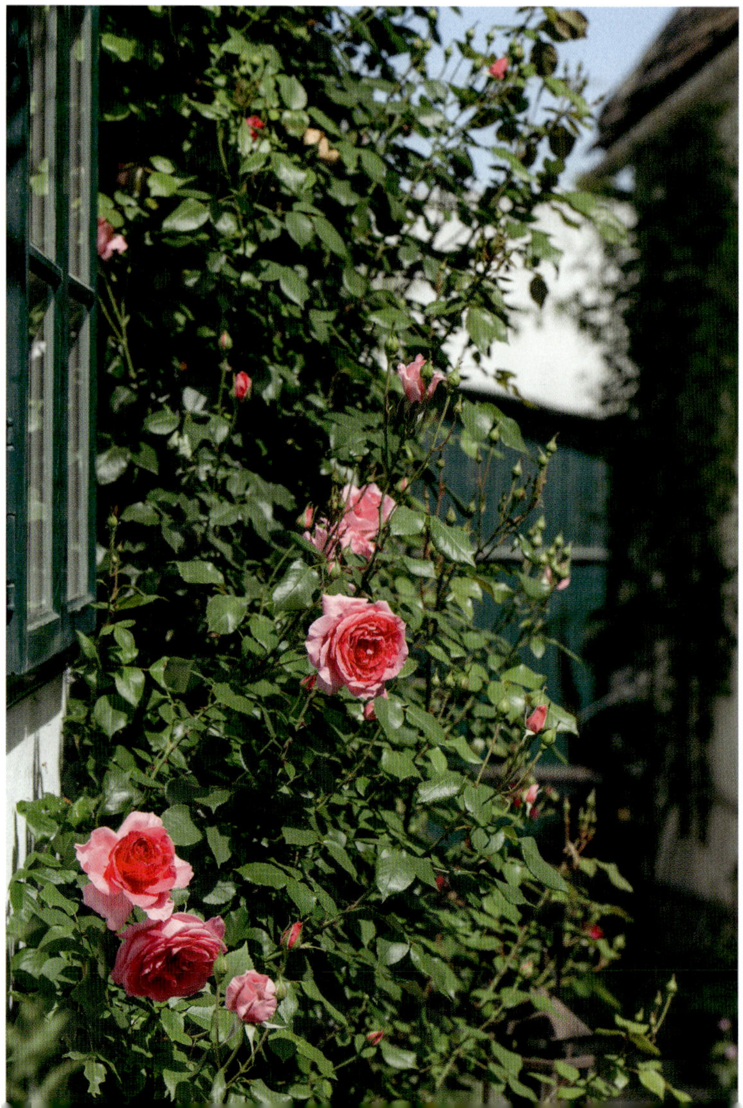

Gartenhof in Nussdorf

eine rosa blühende Kletterrose, Kletterhortensien und Waldreben beranken Spaliere aus Holz und Draht, die der Fassade mit den grüngestrichenen Fenstern einen bunten Rahmen geben. Eine als Fächerspalier gezogene Marille wächst an einer nach Süden exponierten Mauer, sodass sogar eigenes Obst im Hof geerntet werden kann.

Unterhalb der Spaliere, entlang der Außenwände, sorgen schmale Beete mit Strauchrosen, Lavendel und Katzenminze für lang anhaltende Blühbilder.

Als kleiner Kräutergarten wachsen Salbei, Rosmarin und Schnittlauch, Basilikum, Thymian und Minze in Töpfen aus Terrakotta.

Zu den Mitbewohnern im Innenhof gehören noch Kaninchen der Kinder, die in einem Stall mit kleinem Freigehege neben dem Hofeingang leben und vor gelegentlichen Dachs- und Marderbesuchen geschützt werden müssen. Nistkästen und verwinkelte Rückzugsorte bieten Hausrotschwänzen, Fledermäusen oder Mauerseglern Brutplätze in diesem kleinen Raum an, der ein gutes Beispiel ist, wie wenig Platz notwendig ist, um einen schönen Garten sein Eigen zu nennen.

OBEN: *Eine als Spalier gezogene Marille wächst an der nach Süden exponierten Mauer neben der Hofzufahrt.*
GEGENÜBER OBEN: *Glühbirnen finden sich im Haltedraht der Kletterpflanzen.*
GEGENÜBER UNTEN LINKS: *Anemonen-Waldrebe (Clematis montana 'Rubens') in Nachbarschaft mit einer Kletterhortensie.*
GEGENÜBER UNTEN RECHTS: *Spalierrosen bringen Farbe in den Gartenhof.*

Familiengarten
in einer Kleingartenkolonie

Die Kleingarten- oder Schrebergartenbewegung entstand in Wien Anfang des 20. Jahrhunderts. Heute befinden sich in der Stadt rund 25 700 Parzellen, die auf 244 Kleingartenanlagen auf 16 Stadtbezirke verteilt sind. Laubenkolonien finden sich jedoch nicht in der Inneren Stadt sowie in den westlich angrenzenden Bezirken. Ohne Zweifel leisten Kleingärten einen hohen Beitrag zur Lebensqualität der Stadtbevölkerung. Seitdem die Nutzung ganzjährig gestattet ist, entstehen mehr und mehr Eigenheime auch in den Kleingartenanlagen. Daher stehen neben den klassischen Schrebergartenhäuschen heute auch viele neu gebaute Einfamilienhäuser. Die Parzellen können sowohl gepachtet als auch gekauft werden.

Der 1300 Quadratmeter große Garten, der hier vorgestellt wird, liegt quer zum Hang einer in Nord-Süd-Richtung liegenden Kleingartenanlage im Bezirk Döbling. Nach dem Erwerb eines unbebauten, schmal geschnittenen ehemaligen Fahnengrundstücks im Jahr 1980 und dem Zukauf einer Nachbarfläche war die notwendige Breite erreicht, um ein Wochenendhaus für die Familie, als Treffpunkt und Ort der Zusammenkunft mit einem kinderfreundlichen Garten zu bauen. Der Garten liegt am Ende eines Stichwegs, sodass Passanten nicht stören können.

Das aus Holz gebaute Wochenend- und Sommerhaus mit seinem asymmetrischen Dach entstand nach dem Entwurf des Architekten Philipp Kröner aus Garmisch-Partenkirchen, einem alten Freund der Familie. Die nach Westen ausgerichtete Terrasse bietet großartige Blicke auf die in wenigen hundert Metern liegenden Weinberge und in die offene Landschaft. Gleichzeitig ist sie durch einfassende große Gehölze vor Einblicken geschützt. Hier stehen auch zahlreiche Kübel, die mit Oleander bepflanzt sind. Durch die großen Fenster in der Süd- und Westfassade wärmt die im Herbst tiefer stehende Sonne das Haus zusätzlich auf, ebenfalls sorgen sie für die notwendige Helligkeit im Hausinnern.

Ab 1999 wurde der Garten durch seine Besitzer erwei-

OBEN: *Die Gehwegplatten in einer Rasenfläche führen entlang des Holzhauses in den Garten.*
GEGENÜBER: *Blick auf den Schwimmteich mit Holzdeck und Funkien-Kübeln.*

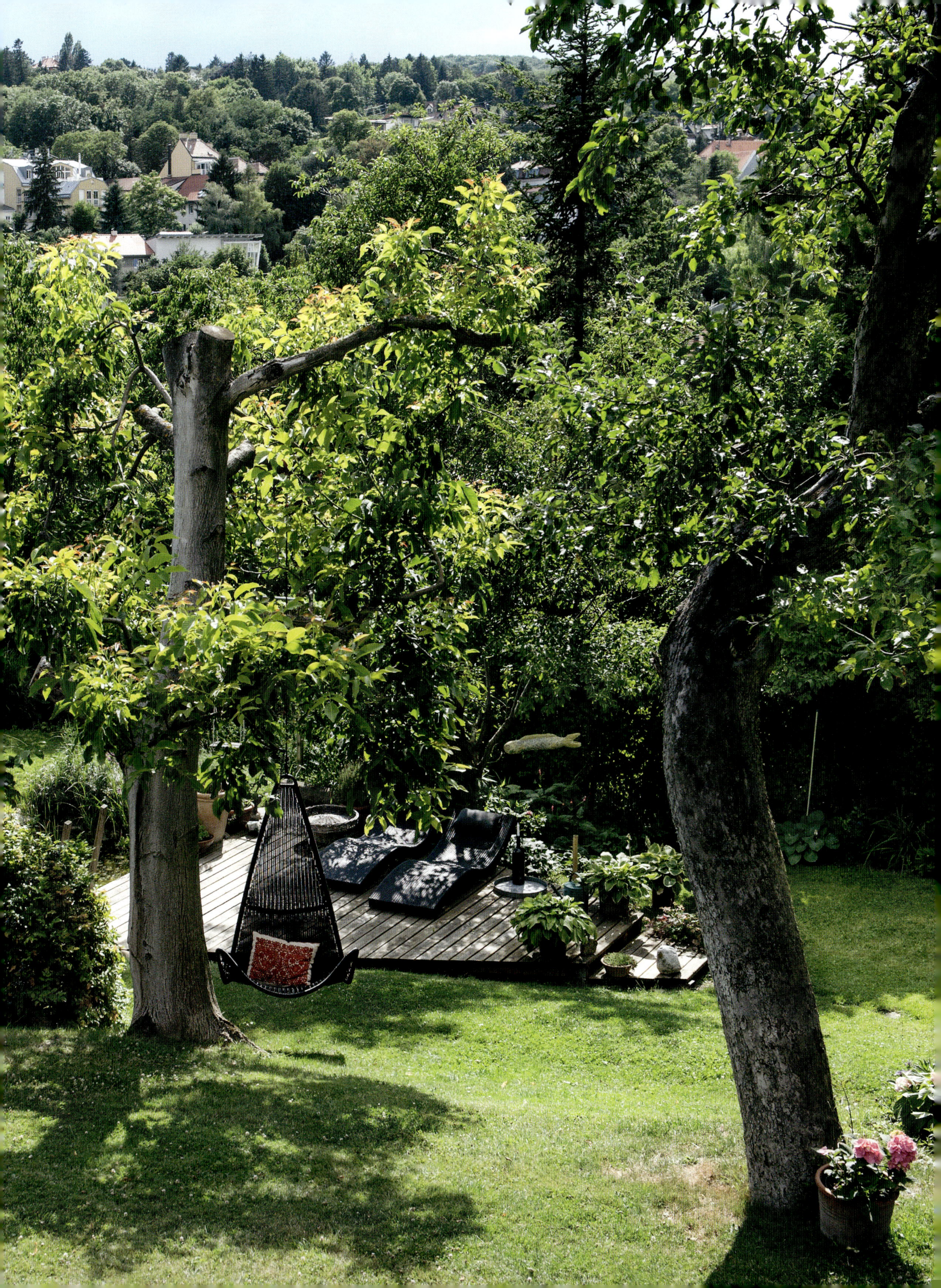

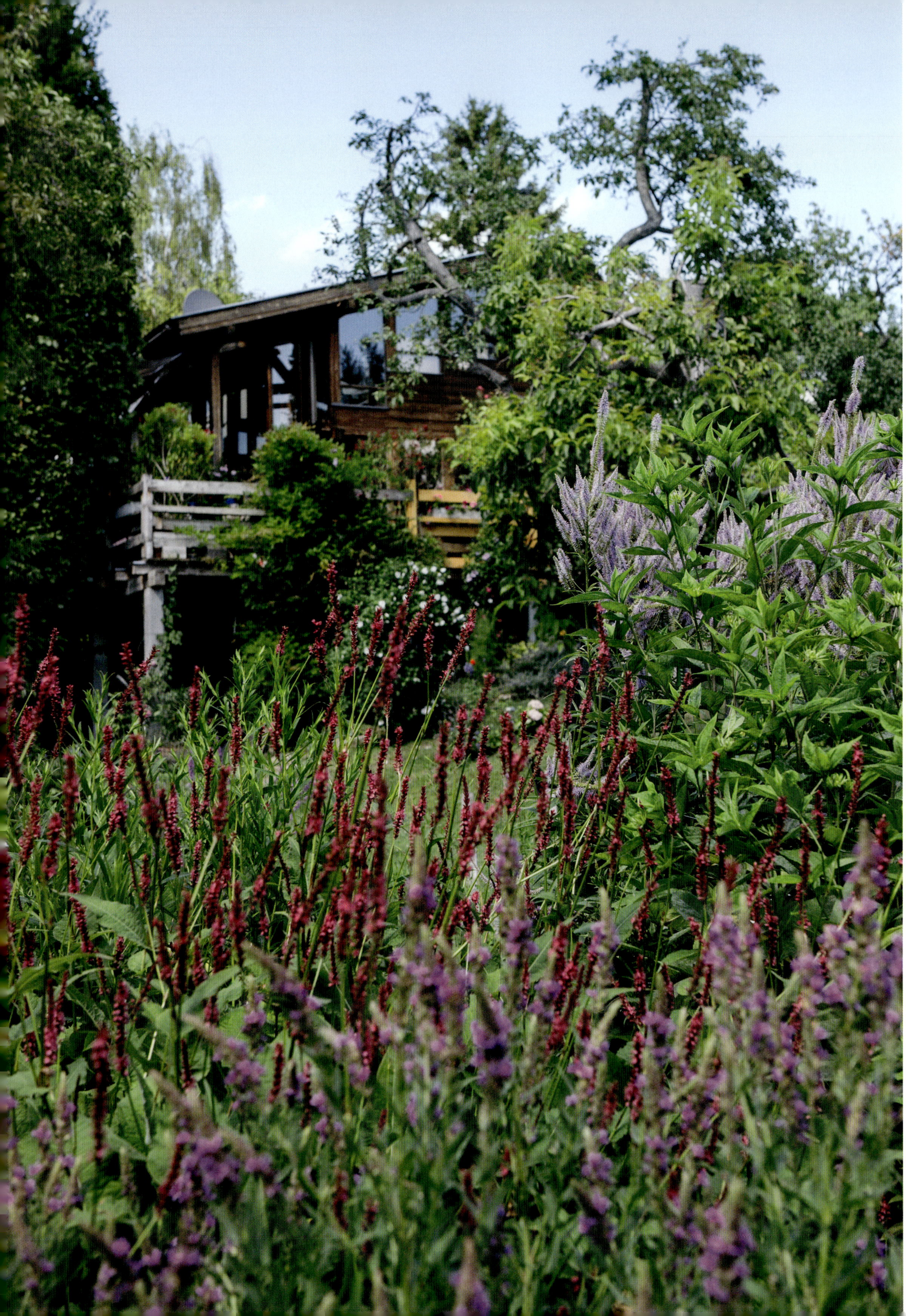

Familiengarten in einer Kleingartenkolonie

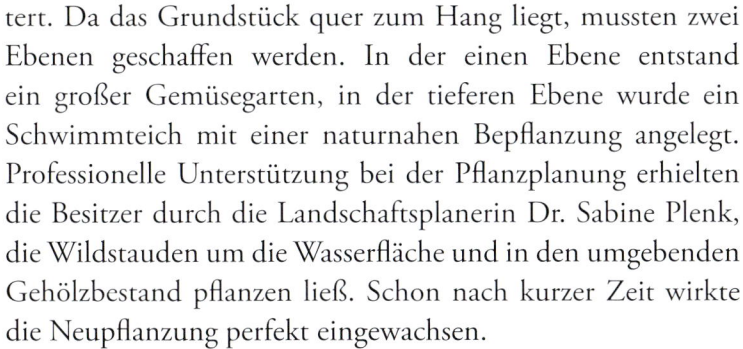

tert. Da das Grundstück quer zum Hang liegt, mussten zwei Ebenen geschaffen werden. In der einen Ebene entstand ein großer Gemüsegarten, in der tieferen Ebene wurde ein Schwimmteich mit einer naturnahen Bepflanzung angelegt. Professionelle Unterstützung bei der Pflanzplanung erhielten die Besitzer durch die Landschaftsplanerin Dr. Sabine Plenk, die Wildstauden um die Wasserfläche und in den umgebenden Gehölzbestand pflanzen ließ. Schon nach kurzer Zeit wirkte die Neupflanzung perfekt eingewachsen.

Die Wildstauden sind heimischer Herkunft und haben ihren Blühschwerpunkt im Frühjahr und Frühsommer. Gleichzeitig wurden sie auch in Kombination mit nordamerikanischen Arten wie Rutenhirsen, Herbstastern sowie mit asiatischen Arten wie Chinaschilf, Herbstanemonen und Funkien gepflanzt. Diese Mischung mit jährlich durchgängigen Blühbildern ist sowohl harmonisch als auch kontrastreich in ihren Farben, Formen und Texturen. Es entstanden so geschlossene,

OBEN: *Schafgarbe* (Achillea clypeolata *'Moonshine'*), *im Hintergrund Knöterich* (Persicaria amplexicaule *'Superba'*).
OBEN LINKS: *Rossminze* (Mentha longifolia).
GEGENÜBER: *Blut-Weiderich* (Lythrum salicaria), *Knöterich und Kandelaberehrenpreis* (Veronicastrum virginicum *'Fascination'*).
FOLGENDE DOPPELSEITE: *Zwei großzügige Holzdecks dienen nicht nur dem Sonnenbaden.*

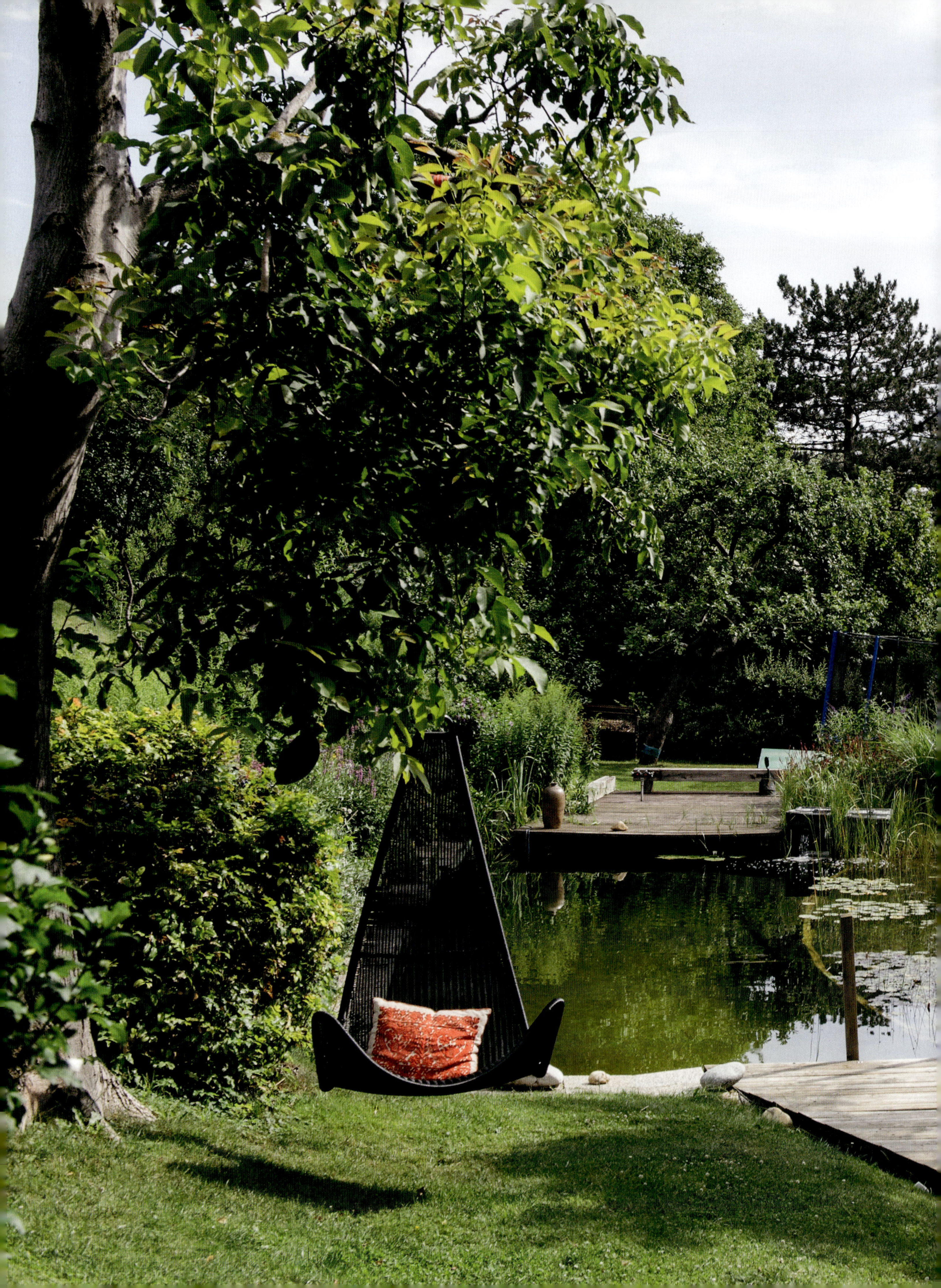

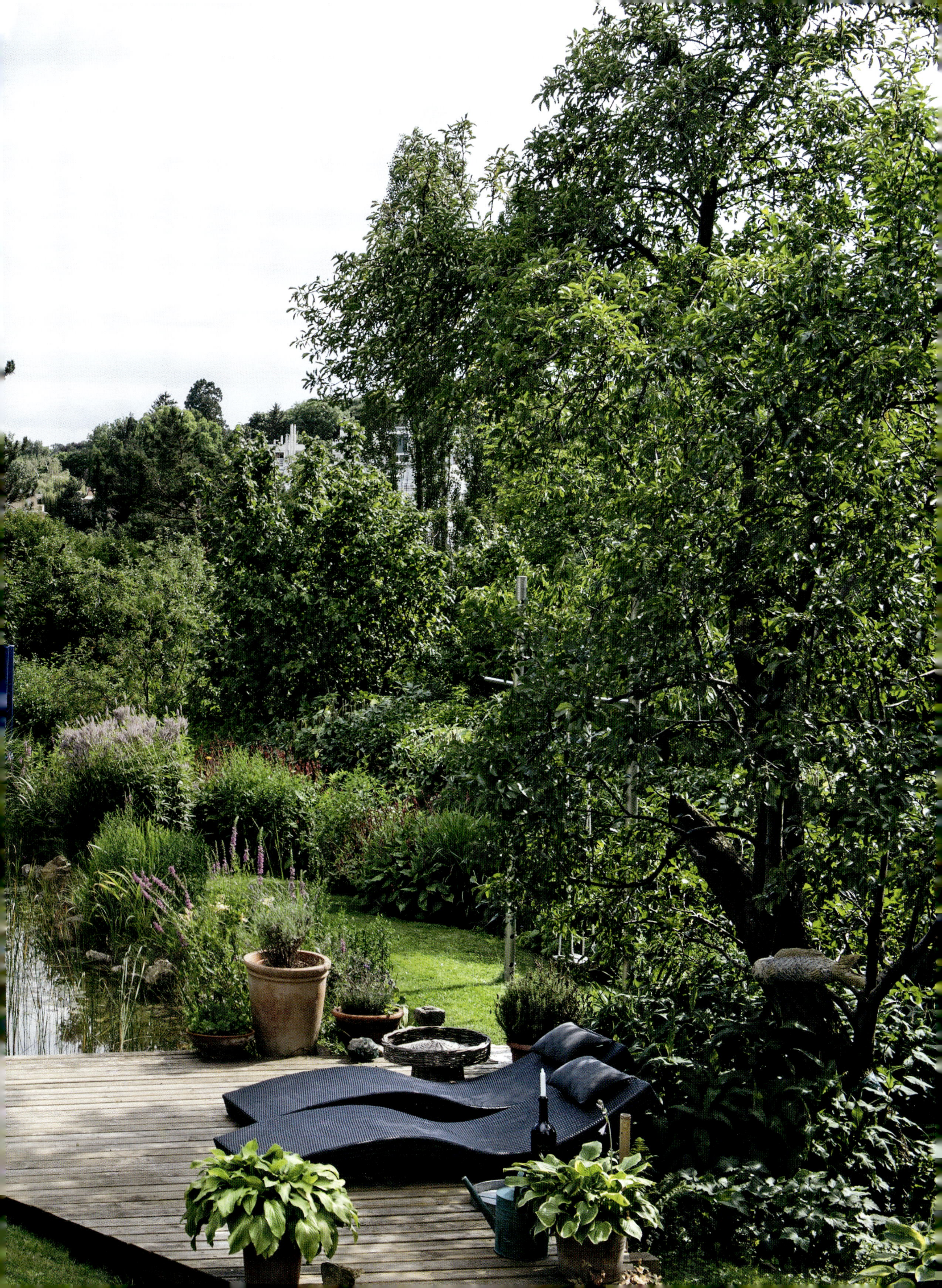

Romantische Gärten

Raum bildende und standortgerechte Pflanzflächen in einer hohen ästhetischen Qualität, die sich gleichzeitig als pflegeleicht in der Erhaltung und Entwicklung zeigen.

Zwei großzügige Holzdecks am Teich dienen als Sonnen- und als Schattenplatz nicht nur beim Baden.

Obwohl die ganzjährige Nutzung in der Kleingartenanlage erlaubt ist und mittlerweile acht Enkelkinder den Garten lieben, zieht die Familie Ende September in die nahegelegene Stadtwohnung und erlaubt Haus und Garten ihren Winterschlaf.

OBEN: *Die geschützt liegende Holzterrasse am Haus dekorieren zahlreiche Oleander-Kübel.*
GEGENÜBER OBEN: *Ein Panoramablick ins Tal und auf die Weingärten.*
GEGENÜBER UNTEN: *Gemüsegarten mit Spiralen für Paradeiser und Buchsbaum-Kugeln.*

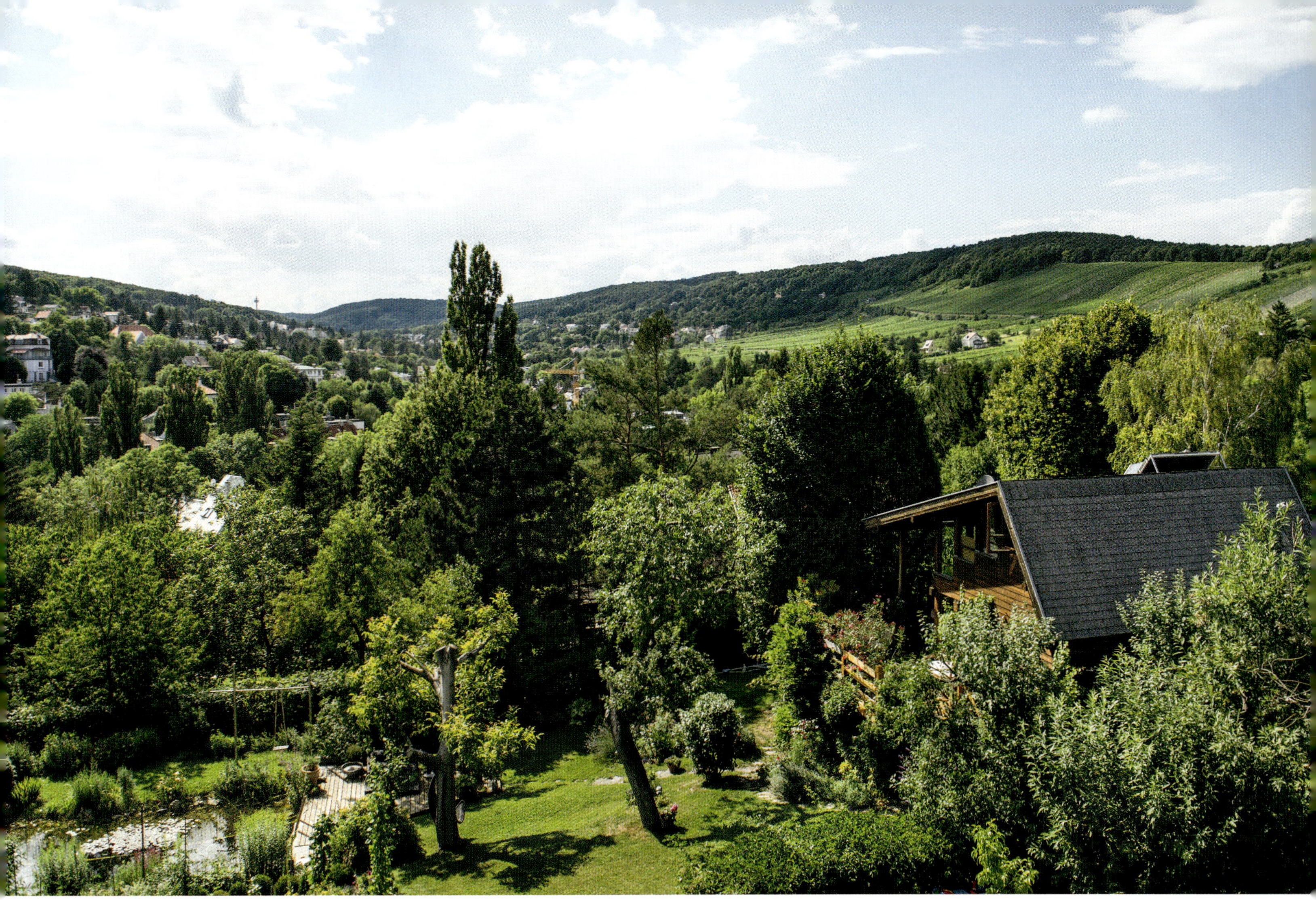
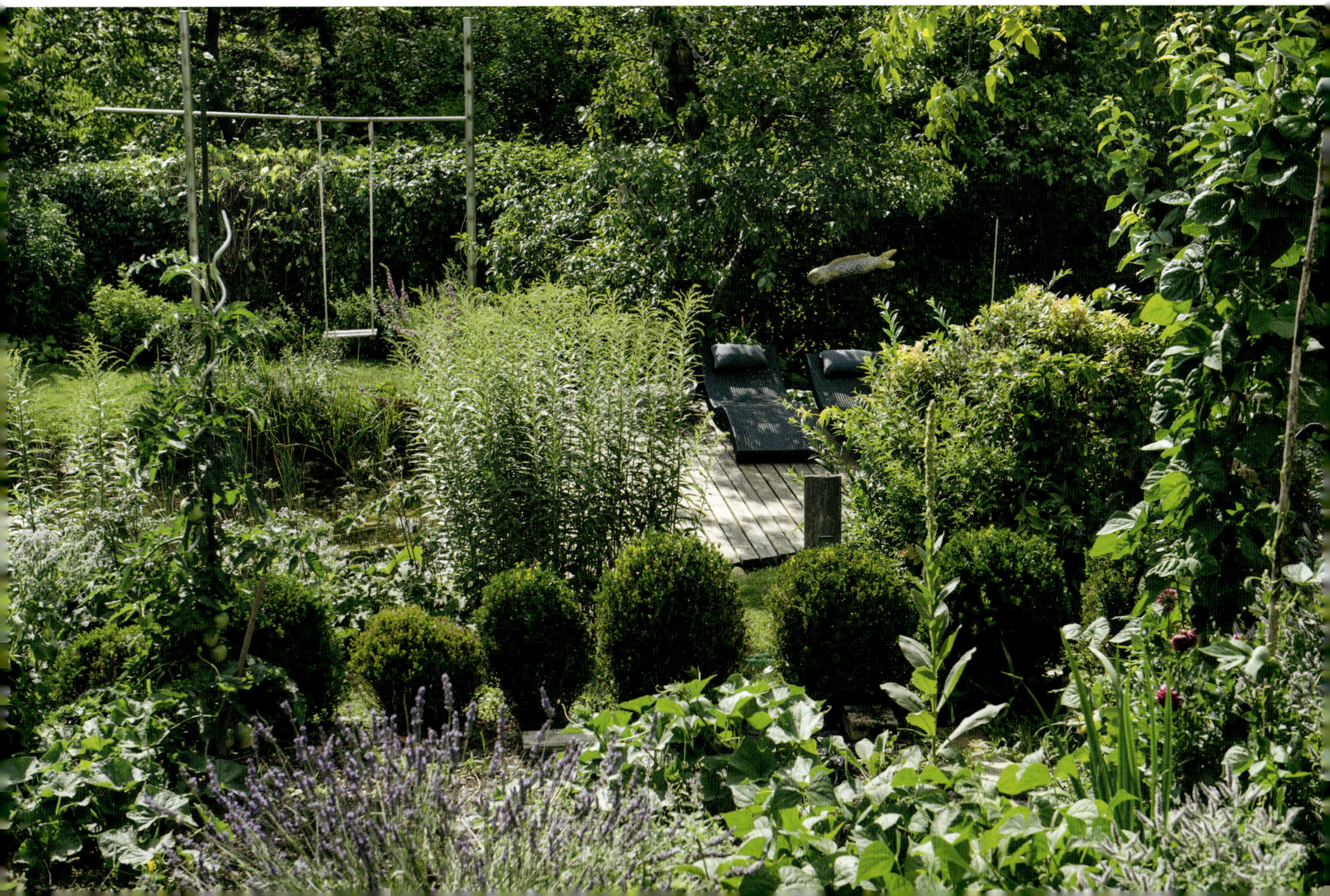

Große Vielfalt in Hietzing

Das Wohnhaus liegt im 13. Bezirk in Hietzing, im Süden der Stadt, und stammt aus dem Jahr 1924. Mit seinem Satteldach erinnert es etwas an einen Siedlungshaustyp. In den Jahren 1963 und 1985 erfolgten Aus- und Umbauten am Haus, und ab 2004 wurde der Garten neu gestaltet. Im Vorgarten fällt das bunte und artenreiche Staudenbeet unter einem alten Süßkirschenbaum auf und macht den Besucher auf das Kommende neugierig. Dieser Baum ist noch ein Relikt des ursprünglich nur aus Obstgehölzen bestehenden Gartens.

Die Besitzerin gestaltete ihren Garten nach eigenen Entwürfen, angeregt durch Gartenreisen in England und Holland, und insbesondere waren es die Farbkombinationen in den besuchten Anlagen, die das Aussehen des eigenen Gartens beeinflussten. Außerdem war es der Erfahrungsaustausch mit gärtnerisch Gleichgesinnten. Für die Hausherrin ist Gartengestaltung mit Mut zur Veränderung, mit Einfallsreichtum und mit großer Experimentierfreude verbunden.

Einen kleinen Garten zu entwerfen, ist nicht leicht und erfordert ein hohes Maß an Pflanzenkenntnis, wenn viele verschiedene Pflanzen auf kleinem Raum zusammen wachsen, die das ganze Gartenjahr über Blühbilder erzeugen sollen.

Zuerst ist die Grundstruktur wichtig, die das Gerüst für alle Pflanzungen, Wege, Ausstattungen, aber auch Begrenzungen gibt. Da der Garten ausschließlich geschwungene, organische Formen hat, boten sich Kies und Trittplatten als geeignete Beläge für einen Rundweg an. Ein kreisförmiges Seerosenbecken entstand neben zwei Sitzplätzen aus Granitsteinen und Kies, die je nach dem Stand der Sonne genutzt werden.

Durch den generellen Verzicht auf einen Rasen stand dem kleinen Grundstück eine vergleichsweise große zu bepflanzende Beetfläche zur Verfügung. Weil der Garten überwiegend hell und sonnig ist und nur eine Birke mit ihrer lichtdurchlässigen Krone etwas Schatten gibt, ließ sich auch die Artenvielfalt der Gartenpflanzen stetig steigern. Jahreszeitlich unabhängige und wichtige Strukturgeber sind die großen for-

OBEN: *Blick in den strukturreichen Garten.*
GEGENÜBER: *Die gusseiserne Wendeltreppe aus dem 19. Jahrhundert stammt aus einem Abbruchhaus und ist Aussichtpunkt im Garten.*

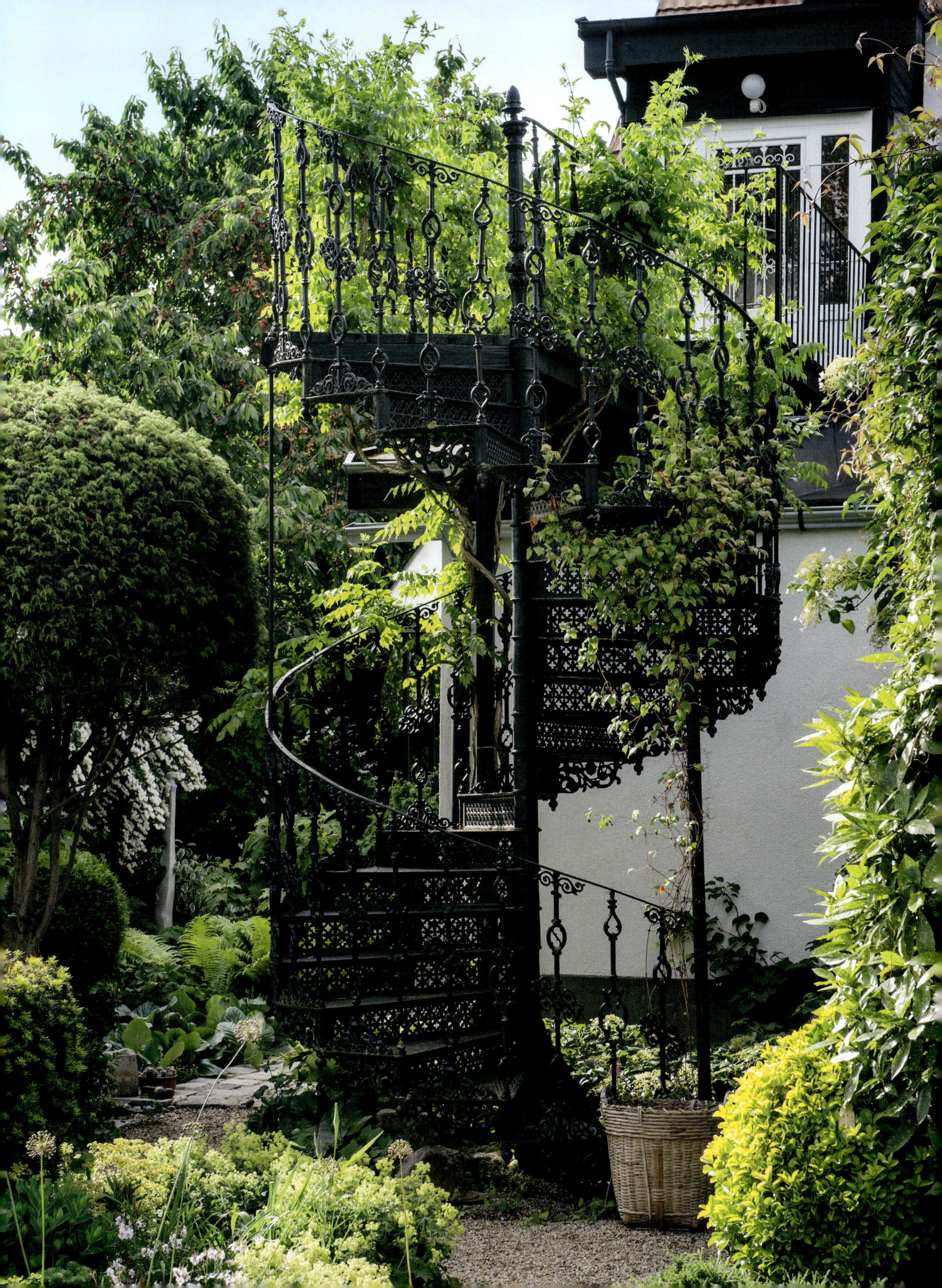

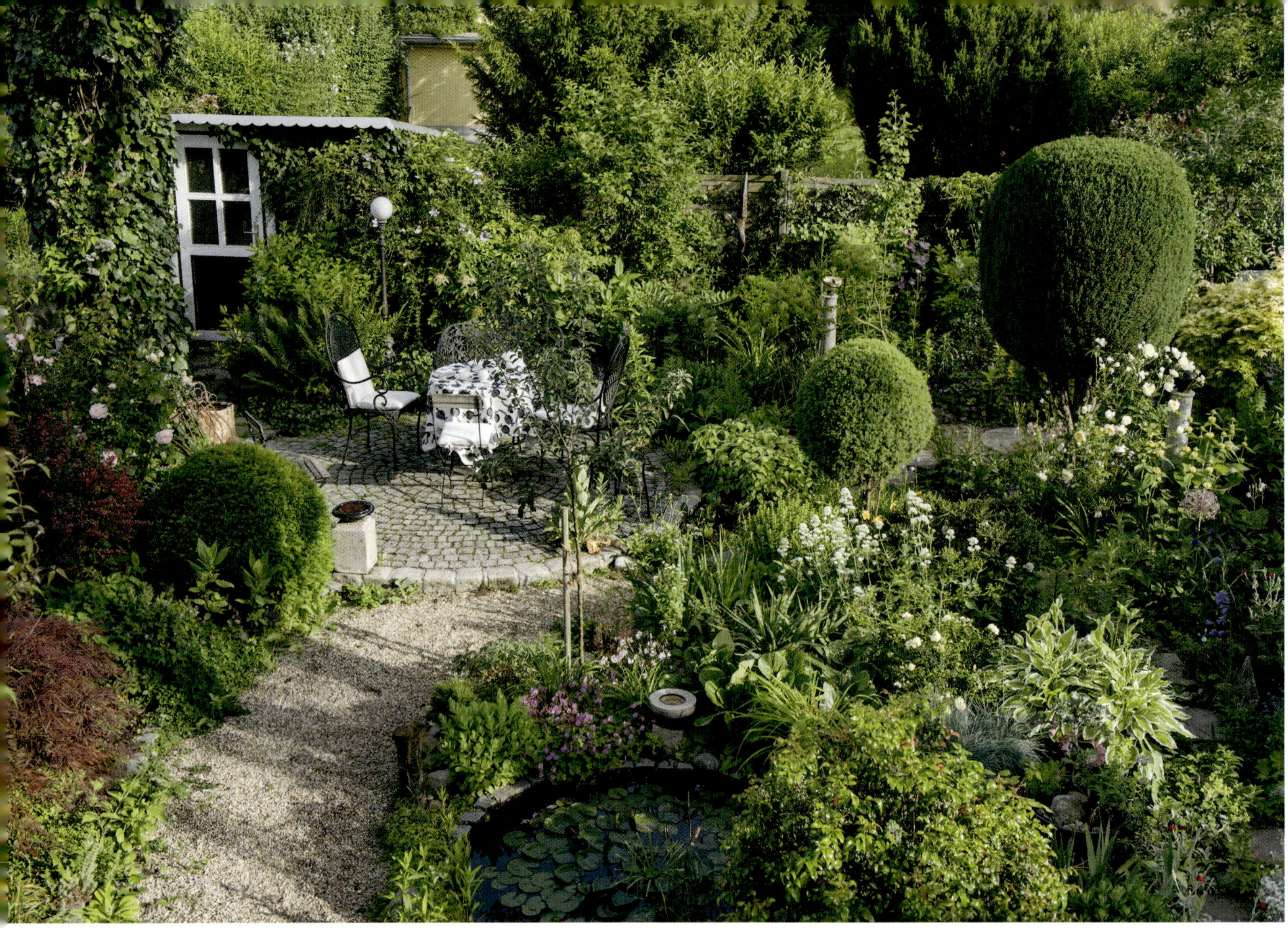

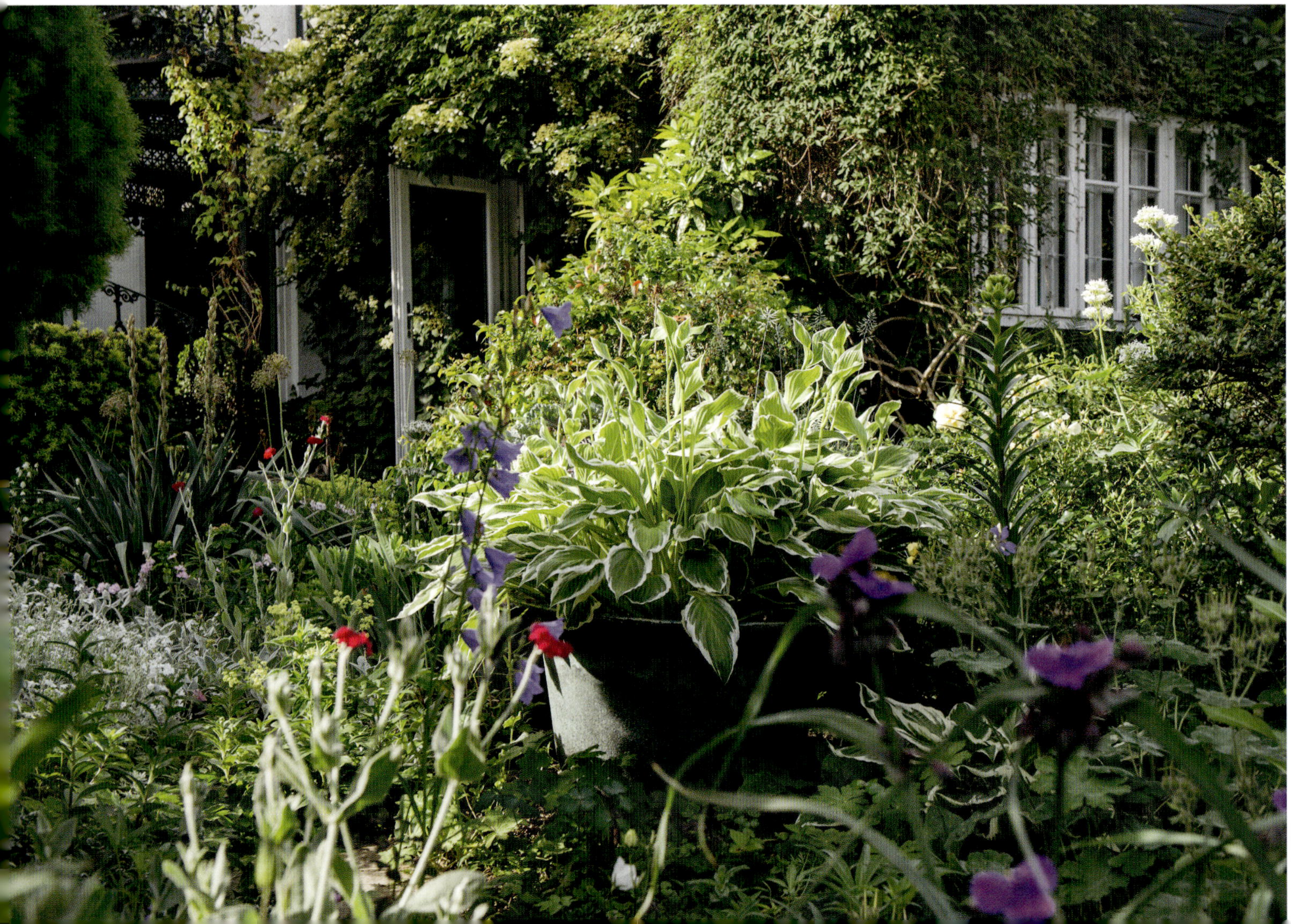

mal geschnittenen Eiben, Wacholder und Zypressen, die als Kugeln und als Hochstämme für vertikale Strukturen sorgen und noch den Winter über den Garten schmücken. Hohe Granitsäulen mit darauf stehenden Schalen und Kugeln wirken zusätzlich unterstützend, neben steinernen Skulpturen des Bildhauers Stephan Pral.

Als eine zweite Vegetationsschicht dienen neben den vielen Stauden klein bleibende Sträucher wie Berberitze, Blumen-Hartriegel oder Schlitz-Ahorn. Höher wachsende Blütensträucher wie Kolkwitzie, Pfeifenstrauch oder Schneeballsträucher sorgen in den Randbereichen für Sichtschutz und sind gleichzeitig Raumbildner.

Beeindruckend ist eine reich verzierte gusseiserne Wendeltreppe aus dem 19. Jahrhundert, die über einen Steg vom Obergeschoss aus direkt in den Garten führt. Sie stammt aus einem Abbruchhaus und ist Aussichtpunkt im Garten.

Neben ihren vielen Pflanzen fasziniert die Besitzerin die Dynamik ihres Gartens, der sich im Prozess der ständigen Veränderung befindet, alles andere als statisch ist und sich folglich auch jedes Jahr etwas wandelt. Einige dieser Prozesse lässt sie natürlich als gute Gärtnerin gewähren, bei anderen ist es nötig, behutsam zu regulieren oder auch einzugreifen. Im Garten ist die vierte Dimension die Zeit, die neben der Pflege so entscheidend für sein Bestehen und für seine Entwicklung ist.

OBEN: *Blau-Schwingel* (Festuca cinerea) *in einer Schale in Gesellschaft von Blattstauden.*
GANZ OBEN: *Runder Sitzplatz mit Granitsäule.*
GEGENÜBER OBEN: *Formal geschnittene Eiben, Wacholder und Zypressen geben dem Garten auch ohne Bäume vertikale Strukturen.*
GEGENÜBER UNTEN: *Große Artenvielfalt in den Staudenbeeten.*

OBEN: *Farbenspiel mit gelben Strauchrosen und gelblaubigem Ahorn.*
OBEN LINKS: *Blütensträucher dienen neben ihrer Schönheit auch als wichtiger Sichtschutz.*
LINKS: *Blick von der Wendeltreppe in den Garten.*
GEGENÜBER: *Ein Pferdekopf des Bildhauers Stephan Pral mit Fingerhut und Wiesenraute (Thalictrum aquilegiifolium).*

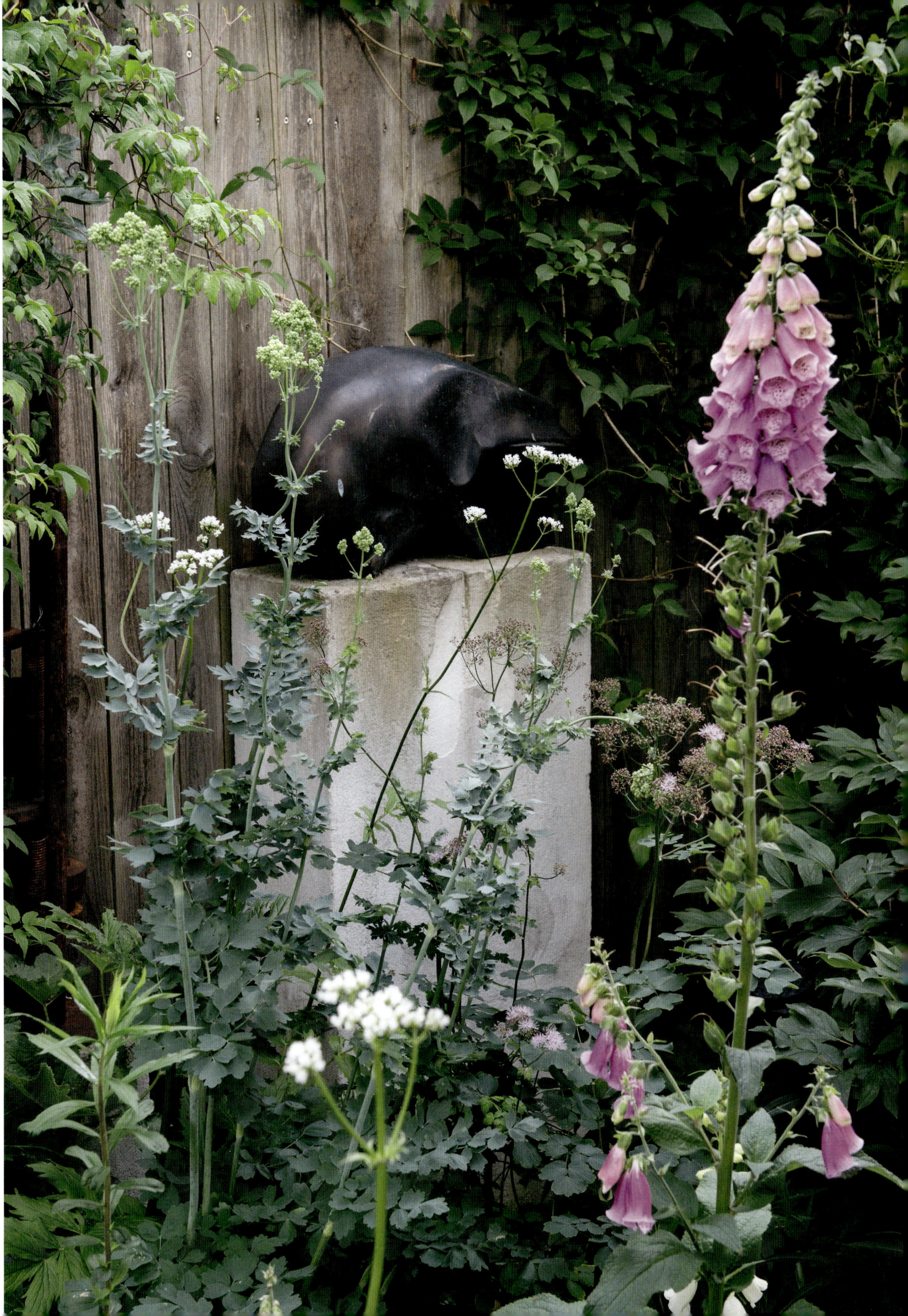

Laisser-faire in Unter Sankt Veit

»Mein Garten ist in erster Linie für mich da«, sagt die Besitzerin dieses ungewöhnlichen Gartens in Unter Sankt Veit, einem Bezirksteil des 13. Wiener Bezirks Hietzing.

Dieser Garten gehört zu einem 1850 erbauten Haus, das gleichzeitig Teil eines Häuserblocks ist, in dessen Mitte, vor Lärm und Staub geschützt, alle Gärten liegen. 1910 wurde das zweigeschossige Wohnhaus umgebaut, nach Kriegsschäden 1946 repariert und später noch mehrfach verändert.

Von der Gartenpforte gelangt man auf einen mit alten Ziegeln gepflasterten, großzügigen Hof, auf dem viele Pflanzen in Kübeln wachsen. Hinter der Haustür geht es über einen Durchgang direkt in den nach Südwesten ausgerichteten Garten. Keinesfalls lässt sich hier mit einem Blick erfassen, was einen in diesem total verwunschen wirkenden, dicht zugewachsenen Raum voller Pflanzen erwartet. Genau dieses ist die Gestaltungsabsicht der Gärtnerin, die diesen besonderen Ort vor 39 Jahren von ihrer Mutter übernahm und sich seitdem intensiv mit ihm beschäftigt.

Bei einem Aufenthalt in München Anfang der 1970er Jahre machte die gelernte medizinisch-technische Assistentin Bekanntschaft mit dem kunterbunten Garten des russischen Eremiten Timofei, der sich in der Nähe des Olympiaparks befand. In diesem Garten wuchsen alle Pflanzen völlig ungeordnet durcheinander und so wurde diese Form einer antiautoritären Gestaltung, eines Laisser-faire, auch zum Vorbild für den elterlichen Wiener Garten.

Entlang der Grundstücksgrenze stehen Blaufichten und rahmen den Garten nach beiden Seiten ein. Um ihnen die Strenge zu nehmen, wächst Schling-Knöterich weit in deren Kronen hinein und sorgt mit seinen weißen Blüten ab Juli bis September für Akzente vor dem dunklen Grün der Nadelbäume.

Vorbei an bunten Blütenstauden geht es über einen gepflasterten Weg, in dessen breiten Fugen zahlreiche Kräuter wachsen, zu einem flachen Wasserbecken aus Stein mit einer mittig liegenden Fontäne. Etwas weiter rechts befindet sich

OBEN: *Vom Hausdurchgang gelangt man in den verwunschenen Garten.*
GEGENÜBER: *Der geschwungene Weg aus alten Ziegelsteinen führt vorbei an Päonien und Beetstauden bis zum Holzplankenweg.*

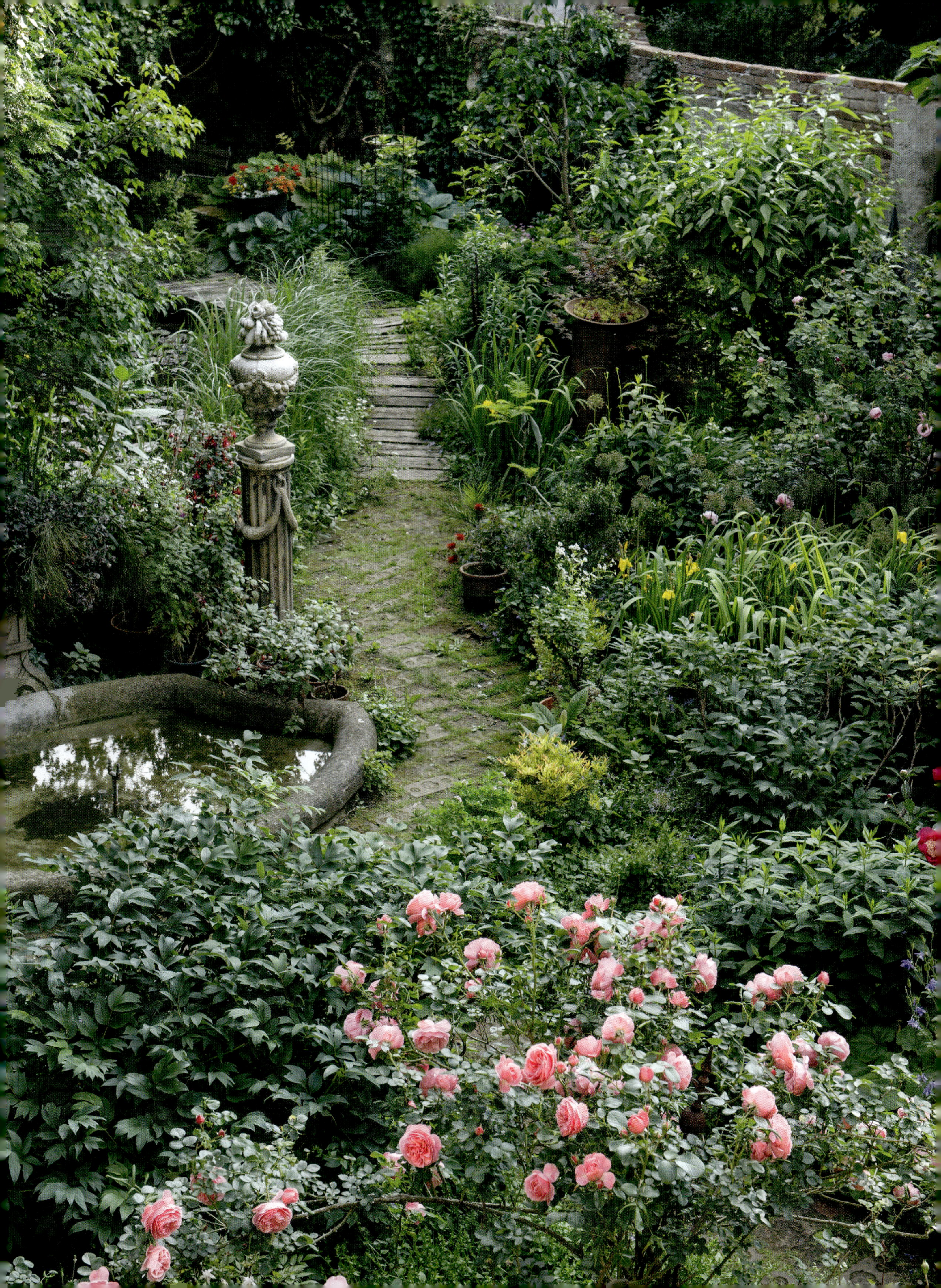

Romantische Gärten

ein Schwimmteich mit einem Holzdeck. Sumpfdotterblumen und blühende Seerosen bilden hier zusammen mit einer Vielzahl anderer Sumpf- und Wasserpflanzen einen eigenen Teichgarten. Mit der Umwandlung der ursprünglichen Rasenfläche in einen Schwimmteich wurde der Badegenuss möglich bei gleichzeitigem Wegfallen des lästigen Rasenmähens.

Eine Besonderheit im Garten ist ein halbseitiges Gewächshaus auf der Rückseite eines Gartenhauses, das weiter hinten versteckt steht. Unter Glas wachsen hier zahlreiche Opuntien wie auch andere Kakteenarten. Gleichzeitig dient das Glashaus allen Kübelpflanzen als Orangerie in der kalten Jahreszeit.

Überall im Garten verteilt finden sich Schatten- und Sonnensitzplätze und Accessoires wie Säulen, Jardinièren, Putten und Stellagen mit Töpfen, die an ausgesuchten Stellen platziert sind. Diese stammen zum Teil aus der Zeit, als die Gärtnerin aus ihrem Hobby einen Beruf machte und eine Haus- und Gartengalerie führte. All diese Gartenausstattungen haben den Effekt, dass sie die Pflanzungen aufwerten und noch stärker inszenieren.

Im ersten Stock entstand vor ein paar Jahren direkt neben der Küche eine Außenterrasse als Holz-Stahl-Konstruktion. Von hier aus hat man einen Blick auf den Garten und denkt nicht daran, sich in einer geschlossenen Bebauung innerhalb der Stadt zu befinden.

Ohne Frage geht es in diesem Garten weniger um dessen Nützlichkeit, sondern vielmehr um die pure Lust am Gärtnern, dem Glück, sich in ihm aufzuhalten und sich an den unzähligen Pflanzen und Blüten von Frühjahr bis in den Herbst hinein zu erfreuen.

Deshalb ist es nur konsequent, wenn man vergeblich nach Gemüsebeeten Ausschau hält, nach etwas Suchen aber zumindest Paradeiser (Tomaten) und Gurken findet.

OBEN: *Die Kakteen-Sammlung im Glashaus und gleichzeitiger Überwinterungsplatz für Kübelpflanzen.*
GANZ OBEN: *Japanischer Etagen-Schneeball* (Viburnum plicatum *'Mariesii'*), darunter *Elfenblume* (Epimedium spec.).
GEGENÜBER OBEN: *Blick über den Schwimmteich zum Haus.*
GEGENÜBER UNTEN: *Sumpf- und Wasserpflanzen am Badesteg.*

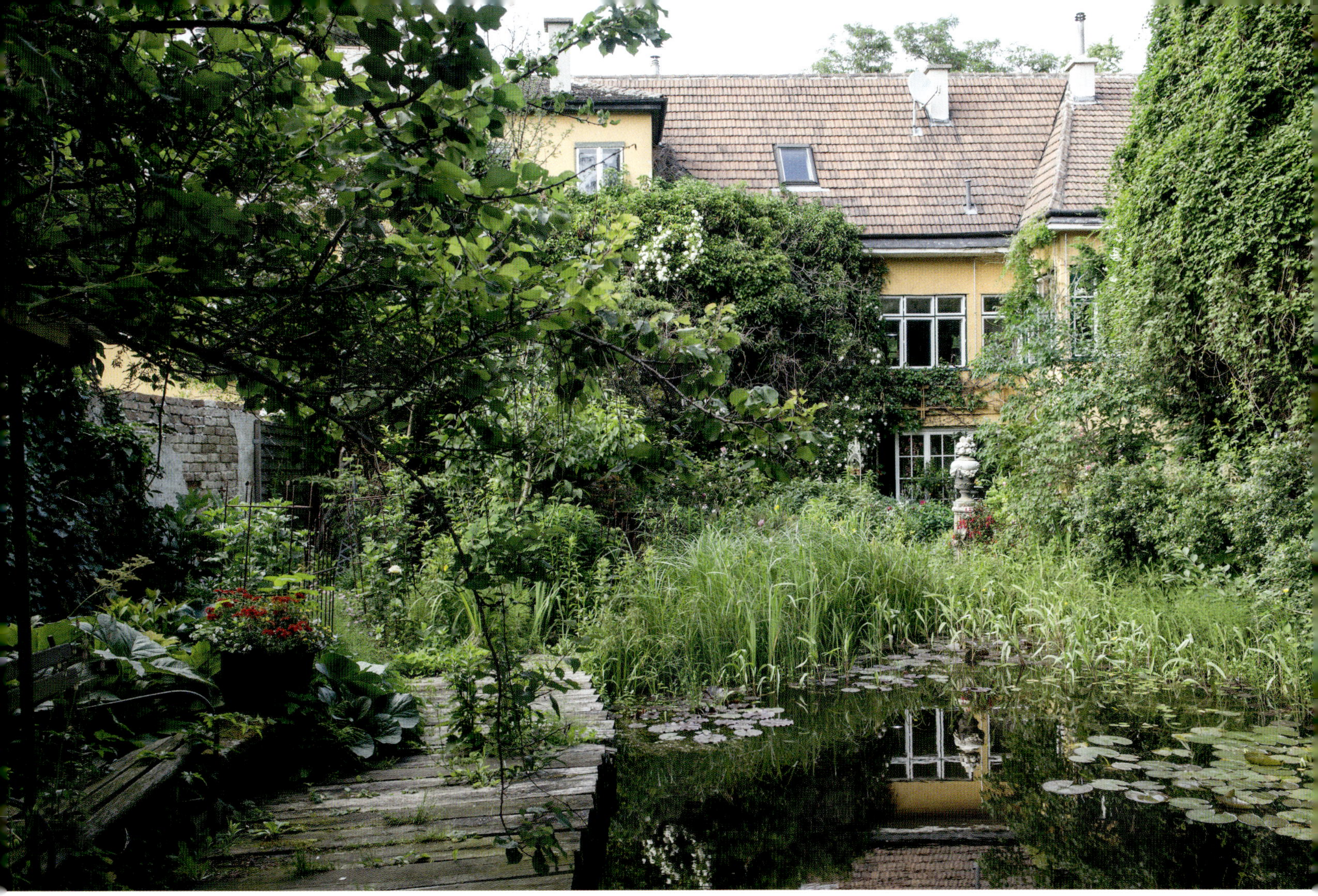

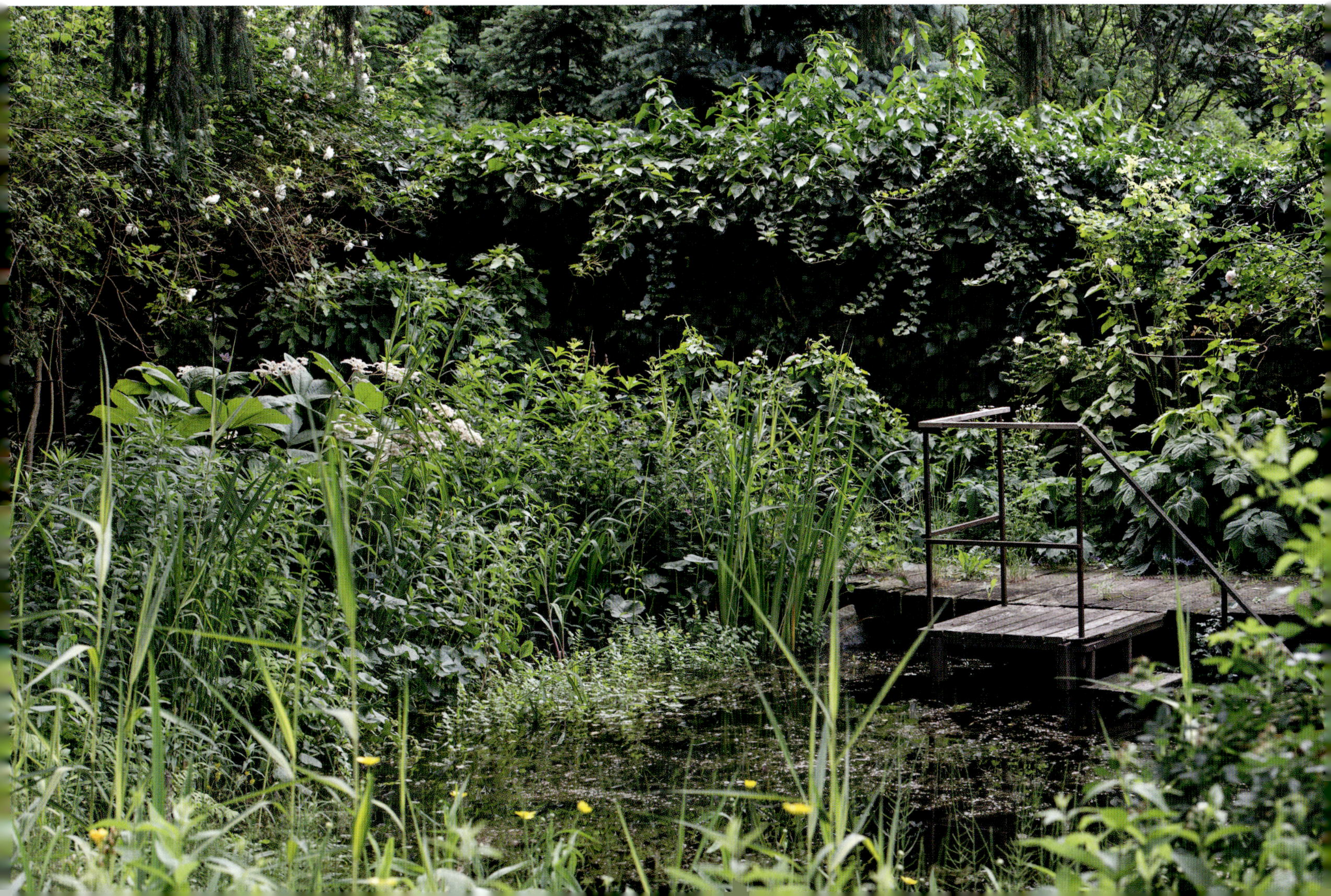

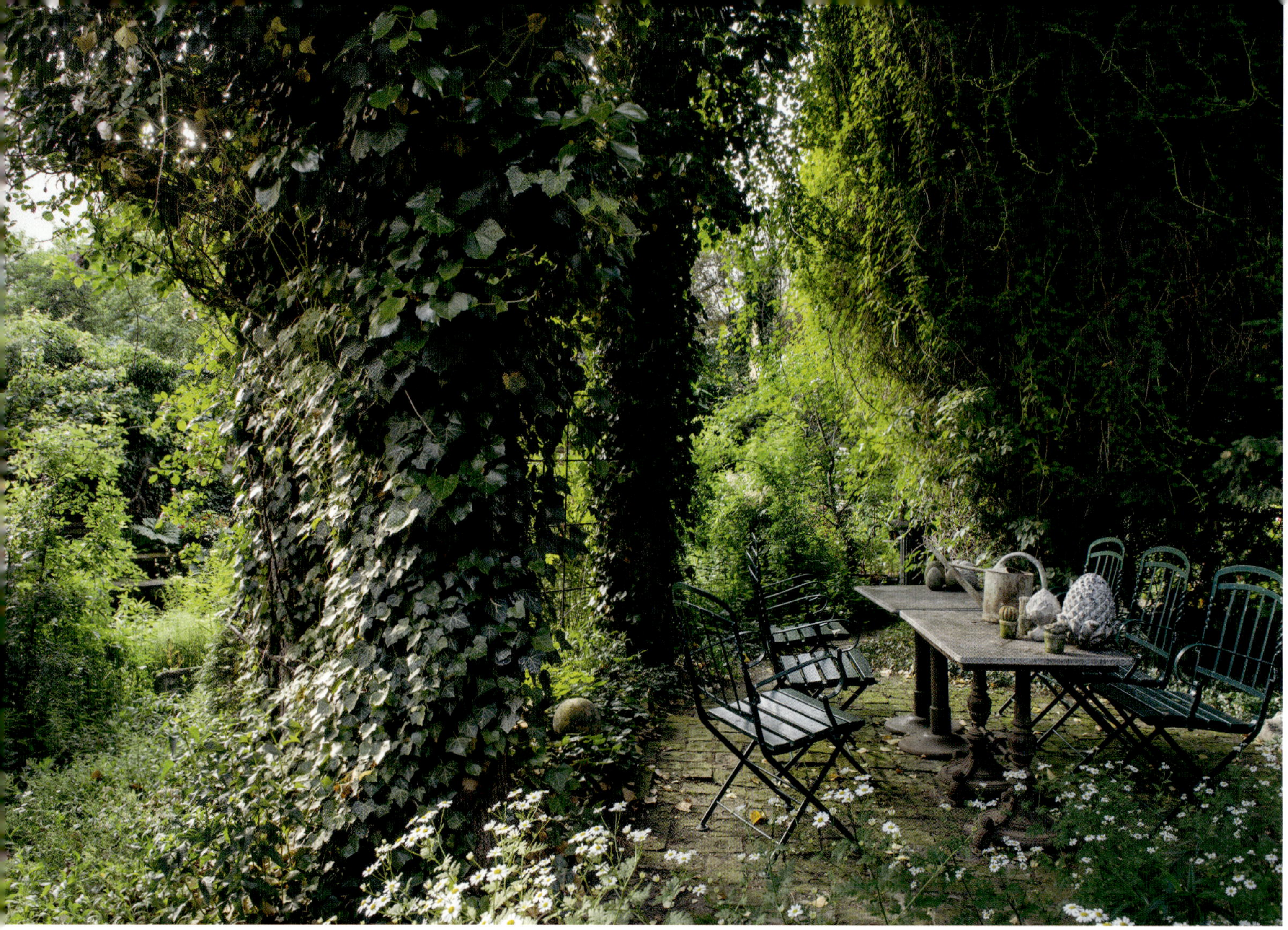

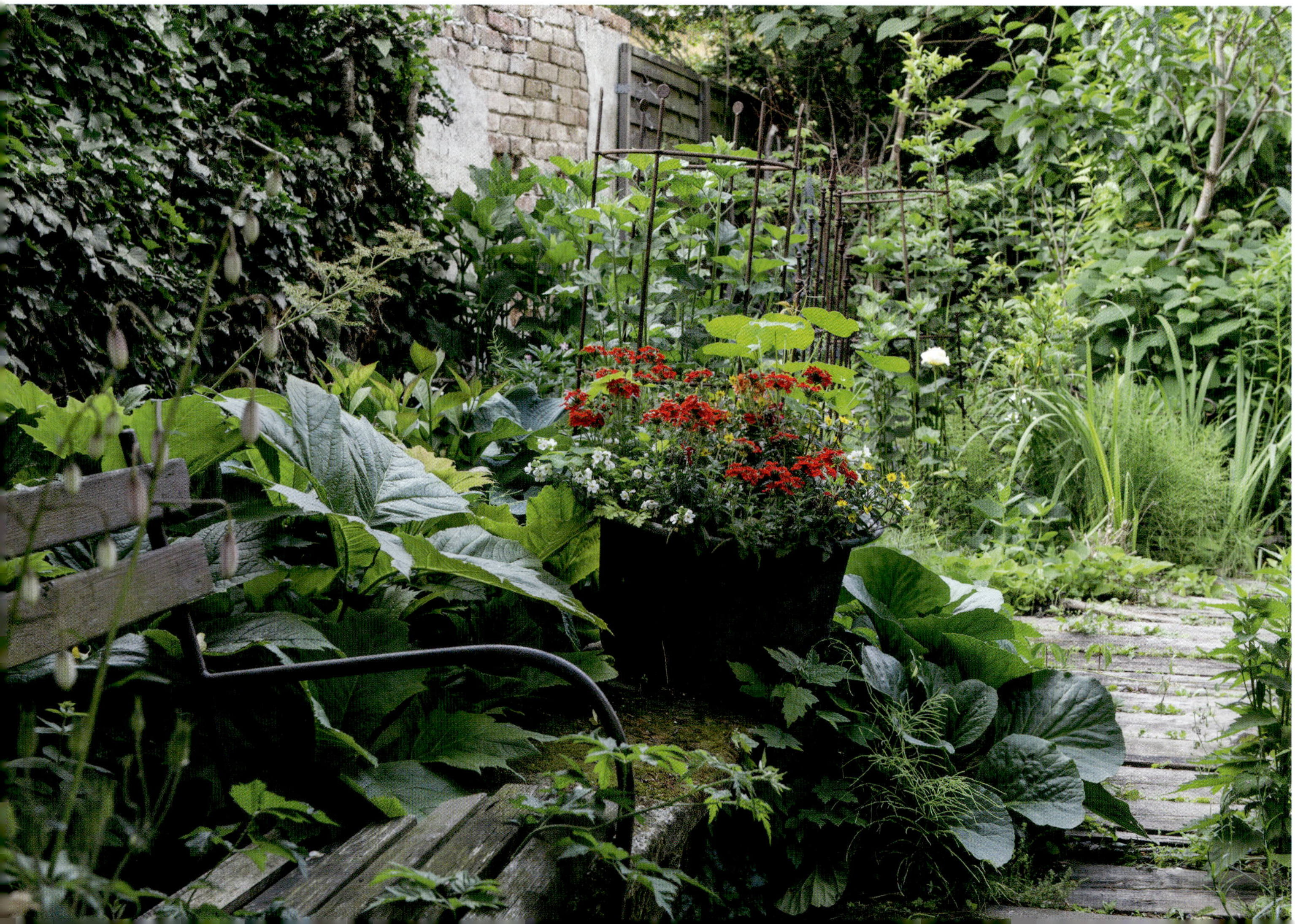

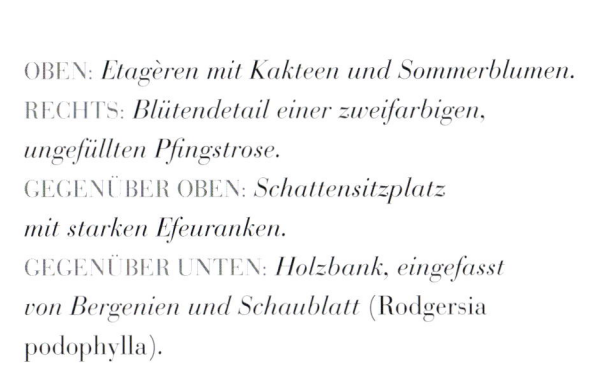

OBEN: *Etagèren mit Kakteen und Sommerblumen.*
RECHTS: *Blütendetail einer zweifarbigen, ungefüllten Pfingstrose.*
GEGENÜBER OBEN: *Schattensitzplatz mit starken Efeuranken.*
GEGENÜBER UNTEN: *Holzbank, eingefasst von Bergenien und Schaublatt (Rodgersia podophylla).*

Japanromantik in Mauer

OBEN: *Sitzplatz im Garten – im Hintergrund das gelb gestrichene Haus.*
GEGENÜBER: *Blick über den Teich mit Seerosen, Farnen, Buchsbaumkugeln, Bambus zu den Kiefern, deren Kronen die Abendsonne rötlichbraun erstrahlen lässt.*

Der Villenort Mauer liegt im Süden der Stadt am Rand des Wienerwalds und gehört zu den beliebten Wohngegenden Wiens mit alten Villengärten, Winzerhäusern, Haus- und Siedlungsgärten. Das vorgestellte Haus und Grundstück liegen quer zum Hang einer Nebenstraße vis-à-vis eines bewirtschafteten kleinen Weingartens. Als Vorstadt-Siedlungshaus wurde es 1958 erbaut und im Jahr 1985 von Christa Velechovsky gemeinsam mit ihrem damaligen Lebensgefährten um- und ausgebaut. Vor der Bebauung des Grundstücks befand sich dort ursprünglich ein Weingarten, den man später in einen Obst- und Gemüsegarten umwandelte und mit einem Bestand von Apfel- und Kirschbäumen verkaufte. Ein Relikt eines alten Weinstocks befindet sich heute noch an der nördlichen Grenze zum Nachbarn.

Die neuen Besitzer legten den Garten mit eigenen Händen an, und sie folgten dem Wunsch, Elemente von japanischen Gärten wie Steine, Wasser, Ausstattungen sowie typische Pflanzen zu verwenden.

Zuerst wurden einige zu dicht stehende Obstbäume gefällt und ein Teich in Hausnähe sowie ein zweiter Teich weiter hinten im Garten angelegt. Dabei zeigte sich, dass der Boden extrem hart und verdichtet war und einen hohen Lehmanteil besaß. Die beiden Gärtner umpflanzten die angelegten Teiche mit über 100 Buchsbäumen und platzierten Steine im Uferbereich aus dem nahe gelegenen Wienerwald. Die Teiche werden aus dem Regenwasser vom Dach gespeist.

Ein weiterer Wunsch war es, verschiedene Sitzplätze über den Garten verteilt anzulegen, um mit der Sonne durch den Garten zu wandern oder um sich im Schatten vor ihr zu schützen.

Von dem Ursprungskonzept eines rein grünen Gartens wich die Besitzerin in den vergangenen 15 Jahren immer weiter ab und ergänzte die Anlage ständig mit Blütensträuchern und Stauden. Dabei macht auch heute noch die wenige Zentimeter unter dem Oberboden liegende harte Lehmschicht

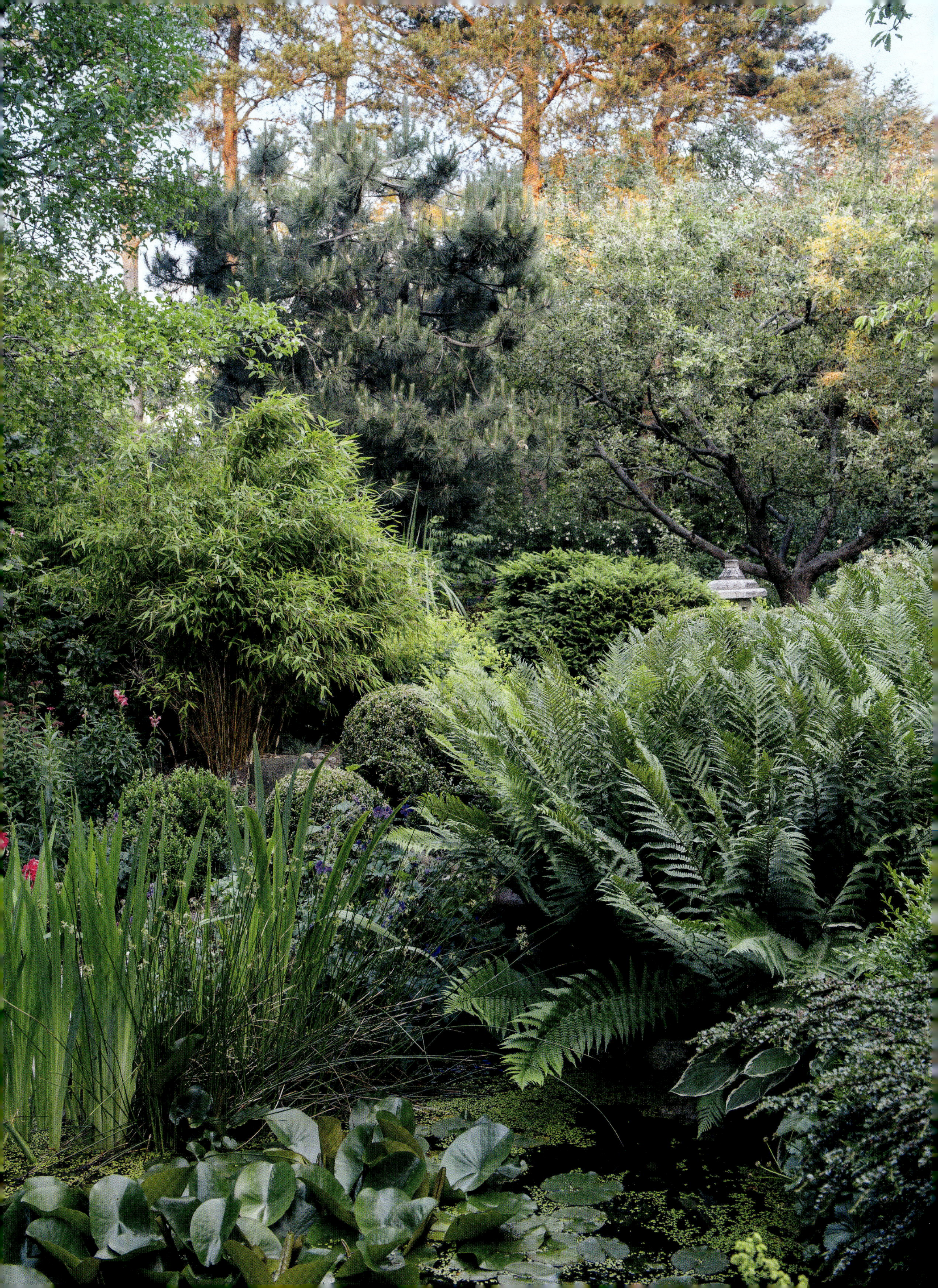

OBEN: *Die Steinleuchte steht versteckt neben Buchsbaum und Frauenmantel.*
GANZ OBEN: *Der Sitzplatz am Gemüsegarten mit Kaiserziegeln und Kieselsteinen ist von Buchsbaumkugeln eingefasst.*

alles Gärtnern schwierig, und nicht alle Pflanzenarten kommen mit diesen besonderen Bodenverhältnissen zurecht. So fand Christa Velechovsky im Laufe der Jahre heraus, welche Gehölze und Stauden langfristig an ihrem Standort gediehen und welche nicht. Dieses empirische Untersuchen gilt für viele andere Gärtner auch, die genau verfolgen, wie ihre Pflanzen sich entwickeln, und auch innerhalb des Gartens mit ihnen umziehen, um deren Wuchsbedingungen an anderer Stelle zu verbessern. Dieses System von Trial and Error führt dann nach einem längeren Zeitraum zu stabilen Pflanzengemeinschaften und -kombinationen und zum gewünschten gärtnerischen Erfolg.

Entlang der gelb gestrichenen und mit dunkelgrünen Türen und weißen Fensterumrandungen ausgestatteten Fassade betrit man den Garten und passiert gleich ein Salettl. Diesen überdachten Sitzplatz berankt eine Pfeifenwinde vollständig mit ihren schönen herzförmigen Blättern. Der harmonische Blick in den Garten führt über den Teich in Hausnähe mit Seerosen und Farnen, Bambus und Kiefern zu den großen Waldkiefern am östlichen Ende des nur 600 Quadratmeter großen Grunds. Die hohe Randbepflanzung definiert den Garten klar als eigenen, in sich geschlossenen Raum. Zur Rechten erstreckt sich ein Rasen, den geschwungene Staudenbeete und Blütengehölze an seinen Längsseiten einfassen. Der Sitzplatz unter einem Kirschbaum liegt nahe am Haus und bietet begehrten Schatten an heißen Tagen.

Am hinteren, zweiten Teich mit vielen Wasserpflanzen gelangt man zu einem Sitzplatz aus alten Kaiserziegeln. Diese stammen von Abbrüchen alter Häuser und sind noch mit Kaiserwappen und Stempeln alter Ziegeleien versehen, die Ende des 18. Jahrhunderts im Süden Wiens angesiedelt waren. Kieselsteine fassen den Platz ein. Nicht zufällig sind an diesem sonnigen Standort auch noch ein paar Gemüsebeete angelegt, um Küchenkräuter und Salat für den Eigenbedarf zu ernten.

Von hier begibt man sich nun weiter auf Entdeckungsreise. Denn in diesem sehr artenreichen Garten wachsen viele Blattstauden wie Bergenien, Frauenmantel und Funkien in Kombination mit Buchsbaum, Japanischem Ahorn, Zwergmispel und Bambus. Asiatische Brunnen und Steinlaternen, begleitet von großen Steinen und kleinen Buddha-Statuen, statten den Garten aus, der nicht den Anspruch hat, stilrein zu sein. Gusseiserne Brunnen und andere Objekte lokaler Herkunft fügen sich gefällig in das Gesamtbild ein.

Der harmonisch gestaltete Garten wird überwiegend mit eigener Kraft gepflegt, wobei die Gartenarbeit nicht als Last, sondern als Freude erlebt wird. Ihren Gartenstil bezeichnet die Besitzerin humorvoll als »eine Mischung zwischen Vorstadt und Japan«.

OBEN: *Abendliche Stimmung im Salettl.*
GANZ OBEN: *Vielfältige Blattstrukturen zeichnen den Garten aus.*

Romantische Gärten

OBEN: *Betende Figur.*
RECHTS: *Sitzplatz unter dem Kirschbaum mit geschwungenen Staudenbeeten.*

Japanromantik in Mauer

Garten des Dialogs in Grinzing

Im Norden und Westen Wiens fassen die Berghänge des Wienerwalds die Stadt ein. Von diesen ergeben sich wunderbare Aussichten auf die Donaumetropole mit ihren bewirtschafteten Weinbergen oder alten Obstgärten im Vordergrund. Natürlich gehören gerade diese Wohnlagen zu den privilegierten Adressen der Stadt.

Um zum hier vorgestellten Haus und Garten zu gelangen, müssen von einem unscheinbaren Eingang aus 44 Stufen hinaufgestiegen werden. Das 4000 Quadratmeter große Grundstück besteht aus zwei Gartenteilen, an dessen höchstem Punkt das zeitgenössische, hell verputzte Wohnhaus steht.

Der vordere Bereich zwischen Haus und Straße bildet den Auftakt zu diesem überaus artenreichen und vielseitigen Garten. Hochgewachsene Bäume wie Fichten und Buchen schaffen hier den Rahmen für einen in sich geschlossenen Gartenraum mit Rasenfläche, Strauch- und Staudenpflanzungen und einer antiken Statue. In dieser halbschattigen Situation wachsen große Rhododendren, Hortensien und Stauden wie Storchschnabel und Japanische Anemonen. Dieser trotzdem üppig gestaltete Bereich dient weniger der Kontemplation, sondern macht eher neugierig auf das Kommende. Kurz vor der Hauseingangstür verzweigt sich der Weg nach beiden Seiten, geht um das Gebäude herum und führt in den deutlich größeren Gartenteil.

Zur Rechten liegt ein Schwimmbecken mit Sitzplatz zum Sonnenbaden und einer berankten Pergola, die als Sonnenschutz dient. Mediterrane Kübelpflanzen verstärken hier die südliche Badeatmosphäre. Der zwischen dem Haus und dem Schwimmbecken angelegte Rasen ist kurz geschnitten und dient als Bewegungs- und Spielfläche. Um die natürliche Gestaltung des angrenzenden Hangs zu betonen, geht der Rasen bald in eine Wiese über.

»Garten ist Kommunikation«, sagt seine Besitzerin. Schaut man sich um, versteht man diese These schnell, die gleichzeitig auch Gestaltungsansatz ist. Überall im Garten ist für den

OBEN: *Staudenbeet mit Hortensien, Sonnenhut, Knöterich und Schafgarbe.*
GEGENÜBER: *Sitzplatz unter einem Spitz-Ahorn am Hang. Dahinter Sonnenauge* (Heliopsis *var.* scabra).

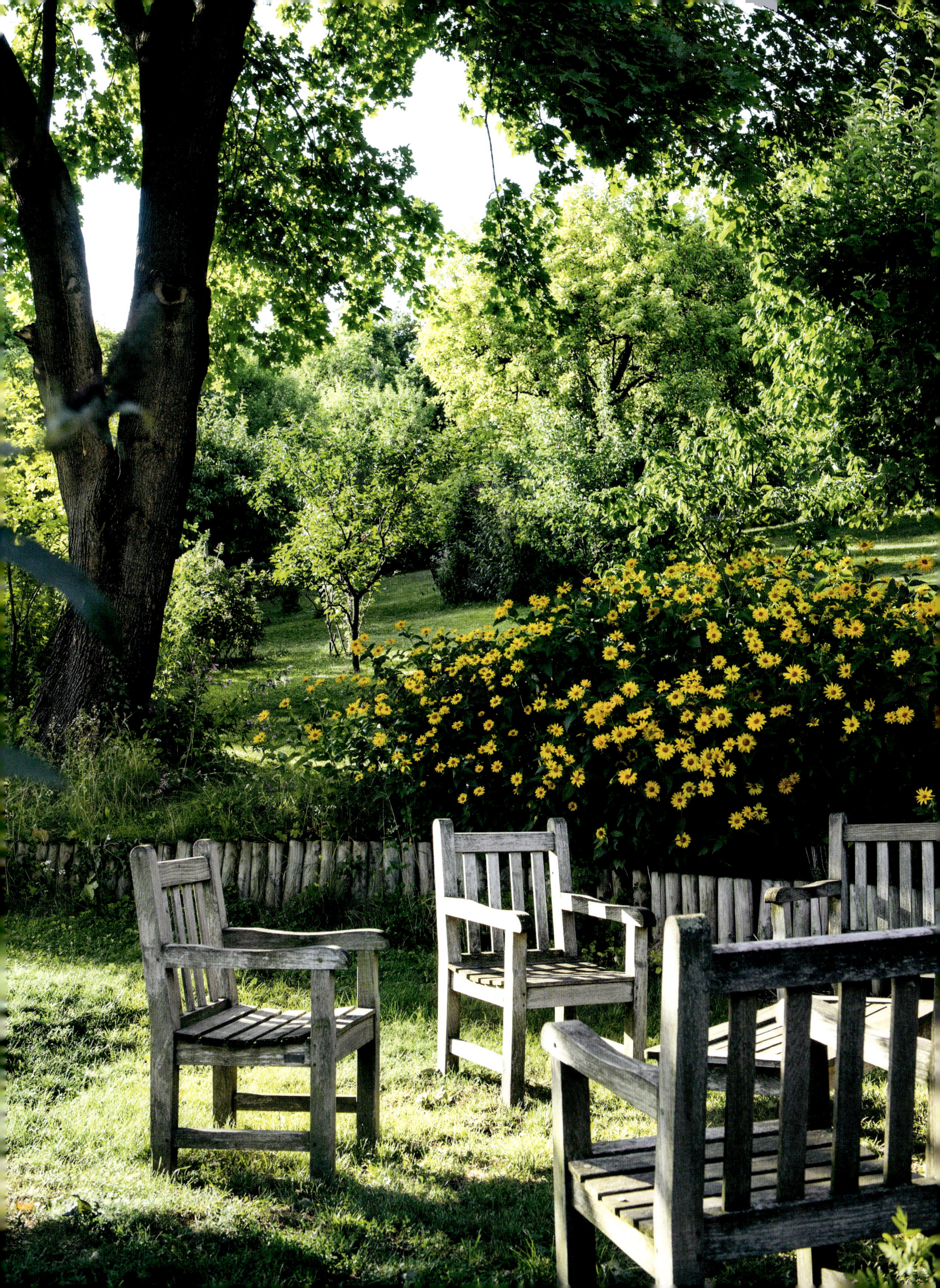

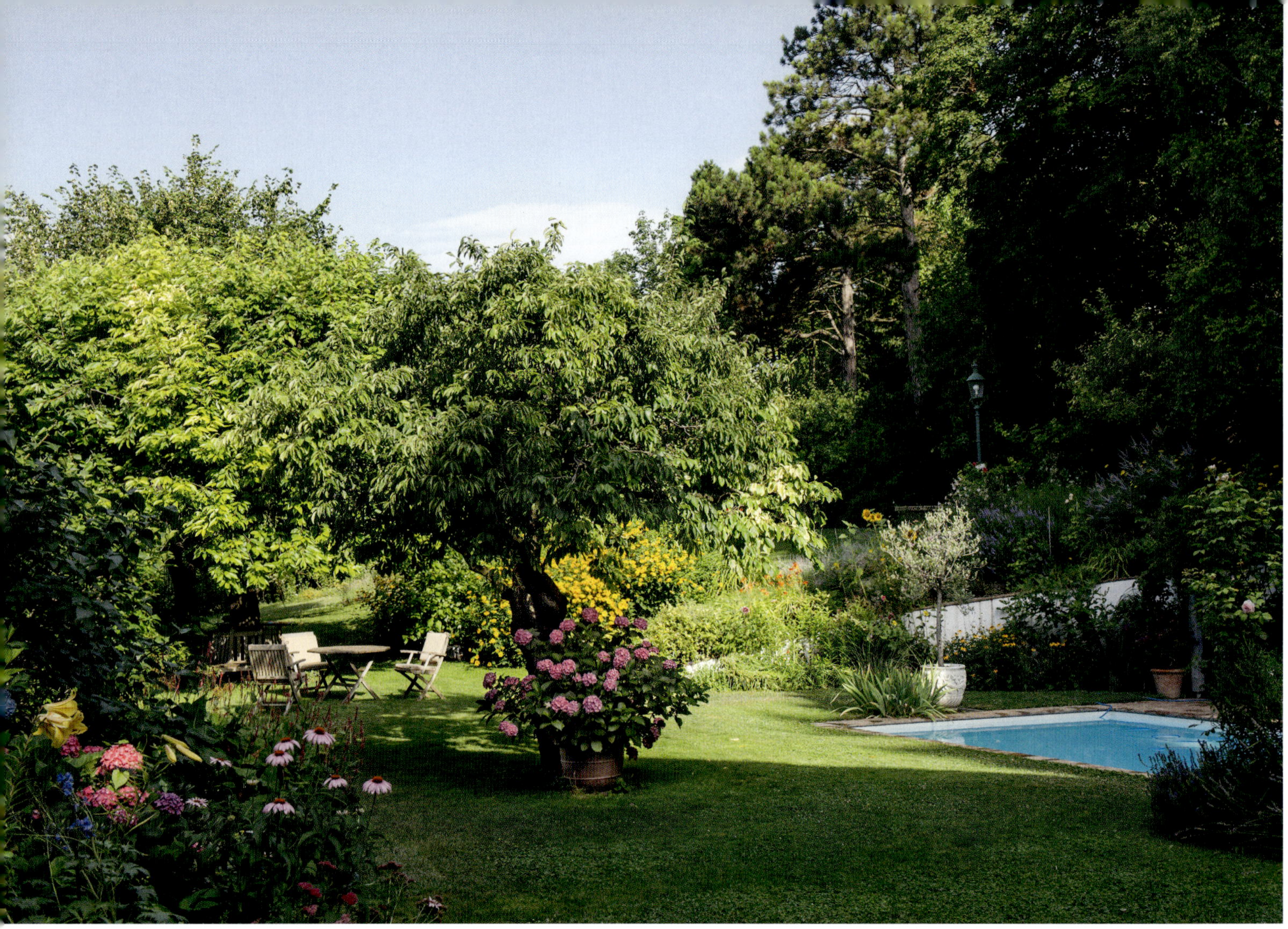

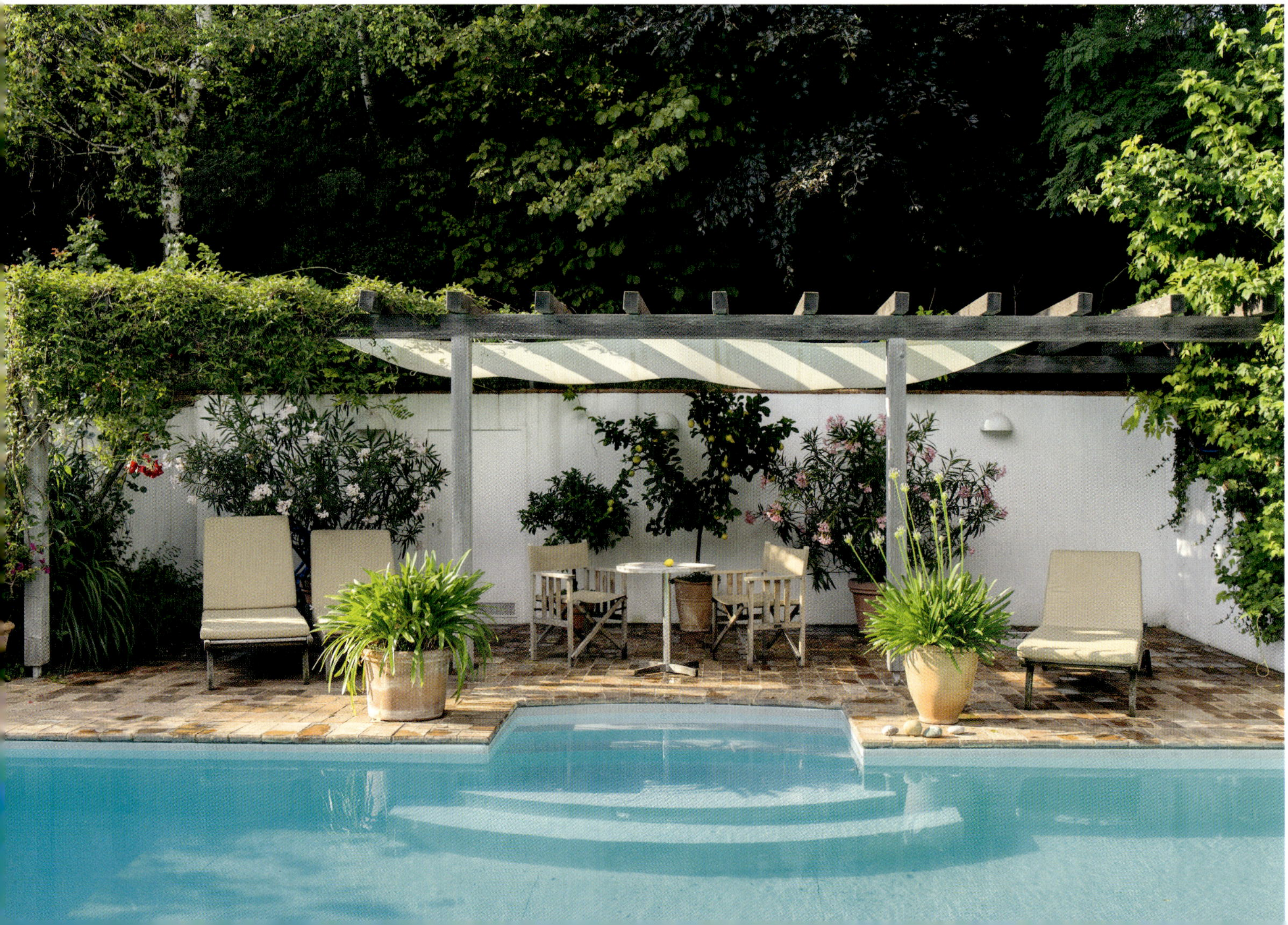

jeweiligen Zweck der passende Sitzplatz zu finden, der von der Zweiergruppe bis zum großen Esstisch für 20 Personen geht und somit alle Möglichkeiten für eine ausgeprägte Gastgeberschaft bietet. Die bunten und ideenreich zusammengewürfelten Pflanzungen sowie die verschiedenen Ausblicke in die Landschaft sind so inspirierend, dass eine Kommunikation geradezu automatisch erfolgt. Alles im Garten wirkt so entspannt, ungezwungen und überaus sinnlich.

Zum ungezwungenen Umgang mit dem Thema Garten gehören auch Ernteerlebnisse. Auf dem Wiesenhang stehen alte Kern- und Steinobstbäume, die mit Obstgehölzen wie Renekloden und Birnen sowie mit Him- und Stachelbeeren, Schwarzen und Roten Ribiseln ergänzt wurden, um nur einige zu nennen. Dadurch ist es möglich, ab dem Monat Juni schon erstes eigenes Obst genussvoll zu ernten. Damit sich Vögel nicht an der Ernte beteiligen, werden die Sträucher mit Netzen überspannt.

Etwas weiter den Hang hinunter befindet sich versteckt ein Gewächshaus zur Anzucht von Jungpflanzen und zur Überwinterung von Kübelpflanzen. Am tiefsten Punkt des Gartens liegt eine ebene Fläche mit dem großen Gemüsegarten und einem Geräteschuppen.

In dem Gemüsegarten wachsen unter anderem Erdäpfel (Kartoffeln), Selleriewurzeln, Rote Rüben (Rote Beete),

OBEN: *Bunte Farbmischungen bestimmen die Staudenbeete.*
GEGENÜBER OBEN: *Der Badebereich schiebt sich in den Hang hinein.*
GEGENÜBER UNTEN: *Schmucklilien (Agapanthus-Arten) in Terrakotta-Töpfen sorgen mit anderen Kübelpflanzen für ein mediterranes Flair am Schwimmbecken.*

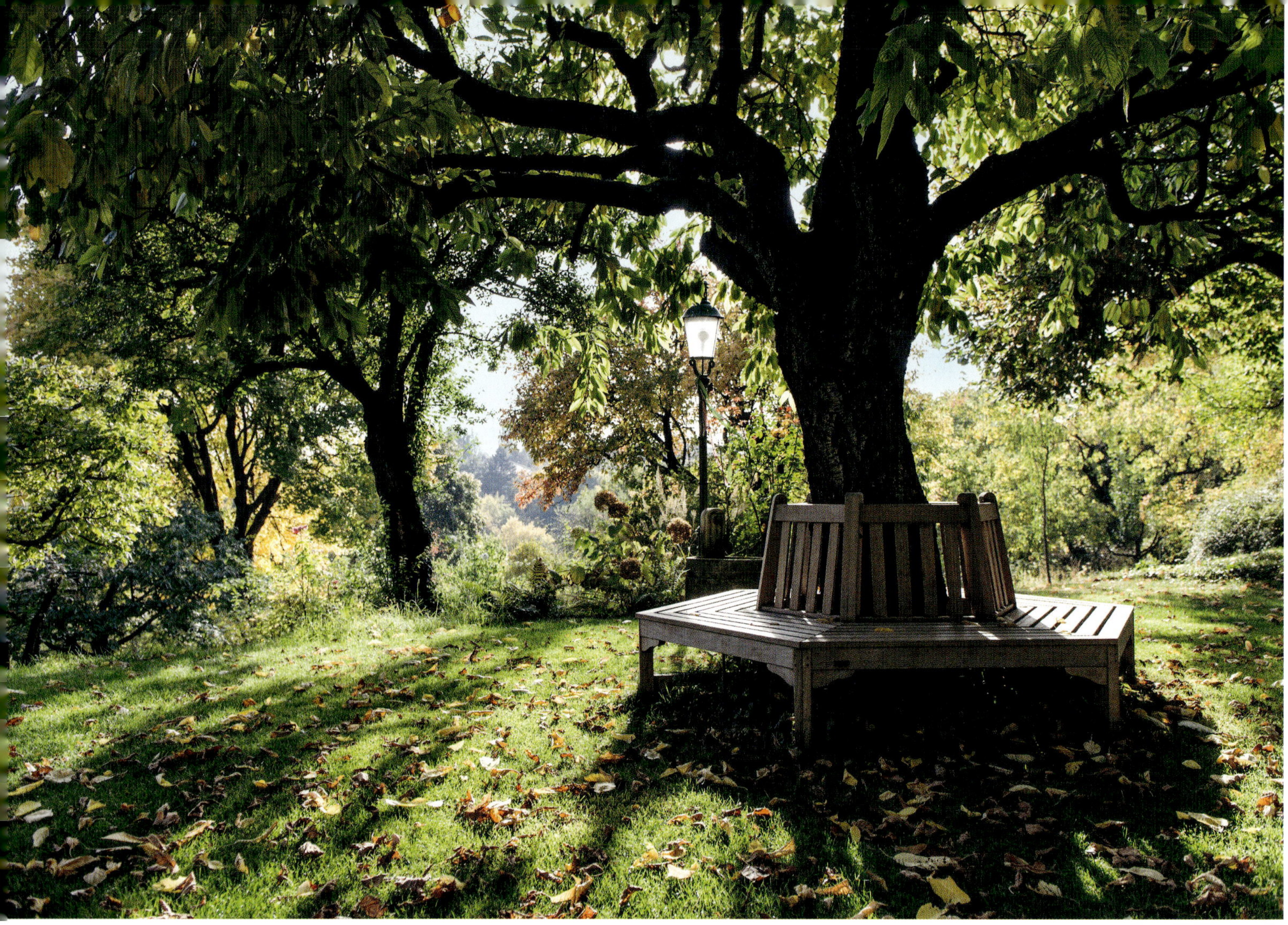

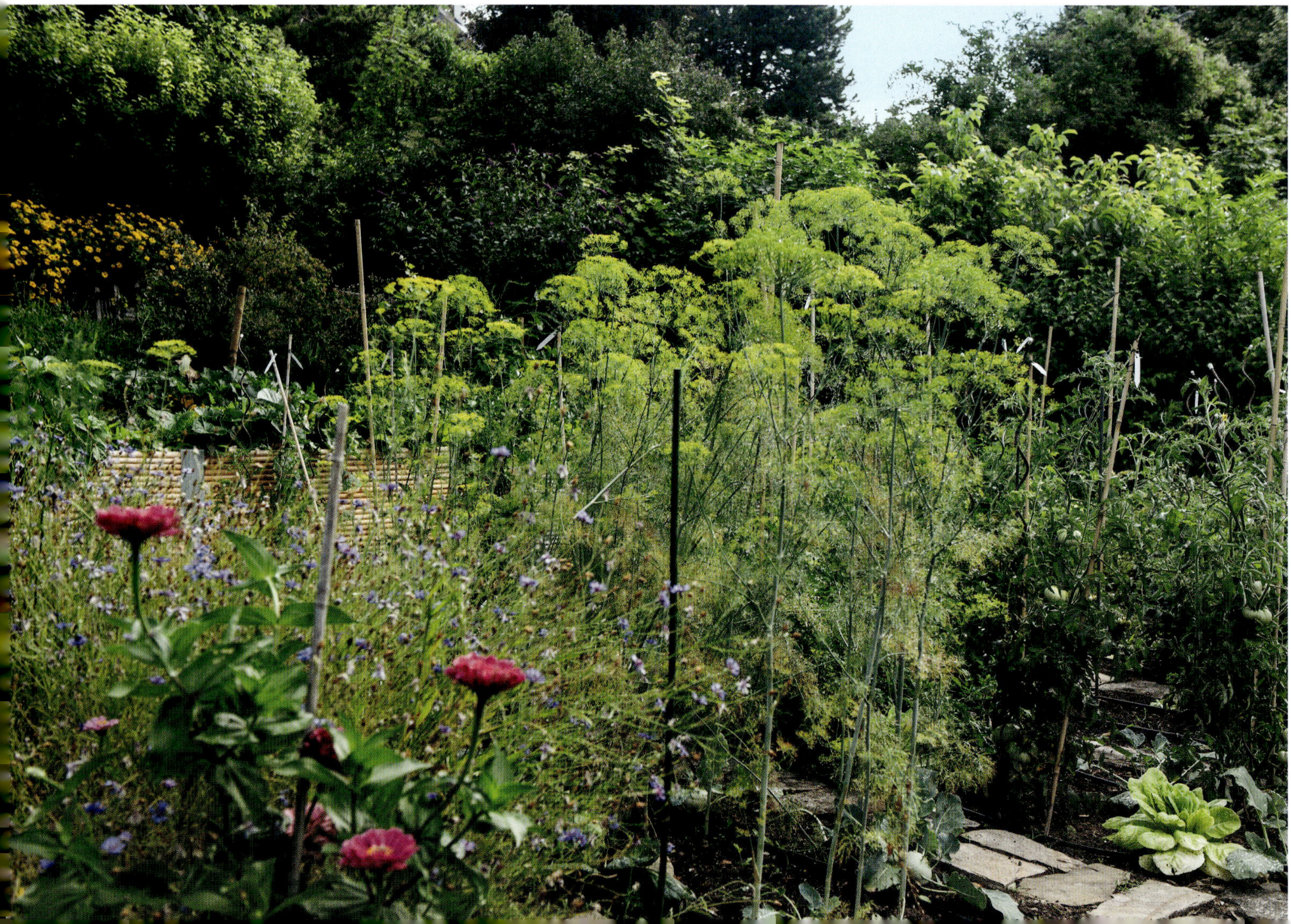

Melansane (Aubergine), Kraut (Kohl), Paprika und zahlreiche Gewürzkräuter und Salat. Regelmäßige Wassergaben sind für ein gutes Gedeihen des Gemüses sehr wichtig. Pheromonfallen dienen als Pflanzenschutz bei der Bekämpfung von Schädlingen. Eine Kompostbewirtschaftung findet ebenfalls im Garten statt.

Mit dem Gemüse aus eigener Ernte werden ab Frühsommer bis in den Herbst hinein die gesamte Familie sowie Freunde versorgt. Die damit verbundene Gartenarbeit ist dabei Mittel zum Zweck, und gerade die vielen Stunden, die fast täglich im Garten verbracht werden, empfindet die von ihrem Garten begeisterte Hausherrin als sehr belohnend.

Egal ob Pflanzen, Tiere, Erwachsene oder Kinder: hier herrscht eine so gute Atmosphäre, dass man lange verweilen möchte.

OBEN: *Samt-Hortensien (Hydrangea sargentiana) im vorderen Gartenteil, links daneben Garten-Hortensien (Hydrangea macrophylla).*
GANZ OBEN: *Mobiler Sitzplatz auf einer Zwischenebene am Hang.*
GEGENÜBER OBEN: *Herbststimmung am Nachmittag.*
GEGENÜBER UNTEN: *Der Gemüsegarten mit Dill, Schnittblumen und ausgepflanzten Paradeisern (Tomaten).*

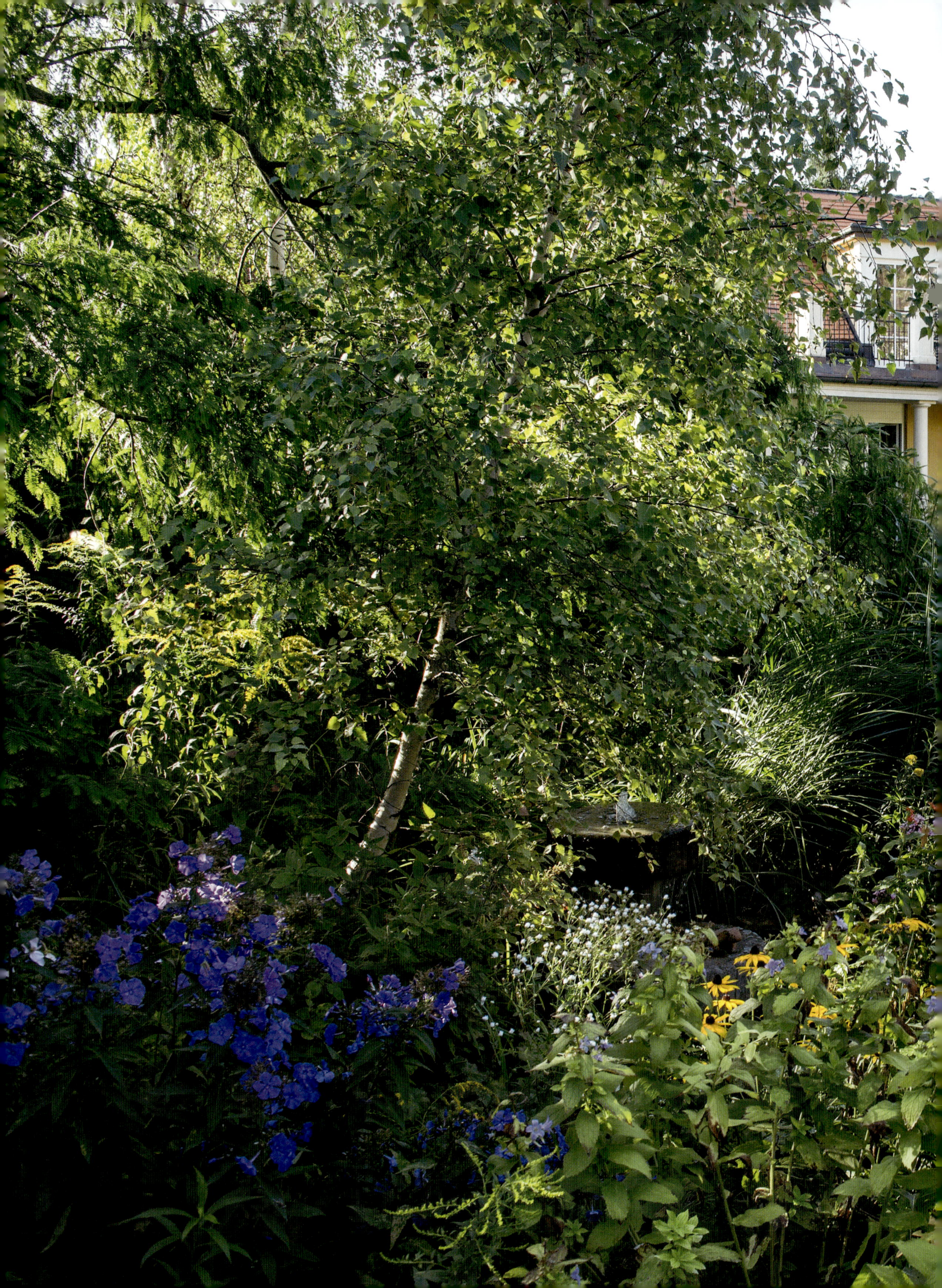

Repräsentative Gärten

Ein Garten der Erinnerung

Nähert man sich dem im Landhausstil erbauten Haus auf einer ruhigen Seitenstraße in Salmannsdorf, fällt es nicht ganz leicht, die Entstehungszeit zu datieren. Obwohl erst im Jahr 1972 erbaut, schätzt man das großzügige Wohnhaus mit seinen vielen Dachgauben älter ein. Das liegt vielleicht auch an dem Naturdenkmal in Form einer mächtigen Föhre, die neben dem Hauseingang steht und das einstöckige Gebäude weit über das Dach hinaus mit ihrer dunkelgrünen Krone einfasst. Das Haus wirkt durch den großen Baum daher schon gut eingewachsen.

Vorbild für die Gartengestaltung waren Aquarelle von Rudolf von Alt, die Gärten im 19. Bezirk zeigen. Als einer der bekanntesten Künstler des 19. Jahrhunderts in Wien malte er Aquarelle, die topografisch genau und atmosphärisch stimmungsvoll das Österreich der damaligen Zeit mit seinen Landschaften und seiner Architektur festhielten. Von Alt lebte bis Anfang des 20. Jahrhunderts und interessierte sich noch im höheren Alter für die neuesten Entwicklungen in der Kunst. 1897 war er eines der Gründungsmitglieder der »Wiener Secession« und wurde deren Ehrenpräsident.

Ein zweites Vorbild bei der Gartenkonzeption waren für den Gartenbesitzer seine sehr positiven Kindheitserinnerungen am Attersee im bunten elterlichen Garten. Da hier viele Blütenstauden wuchsen und geschnitten wurden, entstand der Wunsch, ebenfalls solche zu besitzen und auch für das Binden bunter Sträuße zu nutzen.

Das vorgefundene Grundstück war ein seit 1880 bestehender Obstgarten am Rande des Wienerwalds mit verschiedenen, teils sehr alten Laub- und Nadelbäumen, die der Bauherr möglichst erhalten wollte. Die Form des neuen Bauköpers orientierte sich ganz bewusst an diesem Baumbestand, und nur wenige Bäume fielen so dem Neubau zum Opfer. Der Gebäudegrundriss hat eine L-Form, wobei sich die lange Seite nach Süden öffnet und eine ideale Situation für eine großzügige Terrasse bildet.

OBEN: *Das Salettl im westlichen Gartenteil.*
GEGENÜBER: *Rhododendren und Farne sind ideale Pflanzen für halbschattige Bereiche.*

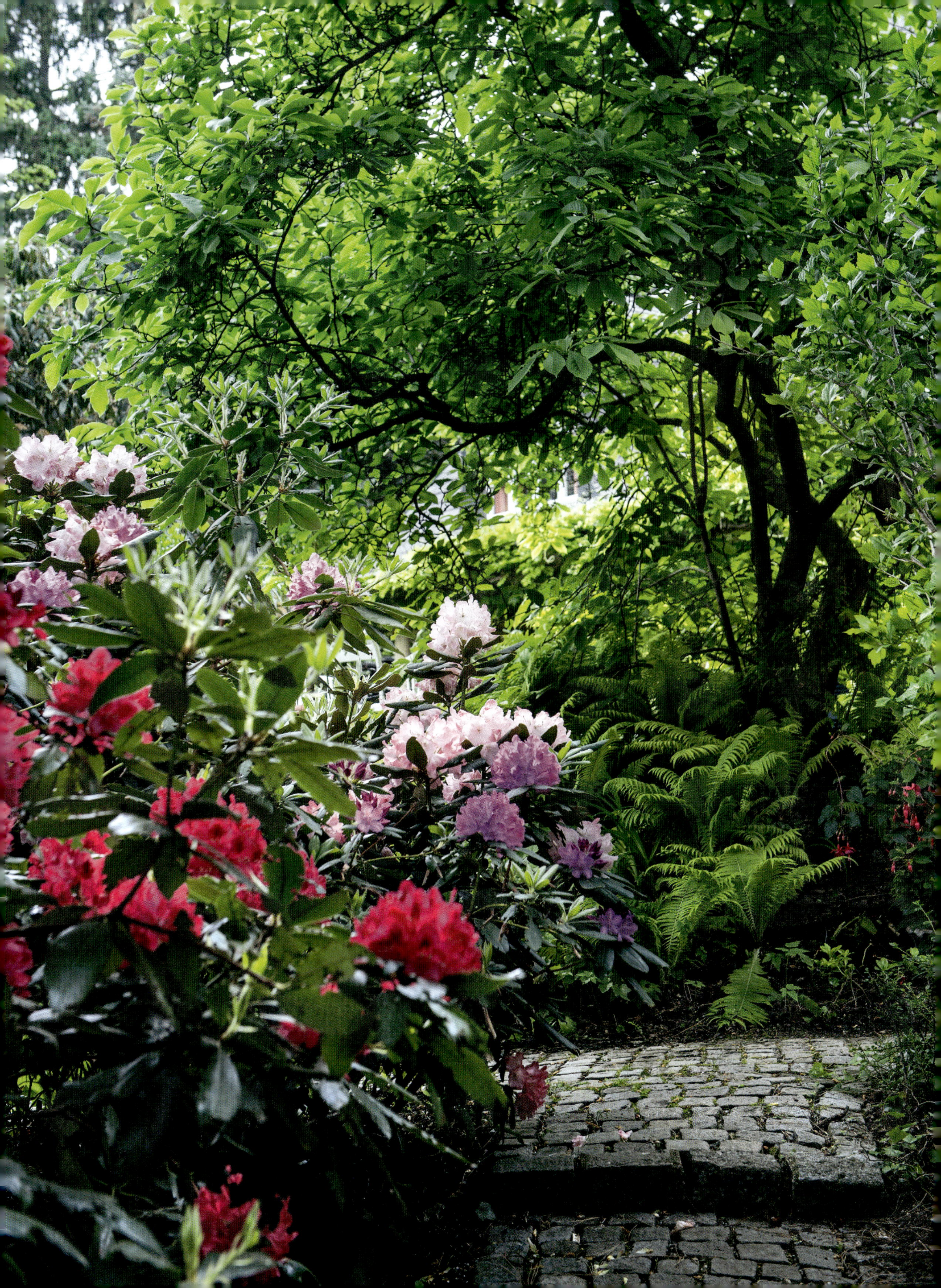

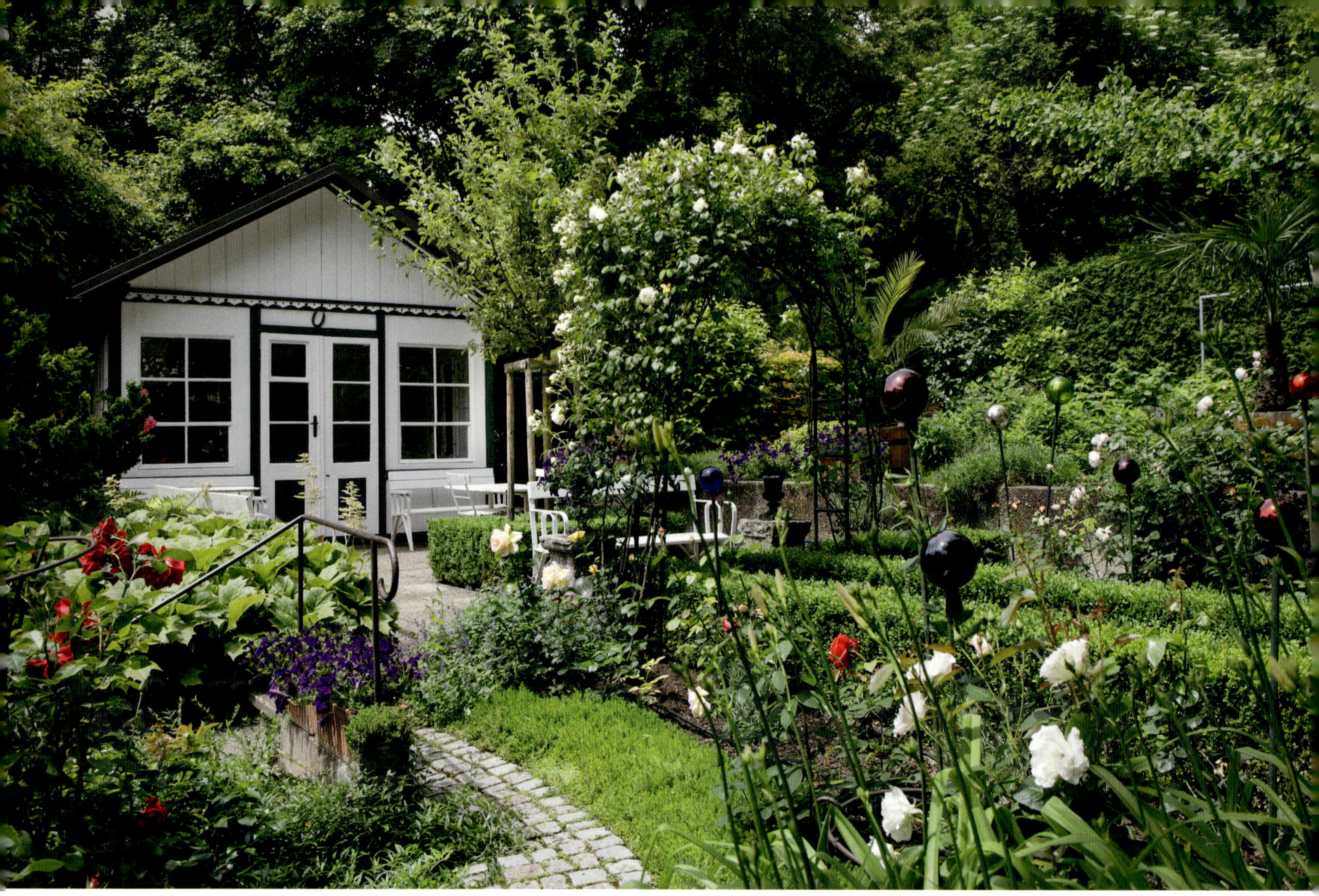

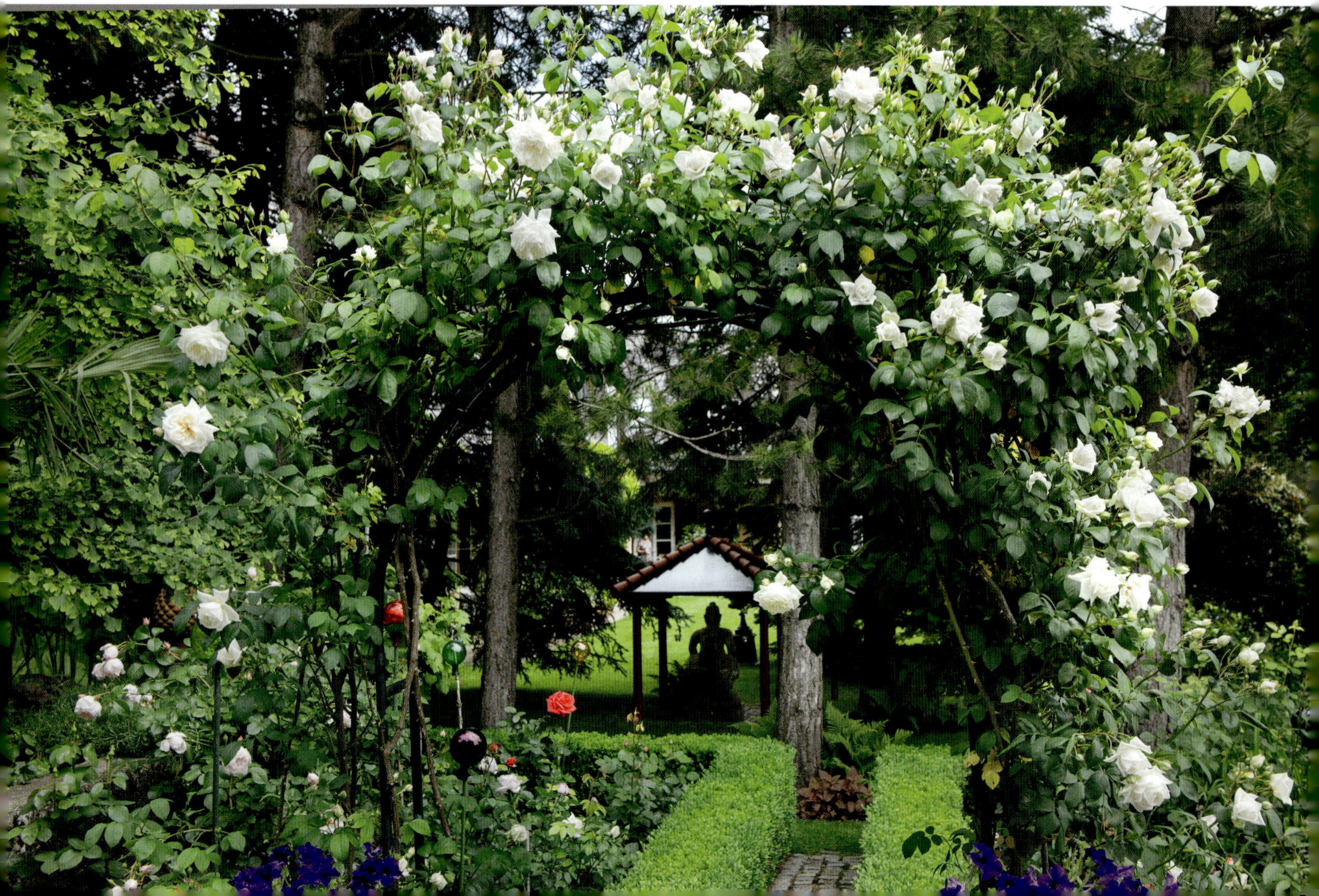

Der Garten hat eine Größe von 3000 Quadratmetern. Auf der Terrasse, die eine große Glyzine berankt, stehen zahlreiche Kamelien und Zitronenbäume, die sofort eine südliche Atmosphäre entstehen lassen. Im Anschluss erstreckt sich eine große Rasenfläche auf ganzer Fassadenbreite nach Süden. Ab dieser weitestgehend ebenen Fläche schließt sich der parkartige, landschaftliche Teil mit den ihn prägenden großen Bäumen, wie Ahorn, Linden, Fichten und Kiefern, geschwungenen Wegen und Schattenplätzen an. Der unregelmäßige Geländeverlauf unterstreicht den Charakter dieses Gartenteils, in dem ein kleiner, asiatisch anmutender roter Tempel mit sitzender Buddha-Statue steht. Auch abendländische, christliche Skulpturen wie den Erzengel Michael, der auf dem von ihm erlegten Ungeheuer steht, findet man versteckt im schattigen Gartenbereich, umgeben von Farnen. Blattstauden wie Funkien und Schaublatt fassen die gepflasterten Wege an einigen Stellen ein oder bilden große Teppiche verschiedener Texturen unter den Gehölzen. Geschnittene Eiben-Hecken geben immer wieder den Eindruck eines gepflegten Ortes, in dem die regulierende Hand des Gärtners spürbar ist. Etwas weiter münden die Wege in den eben angelegten Zier- und Staudengarten, den nördlich und westlich zwei hölzerne Gartenhäuser mit Sitzplätzen umgeben. Solche Gartenhäuser werden in Wien auch Salettl (nach dem italienischen »saletta«) genannt.

OBEN: *Der rote Tempel mit der Buddha-Statue steht versteckt unter Nadelbäumen.*
GEGENÜBER OBEN: *Bunte Kugeln im terrassenartig angelegten Zier- und Staudengarten.*
GEGENÜBER UNTEN: *Ein üppig blühender Rosenbogen gibt den Durchblick zum Wohnhaus.*

Repräsentative Gärten

OBEN: *Ein zweites Salettl steht versteckt unter Kiefern.*
OBEN RECHTS: *Lila- und weiß blühende Rhododendren säumen die geschwungenen Wege.*
GEGENÜBER: *Diese Rundbank ist ein willkommener Sitzplatz im Schatten.*
SEITE 60 OBEN: *Blaue Petunien in Steinvasen vor dem Rosenbogen.*
SEITE 60 UNTEN: *Der Erzengel Michael steht auf dem erlegten Ungeheuer.*
SEITE 60/61: *Auf der Terrasse wachsen Kamelien und Zitronenbäume in Kübeln. Eine große Glyzine rankt den Sitzplatz von oben ein.*

Im Staudengarten wachsen die für einen Bauerngarten typischen Pflanzen – Akelei, Hortensien, Pfingstrosen, Schwert- und Taglilien, Lavendel sowie viele Rosensorten. Hier werden die Kindheitserinnerungen des Hausherrn in puncto Garten am stärksten erlebbar. Glaskugeln setzen weitere Farbakzente in den Pflanzungen. Die für den Bauerngarten typischen Buchsbaumhecken dürfen nicht fehlen, zudem beranken Kletterrosen Bögen an den Wegen und in den Beeten.

Der nur nach Osten offene, sonst geschlossene, stark sonnige Gartenbereich ist auch ein idealer Standort für alle sonnenhungrigen Kübelpflanzen, wie Phönixpalmen, die in unmittelbarer Nähe in einer etwas tiefer liegenden Orangerie, mit großen Fenstern nach Süden, überwintern können.

Der ganze Garten strahlt eine besondere Ruhe aus und lädt mit seinen vielen Sitzplätzen ein, sich zu entspannen und sich an den vielen Gartenpflanzen zu erfreuen. Der Lieblingsplatz des Hausherrn ist der Sitzplatz direkt am Haus neben einem Außenkamin, der den Gartengenuss bis in den Herbst hinein verlängert.

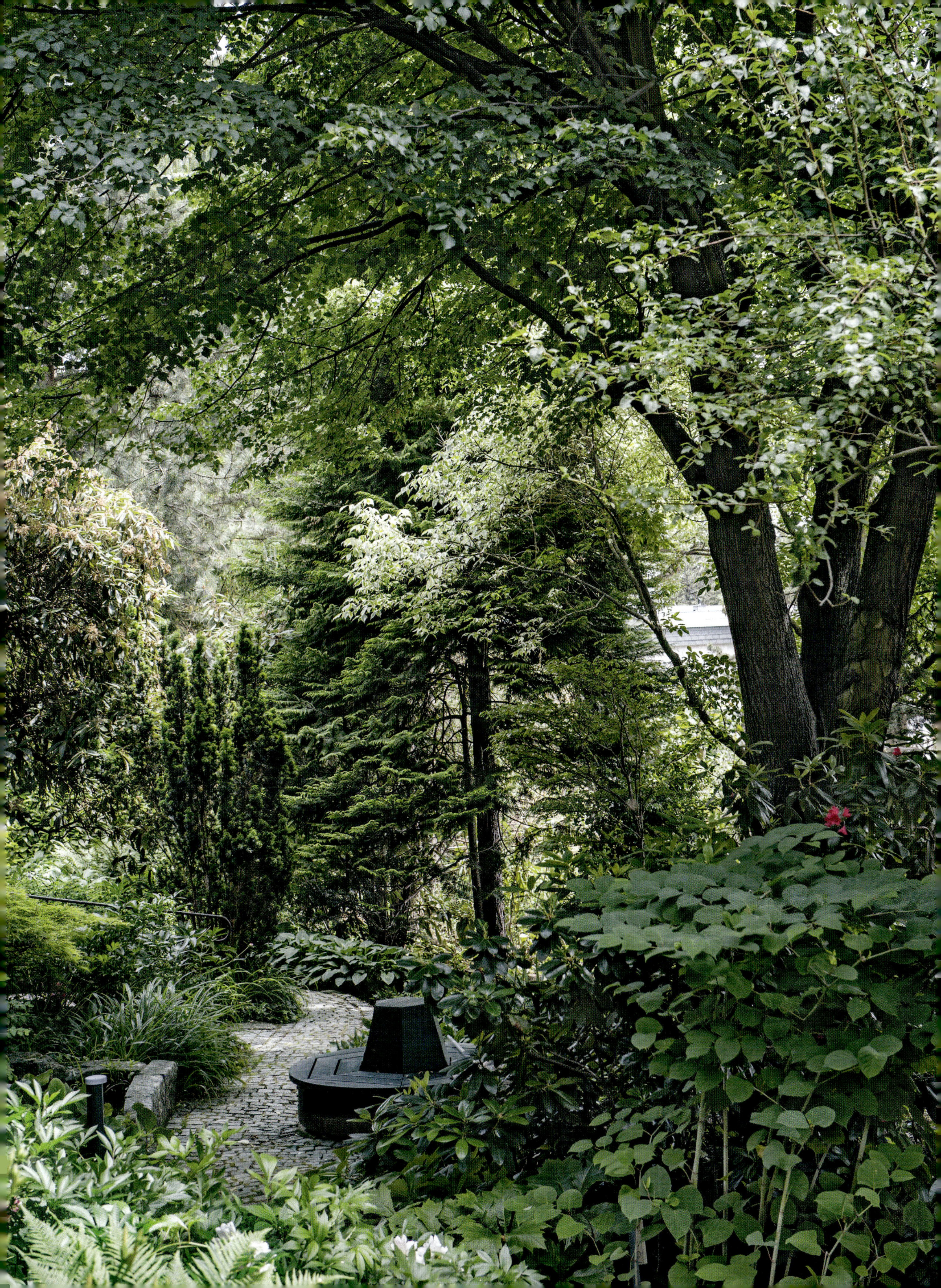

Repräsentative Gärten

Ein Garten der Erinnerung

Buchsbaum und Gartenkunst in Simmering

Einer grünen Insel gleich, liegt das Haus mitten in einem Industriegebiet, umgeben von Lagerhallen und Fabrikschornsteinen. Das eingeschossige Wohnhaus wurde in den 1930er Jahren erbaut und besteht heute aus zwei Satteldach-Häusern, die ein quer liegender Mittelteil miteinander verbindet. Anfang der 1960er Jahre kam das Haus in den Familienbesitz und wurde anfänglich nur den Sommer über bewohnt. Zu dieser Zeit existierten im Umfeld hauptsächlich Schrebergärten.

Über eine Zufahrt mit polygonal verlegten Natursteinplatten gelangt man vor das Haus, das zur Straße hin von Bäumen und dichten Sträuchern geschützt wird. Buchsbaumkugeln in Terrakotta-Töpfen säumen das drei Stufen höher liegende breite Podest vor dem Hauseingang.

Im Garten, der sich hinter dem Haus etwa 40 Meter lang erstreckt, finden sich alte Laubbäume wie Eichen, Linden, Buchen, Rosskastanien sowie zwei Kirschbäume und eine Walnuss, die locker verteilt auf der perfekt gepflegten Rasenfläche stehen. Ein besonderes Highlight sind zwei Feigenbäume, die jedes Jahr süße Früchte tragen.

Ein Sitzplatz unter der Walnusskrone mit Tisch und Stühlen lädt dazu ein, hier im Halbschatten zu verweilen. Anfang der 1990er Jahre tat dieses auch der bekannte britische Gartendesigner Peter Coats, der zu Gast in Wien war und zu dem Resümee kam, den Garten so zu belassen, wie er ihn vorfand. Als einzige Verbesserung regte er neben einer Mülleinhausung noch an, eine Verbindung zwischen einem Gartenhaus und einem stillgelegten Glashaus zu schaffen, um Orchideen zu züchten. Dieser Vorschlag wurde jedoch nicht weiter verfolgt.

Für das Gefühl, sich in einem geschlossenen Raum zu befinden, sorgen hohe Buchenhecken in den Randbereichen nach Westen sowie die Nachbargebäude im Osten. Farbaspekte liefern in dem sonst sehr ruhig wirkenden Garten rot und weiß blühende historische Strauchrosen und Hortensien, die vor den Buchenhecken an sonnigen Plätzen wachsen.

Am Ende des Gartens befindet sich ein kindgerecht einge-

OBEN: *Die Jungfernrebe* (Parthenocissus tricuspidata *'Veitchii') berankt viele Fassaden überall in der Stadt.*
GEGENÜBER: *Der Platz zum Sonnenbaden am Pool vor einer großen Hallenwand, die schon fast vollständig eingerankt ist.*

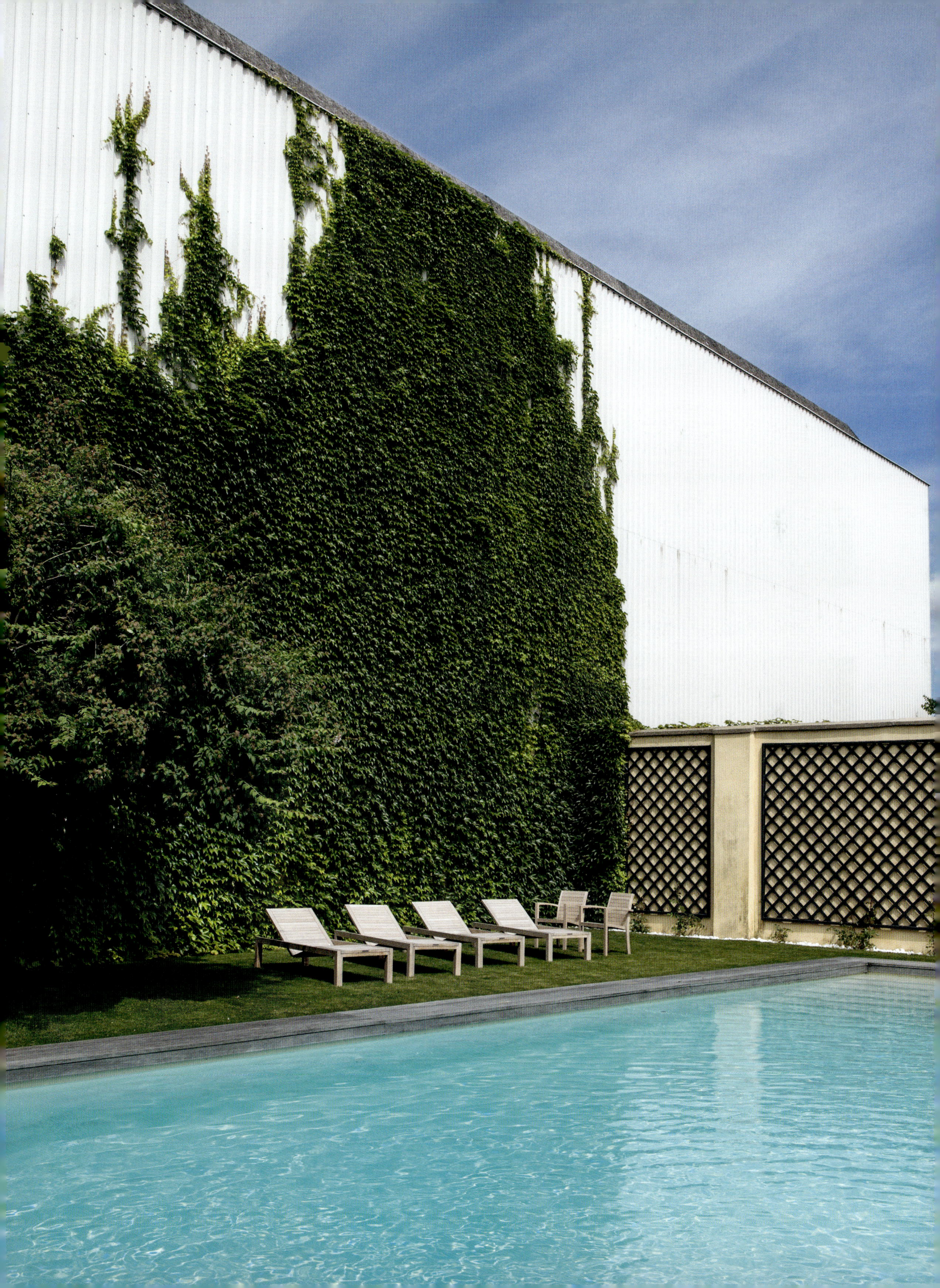

zäunter türkisfarbener Swimmingpool, den eine Buchsbaumhecke umgibt. Hier wird zum ersten Mal die von wenig Grün geprägte Nachbarschaft spürbar, durch eine etwa 10 Meter hohe Lagerhallenwand, die übereck mit einer verputzten Mauer den Abschluss des Gartens bildet. Aus der Not eine Tugend machend, ist die Hallenwand mit dicht wachsendem Wildem Wein berankt, der die große helle Fläche mittlerweile fast vollständig überwachsen hat.

Übergroße Buchsbaumkugeln stehen wie zufällig auf dem Rasen und verleihen dem natürlich wirkenden Garten ein formales Gestaltungselement.

Ein Winterschneeball (*Viburnum* × *bodnantense* 'Dawn') treibt im März bereits Blüten und ist der Lieblingsstrauch der Besitzer, für die ihr Garten eine intakte kleine Welt bedeutet und zugleich Quelle der Inspiration ist.

OBEN: *Blick vom Garten zum Wohnhaus.*
GEGENÜBER OBEN: *Den Rasen durchziehen Schrittplatten aus Naturstein. Unter den Baumkronen, im Schatten, liegt der Sitzplatz.*
GEGENÜBER OBEN: *Buchenhecken sorgen für Raumstrukturen und geben Sichtschutz.*
GEGENÜBER UNTEN: *Streng geschnittene Buchsbaumkugeln setzen formale Akzente im Garten.*

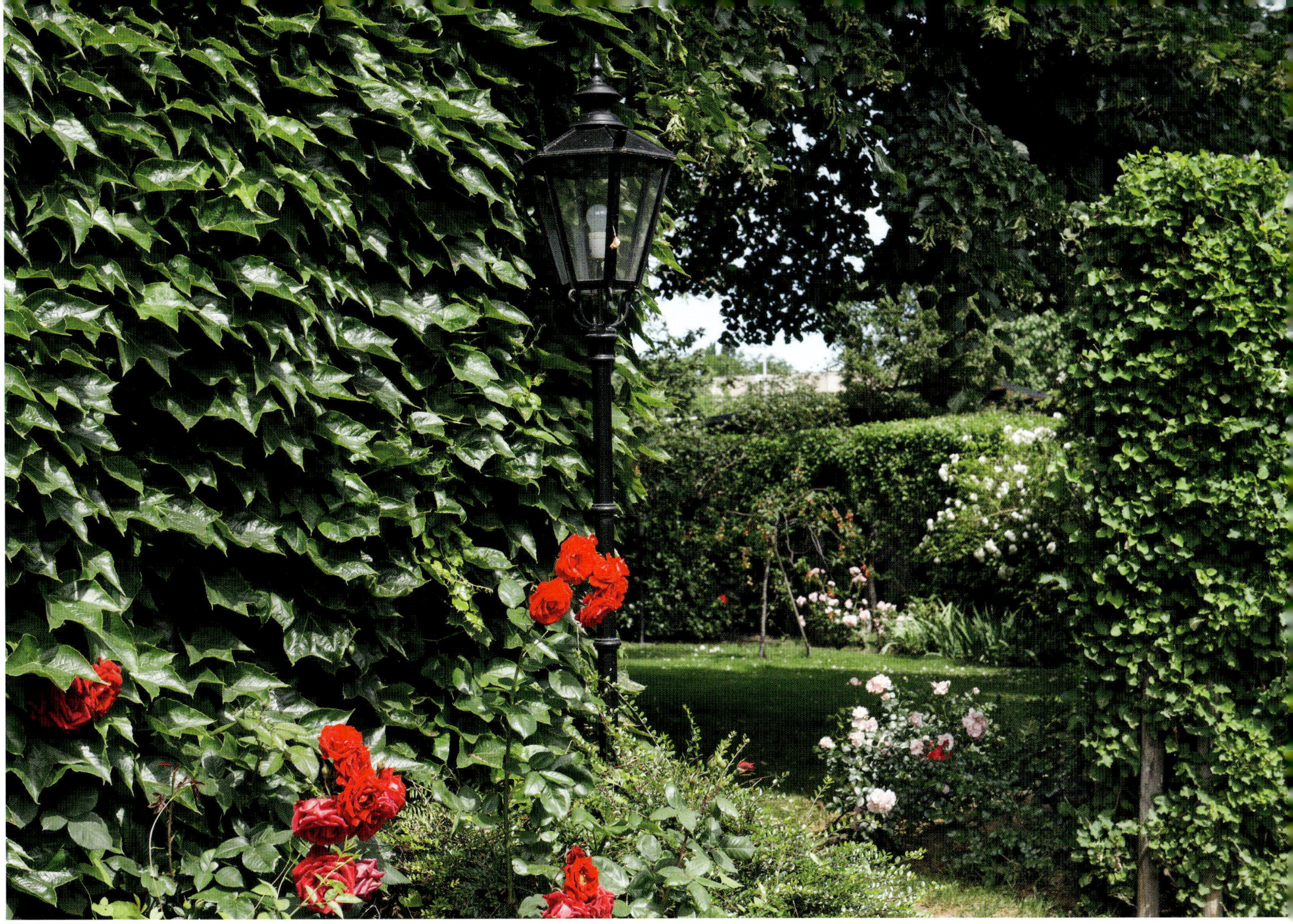

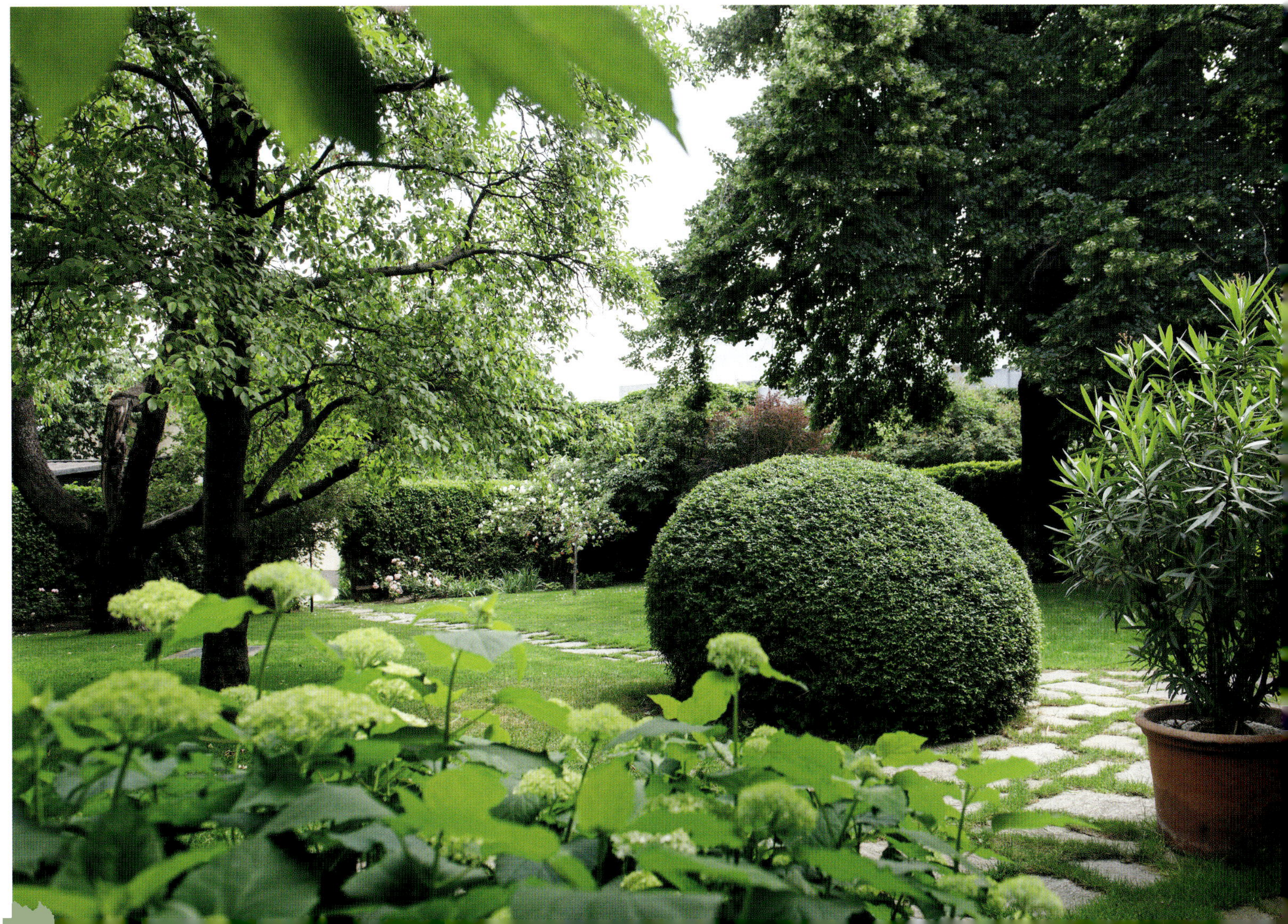

Bauhausstil im Weingarten

Wochenendhäuser sind Orte auf dem Lande, um sich vom hektischen Leben in der Stadt zu erholen, aber oft verlangen sie lange Anreisezeiten, bis man sie erreicht. Liegen sie so nah am Stadtrand in einem Weingarten, dass man mit der Straßenbahn zu ihnen kommt, ist das ein besonderes Privileg.

Der Garten liegt am Südhang eines Weinbergs in Nussdorf und ist Teil eines schmalen Streifens einer Kleingartenanlage mit frei stehenden Sommerhäusern, die sich wie Perlen an einer Schnur den Berg hinauf ziehen. An den beiden kurzen Seiten der Grundstücke stehen in langen Reihen die gepflanzten Weinstöcke, die mehrere Winzer in einer kleinteiligen Struktur bewirtschaften. In diesem Umfeld befindet sich etwa die Hälfte der Fläche des gesamten Wiener Weinbaugebiets. Sehr beliebt, gerade bei Einheimischen, sind die vier- bis fünfmal im Jahr stattfindenden Ausschänke von eigenem Heurigem direkt in den Weingärten. Mit aufgestellten Tischen und Stühlen, Wein und rustikaler Kost entsteht eine ungezwungene Atmosphäre in dieser schönen, ländlichen Umgebung.

Schon an den benachbarten Häusertypen und am Alter der Bäume in den Gärten lässt sich gut erkennen, dass diese Kleingartenanlage schon älter ist. Nur zu Fuß auf einem steilen Weg erreicht man die einzelnen Parzellen, und je höher man steigt, desto besser ergeben sich großartige Blicke nach Süden auf die Wiener Innenstadt und weiter östlich auf die Donau City mit ihren modernen Hochhäusern.

Öffnet man die Pforte, geht der Blick zuerst in den Garten, da das Haus ganz am anderen Ende liegt. Ein ebener Weg, bestehend aus großen, asymmetrischen Betonplatten, führt von hier bis zu dem zweigeschossigen modernen Holzbau mit einem flachen Dach. Das Haus orientiert sich an der sachlichen, klaren Formensprache des Bauhausstils und wurde von dem Wiener Architekten Christian Prasser entworfen und im Jahr 2005 fertiggestellt.

Große Fenster ermöglichen herrliche Blicke aus dem sachlich-funktional gestalteten Interieur in den Garten und weiter

OBEN: *Donaublick über die Weinberge.*
GEGENÜBER: *Wasserbecken mit Goldfischen. Haus und Garten bilden eine architektonische Einheit mit Aus- und Durchblicken.*

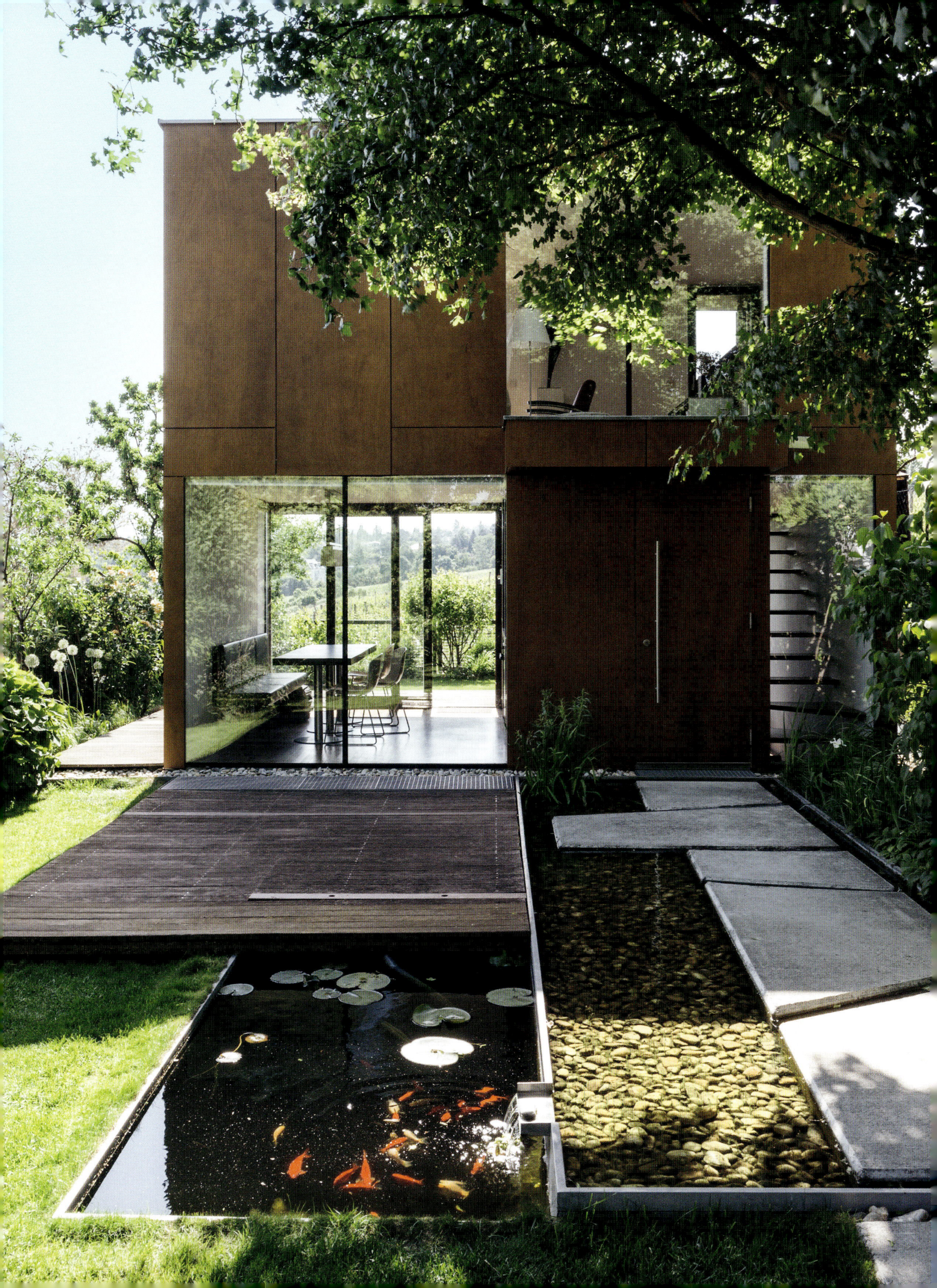

OBEN: *Blick vom Haus zur Gartenpforte. Die ebene Fläche des Gartens ist gut erkennbar.*
GANZ OBEN: *Der erste Eindruck vom Garten. Das Haus läst sich von hier aus nur erahnen.*

in die offene Landschaft. So bilden das Haus und der Garten fließende Übergänge von innen nach außen, aber auch umgekehrt, da Durchblicke möglich sind. Möchte man sich ganz zurückziehen, findet man im Obergeschoss den passenden Ort, der auch großartige Ausblicke bietet.

Bei der Gartenplanung nahm der Wiener Gartenarchitekt Clemens Lutz die Gebäudefluchten auf und setzte sie im Außenraum fort. Im Hauseingangsbereich sind entlang dieser Fluchten zwei rechteckige Wasserbecken und ein Holzdeck entstanden. Der Betonplattenweg führt durch ein flaches Wasserbecken, von dessen Rinne Wasser in ein tiefer liegendes Goldfischbecken mit Seerosen fließt. Zwischen Wasserbecken und dem Haus dient ein Holzdeck als Morgenterrasse. Ebenfalls direkt am Haus gelegen, befinden sich noch weitere Holzdecks vor der Süd- und Westfassade, sodass für jede Tageszeit und jede Temperatur ein passender Außensitzplatz zu finden ist. Diese unmittelbare Anbindung aller Terrassen hat den Vorteil, dass lästige Wege zwischen Küche und Sitzplatz entfallen.

Obwohl der Garten quer zum steilen Hang liegt, besteht sein Inneres aus waagerechten Ebenen. Dieses wurde durch den Bau von Einfassungsmauern realisiert, die den Geländeniveauunterschied zu den Nachbarn abfangen, um so die Gesamtfläche als Gartenraum nutzen zu können.

Unter Einbeziehung des alten Baumbestands entstanden

verschiedene Sichtachsen, die von Blütensträuchern wie Japanischer Hartriegel, Perückenstrauch oder Flieder unterbrochen werden.

Mit der Hilfe von Blatt- und Blütenstauden erstreckt sich das Farbkonzept in den einzelnen Achsen von Gelb/Weiß über Braun/Rot/Orange. Für einen Kleingarten typische Obstbäume wie Kirsche, Zwetschke, Marille und Pfirsich fehlen in dem klimatisch bevorzugten Südhang ebenfalls nicht.

Der Garten hat einen dichten Gehölzbestand und ist daher in vielen Bereichen schattig. Nur im Umfeld des Hauses befinden sich keine hohen Bäume, sodass weite Ausblicke möglich sind und viel Sonnenlicht in das Gebäudeinnere gelangt.

Haus und Garten bilden eine ideale gestalterische Einheit und sind ein gelungenes Beispiel für eine zeitgenössische Garten- und Hochbauarchitektur.

OBEN: *Holzdeck als Südterrasse.*
GANZ OBEN: *Sitzplatz für die Nachmittagssonne mit Rose 'Golden Celebration' in direkter Nachbarschaft zum Weingarten.*

Villengarten in Ober Sankt Veit

Ein Besuch des Gartens ist ein Erlebnis schon allein wegen seiner Größe. Anlagen wie diese finden sich nur noch selten, da gerade alte Villengärten oft das Schicksal erleiden, dass sie nach einem Besitzerwechsel parzelliert und bebaut werden, wenn sie nicht unter Schutz stehen, und dann verloren gehen.

Die Villa liegt nur wenige hundert Meter vom Lainzer Tiergarten entfernt, einem wichtigen Naherholungsgebiet im Wiener Westen. Das großzügige Landhaus hat ein hohes Schopfwalmdach mit bunten Dachschindeln und wurde 1902 von dem Architekten Georg Roth mit reizvollen Details und Verzierungen erbaut. Das weißverputzte Haus steht am höchsten Punkt eines Hangs mit einer zur Gartenseite liegenden großen Außenterrasse. Der Garten ist im Hausumfeld teils terrassenartig angelegt, etwas weiter fällt das Geländeniveau in Richtung Stadt ab.

Von der am Haus liegenden, geschwungenen Morgenterrasse hat man einen weiten Blick über die gesamte Anlage nach Osten. Über ein paar Stufen herunter führt ein von Buchsbaumkugeln und Beetrosen gesäumter Natursteinplattenweg zu einem Swimmingpool, dessen südliche Seite ein geräumiges Badehaus flankiert. Jede Ecke des Pools betont ein weißgestrichener Holzkübel mit darin wachsendem Wildem Wein. Als Rankhilfe dient der Kletterpflanze ein hohes pyramidenförmiges Holzgestell, das den formalen Charakter des Kübels betont. Üppige Holzbänke mit ungewöhnlich hohen Rückenlehnen flankieren die beiden Längsseiten des Schwimmbeckens.

Das Badehaus entstand 1968 nach den Plänen des Salzburger Architekten Felix Cevella als eine Art Orangeriebau, ausgestattet mit Flügeltüren und den gleichen Dachschindeln wie am Haupthaus. Dieser Platz hat gerade nachmittags viel Sonne und bietet sich für Abendgesellschaften aufgrund seiner Größe und seiner zentralen Lage im Garten an. Auch ein Außengrill steht am Badehaus bereit.

Für den Garten charakteristisch sind neben seiner Dimension von fast 1 Hektar die ungewöhnlich vielen Nadelbäume,

OBEN: *Blühende Rosenbögen überspannen den Kiesweg.*
GEGENÜBER: *Blick zum Pool mit pyramidenförmigen Holzgestellen und weißen Bänken.*

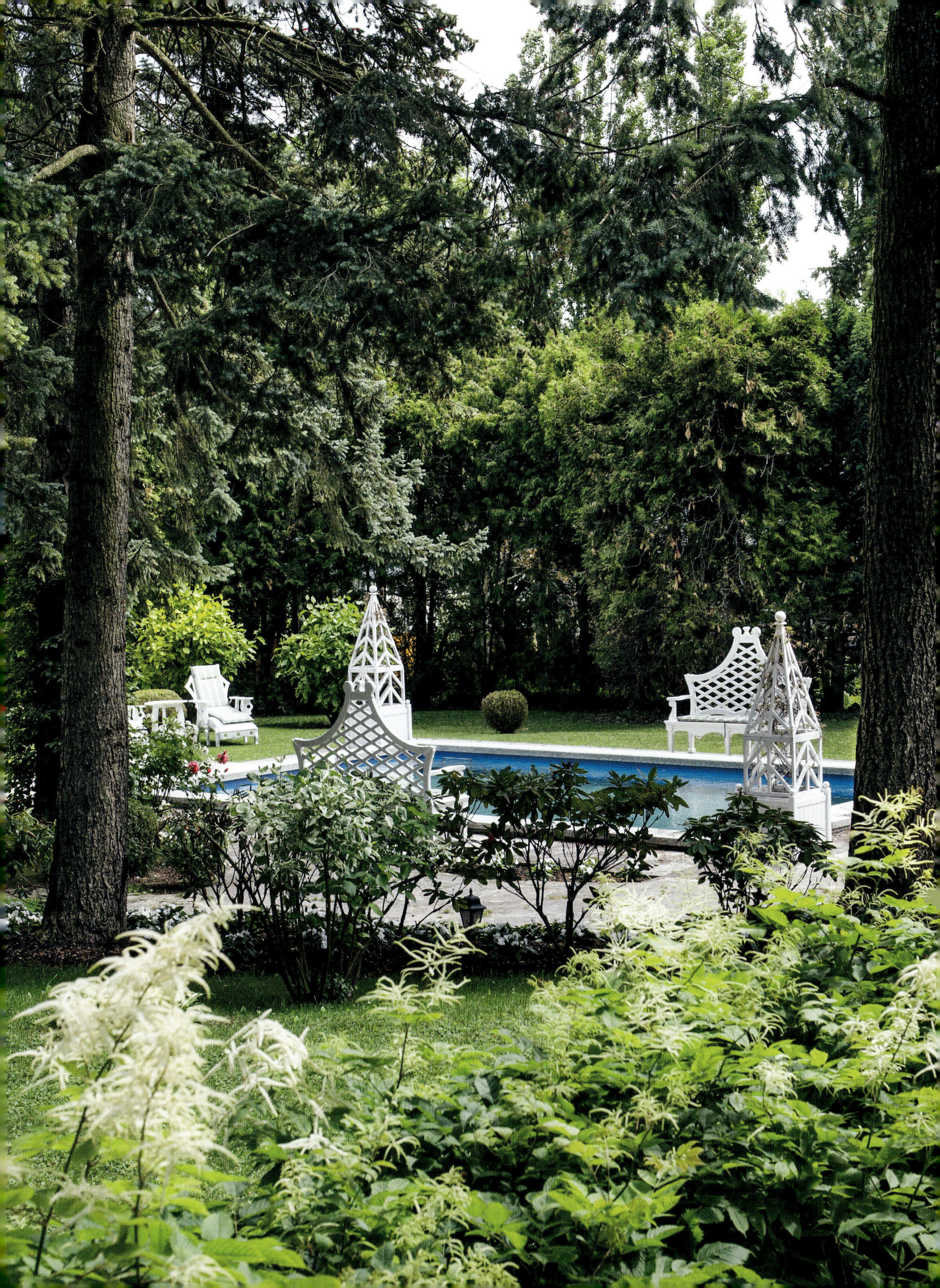

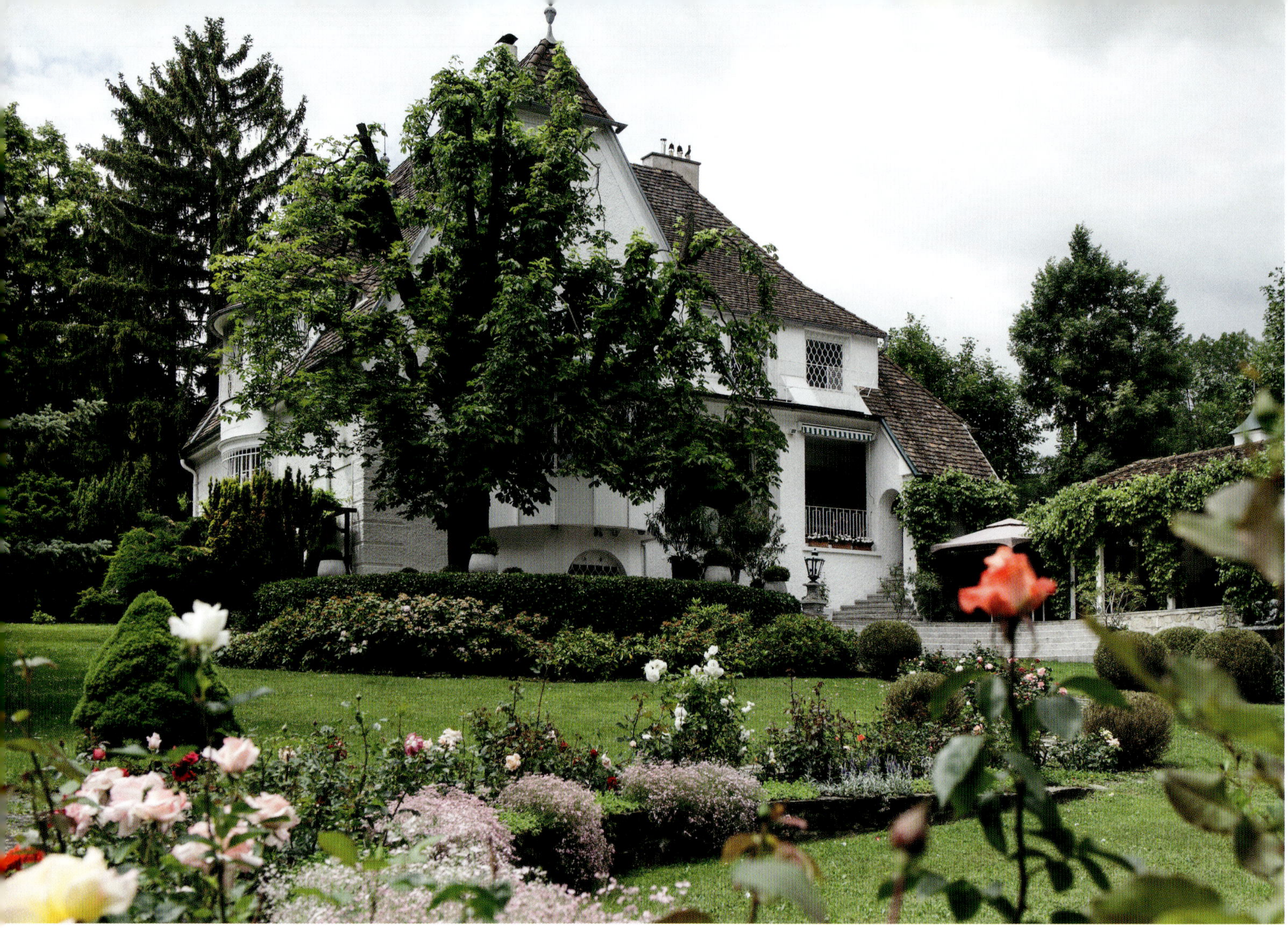

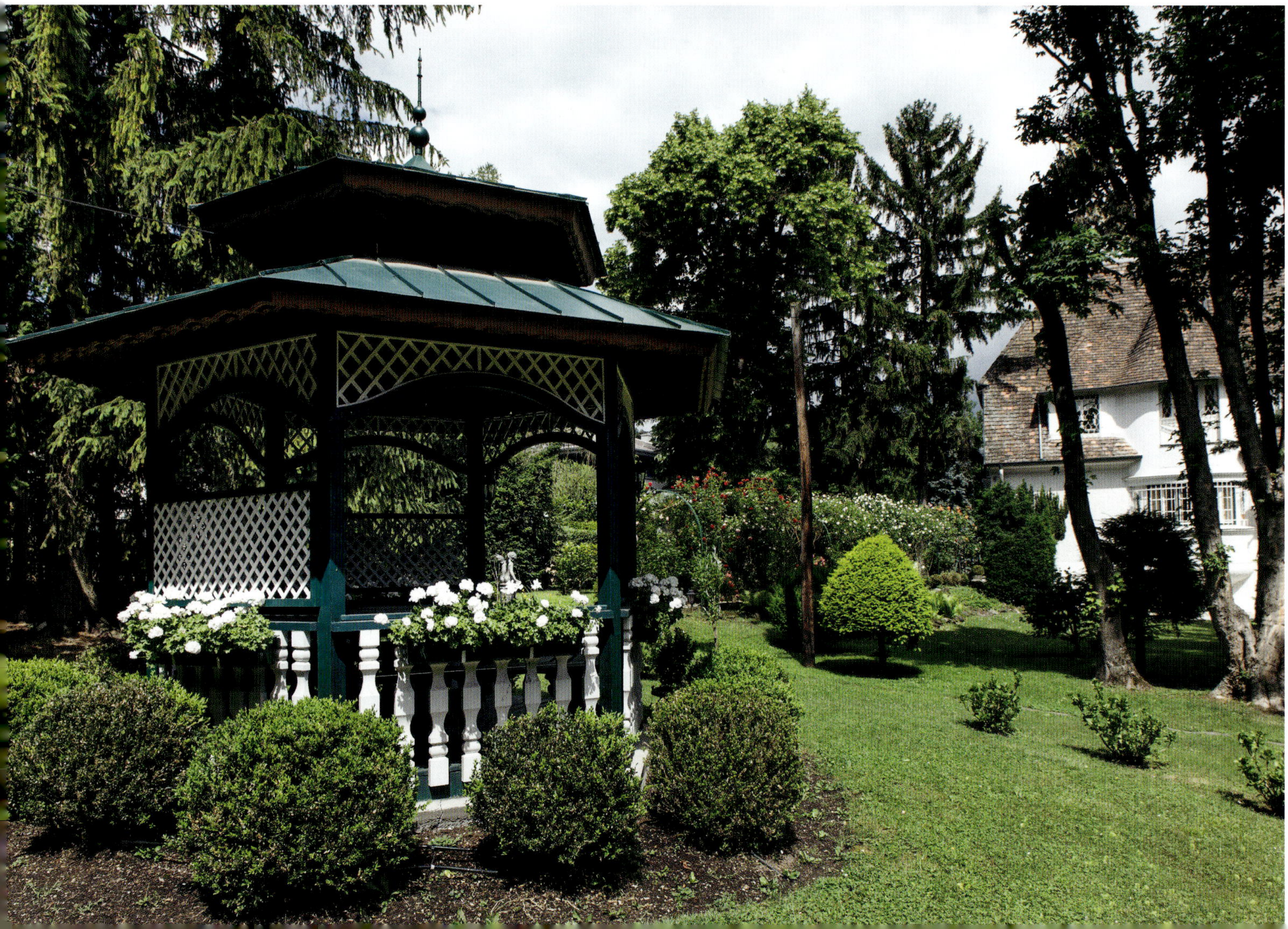

die als große Atlas-Zedern, Föhren, Fichten, Eiben und Tannen sowohl im Innern als auch an den Rändern wachsen und mit der Intention gepflanzt wurden, Wind- und Sichtschutz zu geben. Die jetzige Gestalt des Gartens stammt maßgeblich aus der Zeit Ende der 1960er Jahre, in der gerade Koniferenpflanzungen besonders beliebt waren. Auch die mit Bergenien und Cotoneaster bepflanzten Einfassungsmauern im Garten entsprechen in ihrer Form und in ihrer Materialität ganz dieser Zeit. Die vorhandenen großen Nadelbäume, wie ein prächtiger Mammutbaum, stammen aus der Entstehungszeit des Anwesens.

Vom Badehaus gelangt man über eine Rasenfläche in einen kleinen von Ligusterhecken umschlossenen Garten mit Hochstammrosen und weiter zu einem sechseckigen historischen Holzpavillon. Holzbauten dieser Art waren seinerzeit beliebte Außensitzplätze in Gärten, die vor Sonne schützten und gleichzeitig als charmanter Sichtpunkt dienten.

Der auf dem Grundstück lebende angestellte Gärtner richtet sein Hauptaugenmerk auf die Zeit Anfang Juni, dem Blühhöhepunkt in diesem Garten. Beet-, Strauch-, Hochstamm- und Kletterrosen begleiten den Besucher überall in Hausnähe entlang der geharkten Kieswege oder unter blühenden Rosenbögen.

Zum sehr gepflegten Anwesen zählen die vielen gärtneri-

OBEN: *Blühender Waldgeißbart vor dem Pavillon.*
GANZ OBEN: *Vom Hauseingang führt der Rosenbogen bis zu einer Putte als Sichtpunkt.*
GEGENÜBER OBEN: *Blickbeziehung vom Swimmingpool zum Haus und Terrasse mit großer Rosskastanie.*
GEGENÜBER UNTEN: *Der hölzerne Pavillon schützt vor der Sonne und ist gleichzeitig ein charmanter Sichtpunkt im Garten.*

schen Ausstattungen aus Bronze oder aus Stein, in Form von Putten, Wasser speienden Brunnenfiguren, Wasserbecken, Jardinieren, Säulen, Torbögen, Pflanzkübeln und Töpfen, die eine Liebe für Italien vermuten lassen. Auch eine von Wein und Glyzinen berankte Pergola fehlt nicht und verbindet das Haupthaus mit dem nördlich liegenden Nebengebäude.

Verlässt man das Anwesen durch die Gartenpforte, fallen die beiden Steinhasen rechts und links des Hauseingangs auf, die noch aus seiner Entstehungszeit stammen könnten.

OBEN: *Koniferen sind prägende Gehölze im Garten.*
GEGENÜBER OBEN: *Ein geschwungener Natursteinplattenweg führt von der Terrasse in den Garten.*
GEGENÜBER UNTEN: *Das Badehaus erinnert an einen Orangeriebau und entstand 1968.*

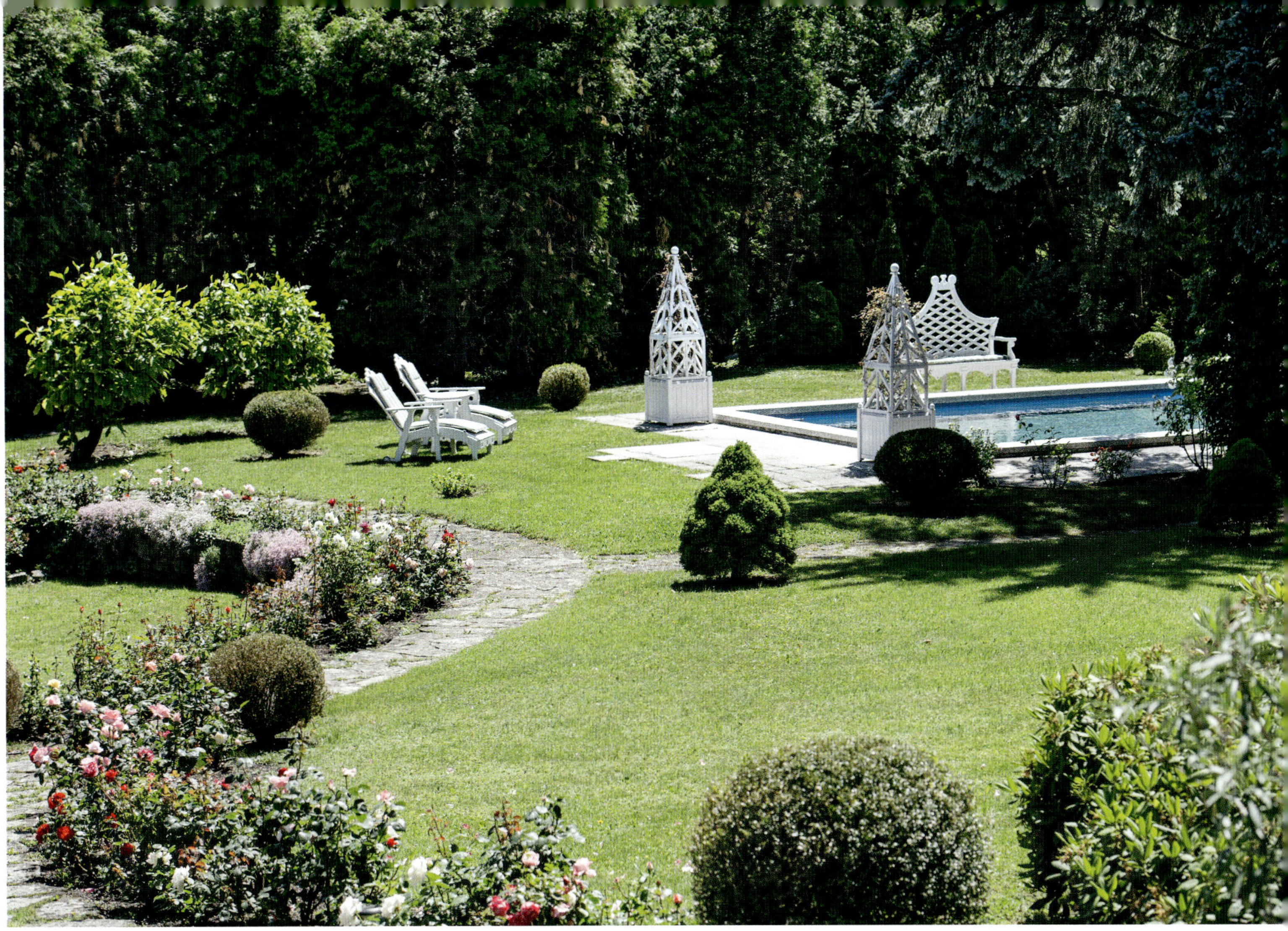

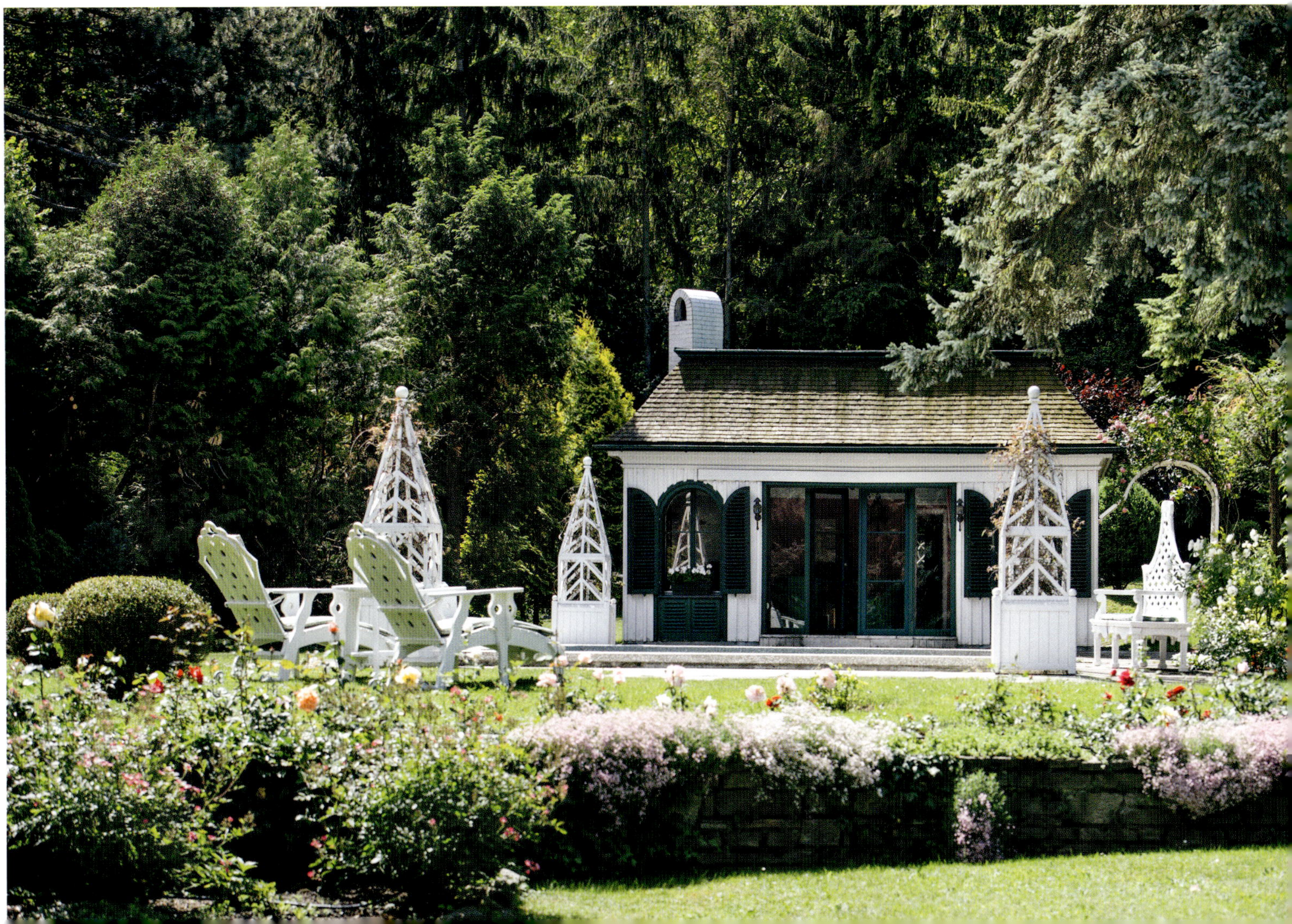

Garten der Fülle in Mauer

Das ehemalige Winzerhaus liegt an einer Straße im Herzen des Weinbaugebiets Mauer im 23. Wiener Gemeindebezirk Liesing. Die zumeist direkt aneinander grenzenden Hausfassaden lassen nicht gleich erkennen, dass sich hier Grundstücke mit schönen Gärten befinden.

Durch das Haupthaus, ursprünglich 1850 erbaut, gelangt man durch ein Holztor, vorbei an Hirschgeweihen, in einen Innenhof, der zur Linken von einem Seitenflügel und zur Rechten durch die Rückwand des Nachbargebäudes eingefasst wird. Dieser vollkommen geschützte und sehr sonnige Bereich ist das gärtnerische Highlight eines großen Familiengrundstücks, das sich mit zwei weiteren Wohnhäusern und einer alten Scheune bis zur nächsten Parallelstraße erstreckt.

Der heutige Garten hat seine Ursprünge im Jahr 1977, als der Vater der Besitzerin ein eingeschossiges Wohnhaus, etwas tiefer in das Grundstück hinein, bauen ließ. Nach einem Teileinsturz des straßenseitigen Hauses im Jahr 1997 erfolgten drei Jahre später die Neuerrichtung des Gebäudes sowie eine Ergänzung der östlichen Gebäudehälfte zur Hofseite durch die Besitzerin, die jedoch mit ihrer Familie das eingeschossige Gebäude im Garten bewohnt.

Seit dem Jahr 2000 entstand der Gartenhof, der seine jetzige Form und Ausstattung nach eigenen Entwürfen erhielt, angeregt durch die Lektüre zahlreicher Gartenbücher und einschlägiger Zeitschriften. Helle Natursteinplatten vor der Hausfassade bilden den Auftakt zum Garten mit einem bunten Sortiment von Kübeln und Pflanzen, die hier den Besucher begrüßen. Die Fläche wird von einem Rasen umgeben, an dessen Rändern vielfältige Gehölz- und Staudenbeete angelegt sind.

Zusätzliche Pflanzinseln im Rasen dienen Rosen und Blütenstauden als sonnige Standorte. Von diesem Platz aus führt ein geschwungener Weg in gleichem Material zum fast versteckten Wohnhaus mit einer großen Südterrasse.

Die Kombination der vielen Gartenblumen führt zu einer

OBEN: *Farnwedel-Sumach und Funkien als Bodendecker.*
GEGENÜBER: *Hortensien, davor eine Schusterpalme* (Aspidistra elatior) *als Kübelpflanze.*

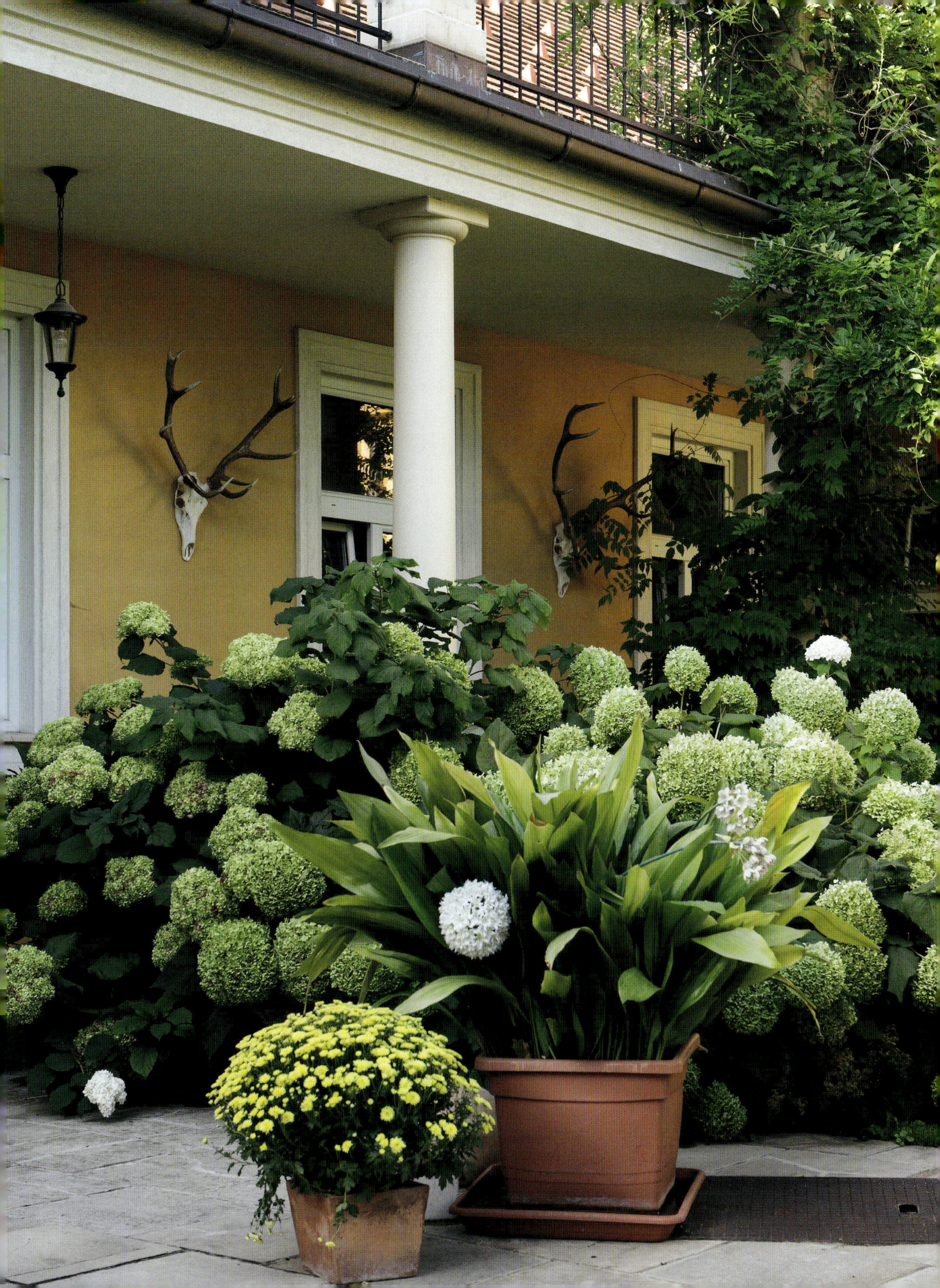

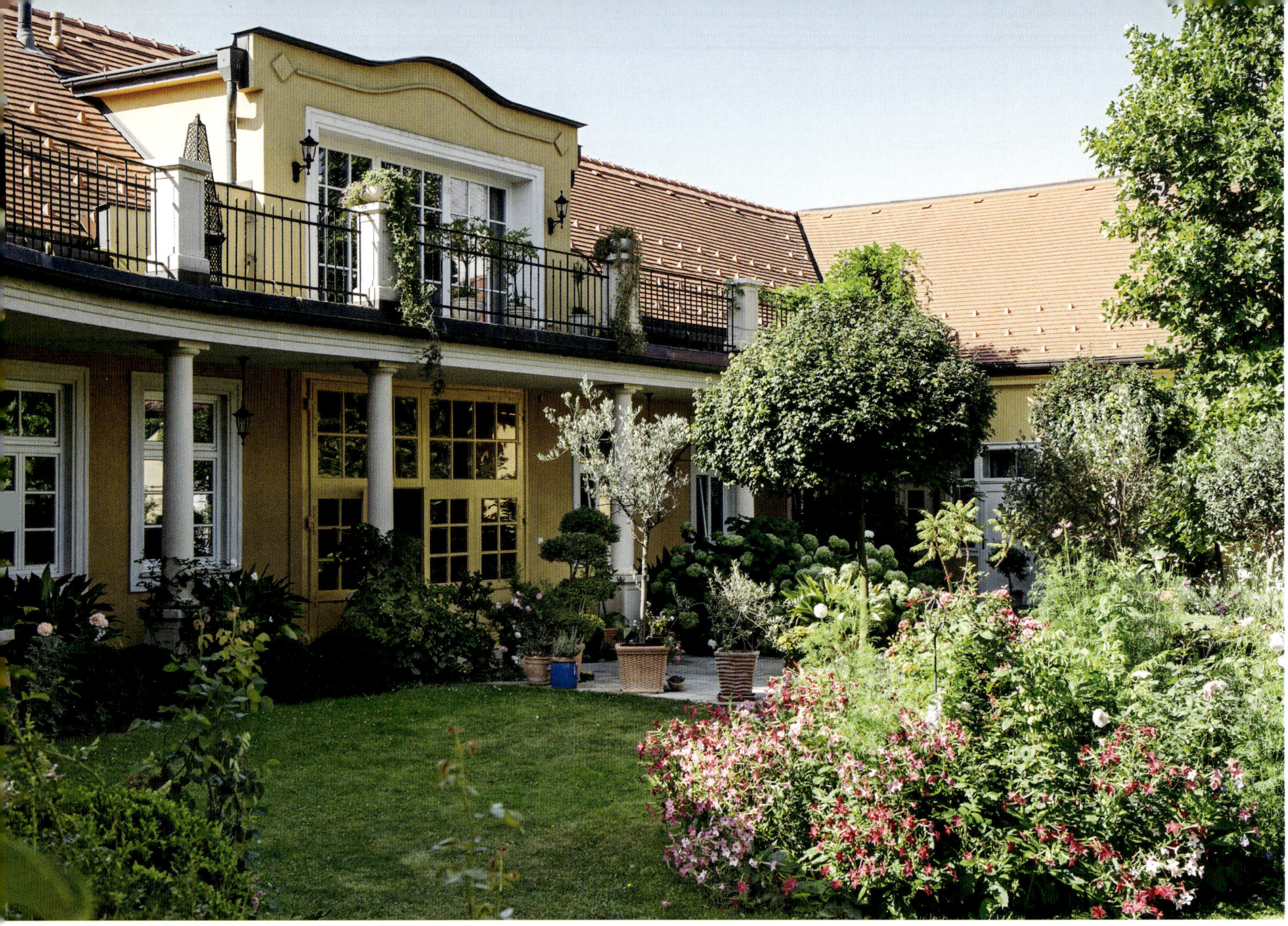

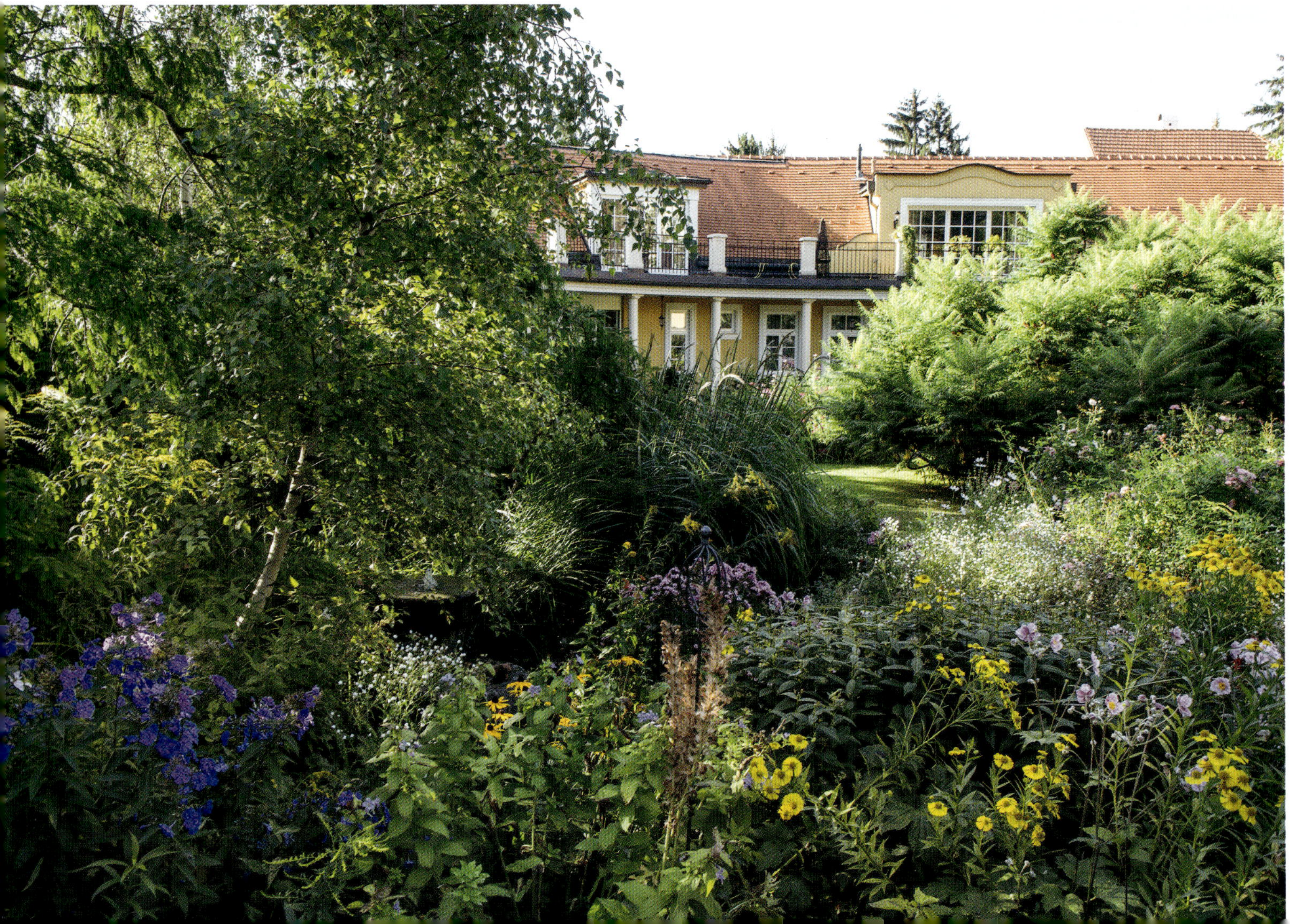

Üppigkeit an Blüten, Formen und Farben, die beeindruckend ist. Dabei wird bei den meisten Pflanzungen die Farbkombination Blau und Rosa favorisiert, die sich fast überall durch den Garten zieht. Neben dem Erwerb von unzähligen Pflanzen im Laufe der Jahre teilte die Besitzerin auch vorhandene Stauden und vermehrte diese. Dadurch hat sich die Anzahl neu angelegter Beete vervielfacht.

Für den Garten sind jedoch die vielen Kübelpflanzen und Sommerblumen in Gefäßen spezifisch. Die 16 Schusterpalmen-Kübel haben auch einen familiären Bezug, da die Ursprungspflanzen noch aus dem Jahre 1920 stammen und damals ein Hochzeitsgeschenk für die Großmutter waren. Schusterpalmen stehen häufig vor Heurigen und sind für die Gegend zwar noch typische Pflanzen, sonst sind sie aber aus der Mode gekommen. Sie werden, wie alle anderen Kübelpflanzen, auch im Hausdurchgang unter den Jagdtrophäen frostfrei überwintert.

In der warmen Jahreszeit müssen diese täglich mindestens eineinhalb Stunden gegossen werden. Dafür nimmt sich die begeisterte Gärtnerin und Ärztin in den späten Abendstunden die notwendige Zeit. Da ist es nicht verwunderlich, dass es manchmal zu Eifersüchteleien der Familie auf den Garten kommt. Die anfallenden Gartenabfälle werden kompostiert und dienen nach der Verrottung als Bodenverbesserer. Zudem

OBEN: *Blick in den Garten mit Kugelahorn und Lavendel.*
GANZ OBEN: *Ein Plattenweg führt zum fast versteckten Wohnhaus im hinteren Hofteil.*
GEGENÜBER OBEN: *Das Haus wurde nach Entwürfen von Rudolf Matkovits umgestaltet.*
GEGENÜBER UNTEN: *Blick über die Terrasse zum Haupthaus.*

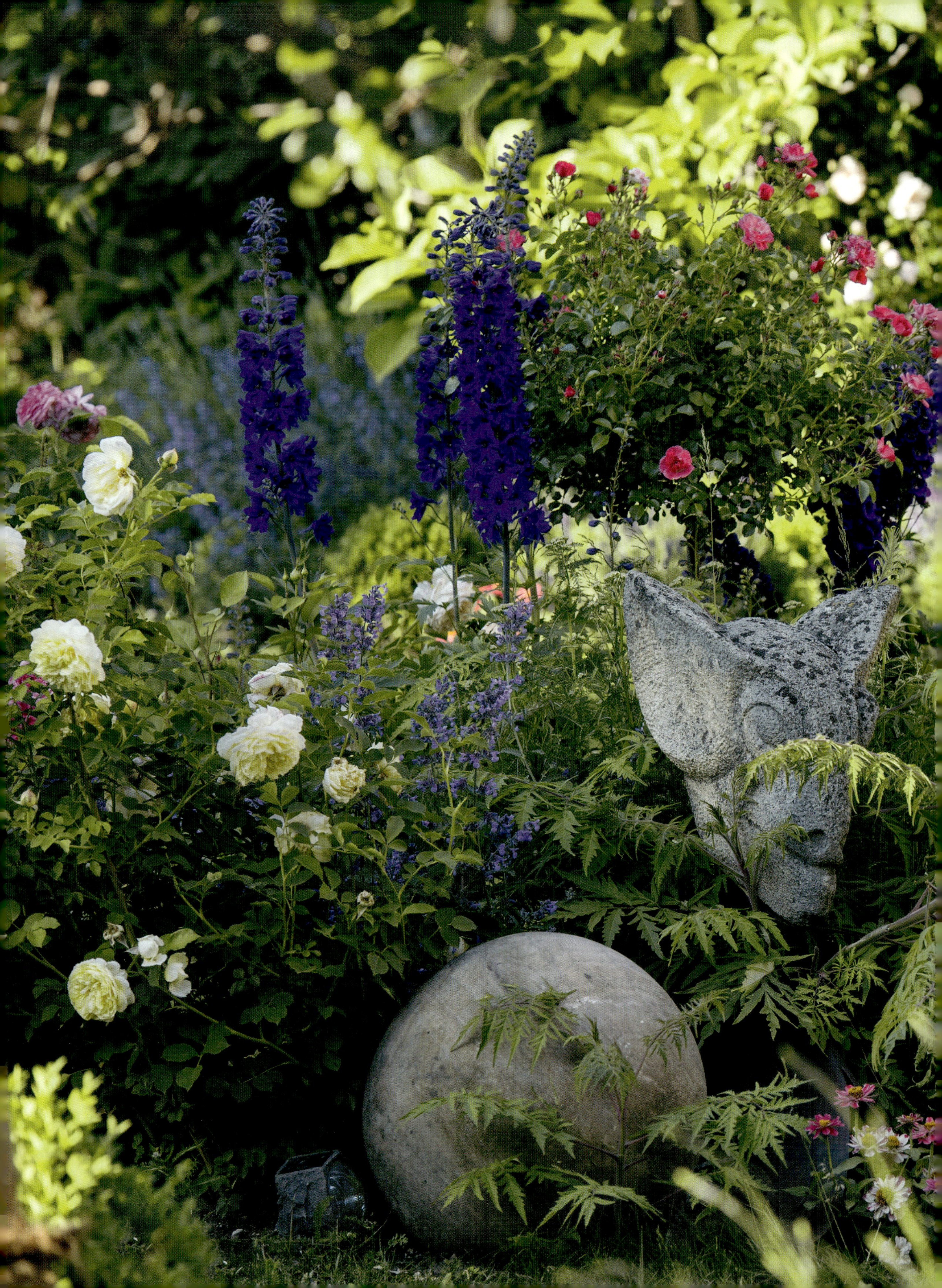

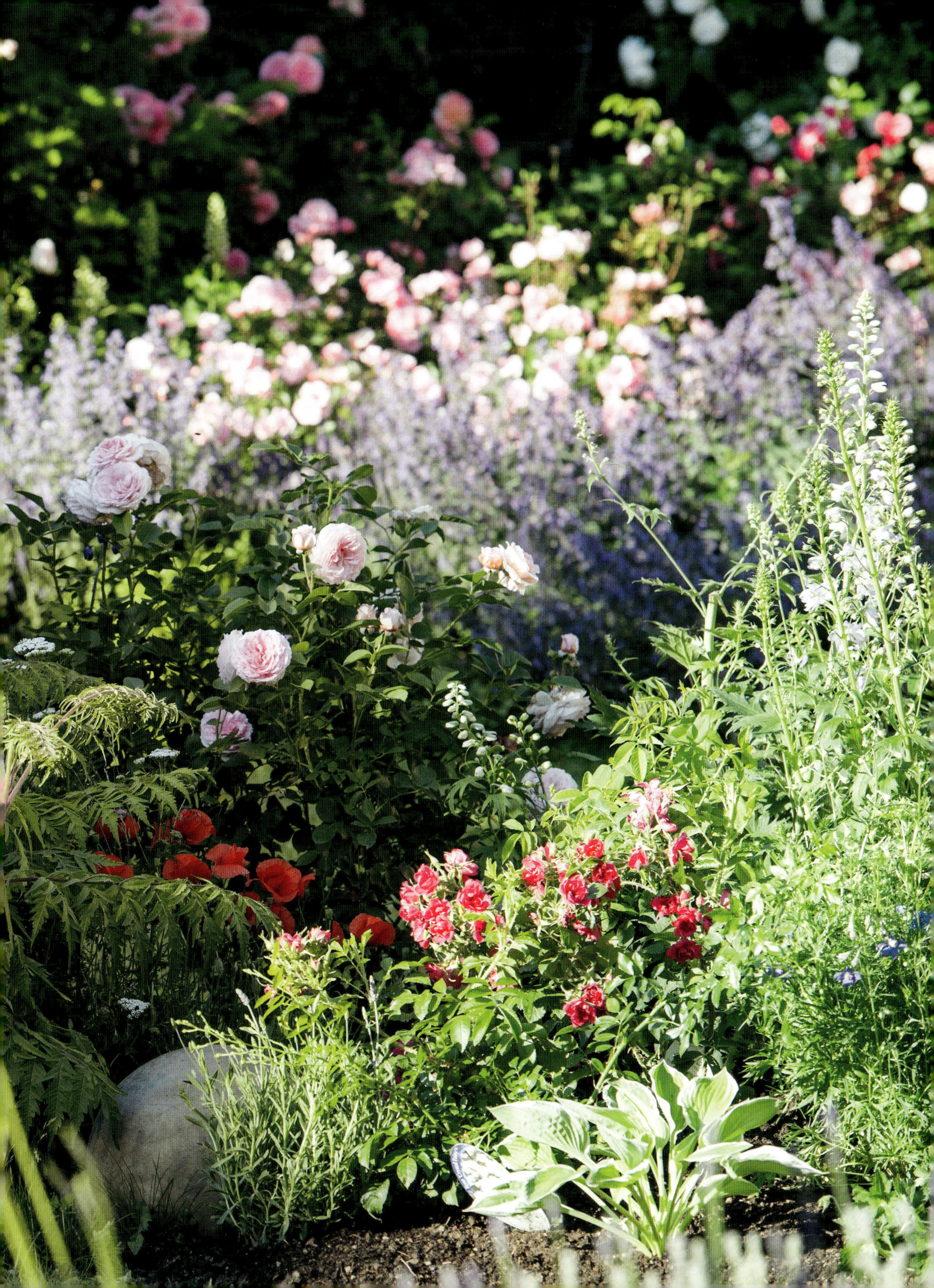

stärkt der Kompost die Gesundheit der Pflanzen und wird gleichzeitig als Substrat für die Kübelbepflanzung eingesetzt.

Aufgrund seiner Fülle kann der Garten schlecht allein gelassen werden. Eine automatische Bewässerung wird aus verständlichen Gründen nicht eingesetzt, weil gerade bei Pflanzen, die in Gefäßen wachsen, viel Fingerspitzengefühl notwendig ist, damit sie sich optimal entwickeln und lang anhaltend blühen können. In der Ferienzeit müssen daher helfende Hände diese Arbeit übernehmen.

OBEN: *Spätsommerstimmung mit Hortensien, Sonnenhut, Goldruten und Kosmeen.*
OBEN LINKS: *Rosen mit Ziertabak.*
LINKS: *Ziertabak* (Nicotiana alata) *bietet viele Rot-Töne.*
GEGENÜBER: *Im Spätsommer haben die hohen Stauden ihren Blühhöhepunkt erreicht.*
SEITE 80/81: *Rittersporn, Rosen und Katzenminze mit einem Farnwedel-Sumach* (Rhus typhina 'Dissecta').

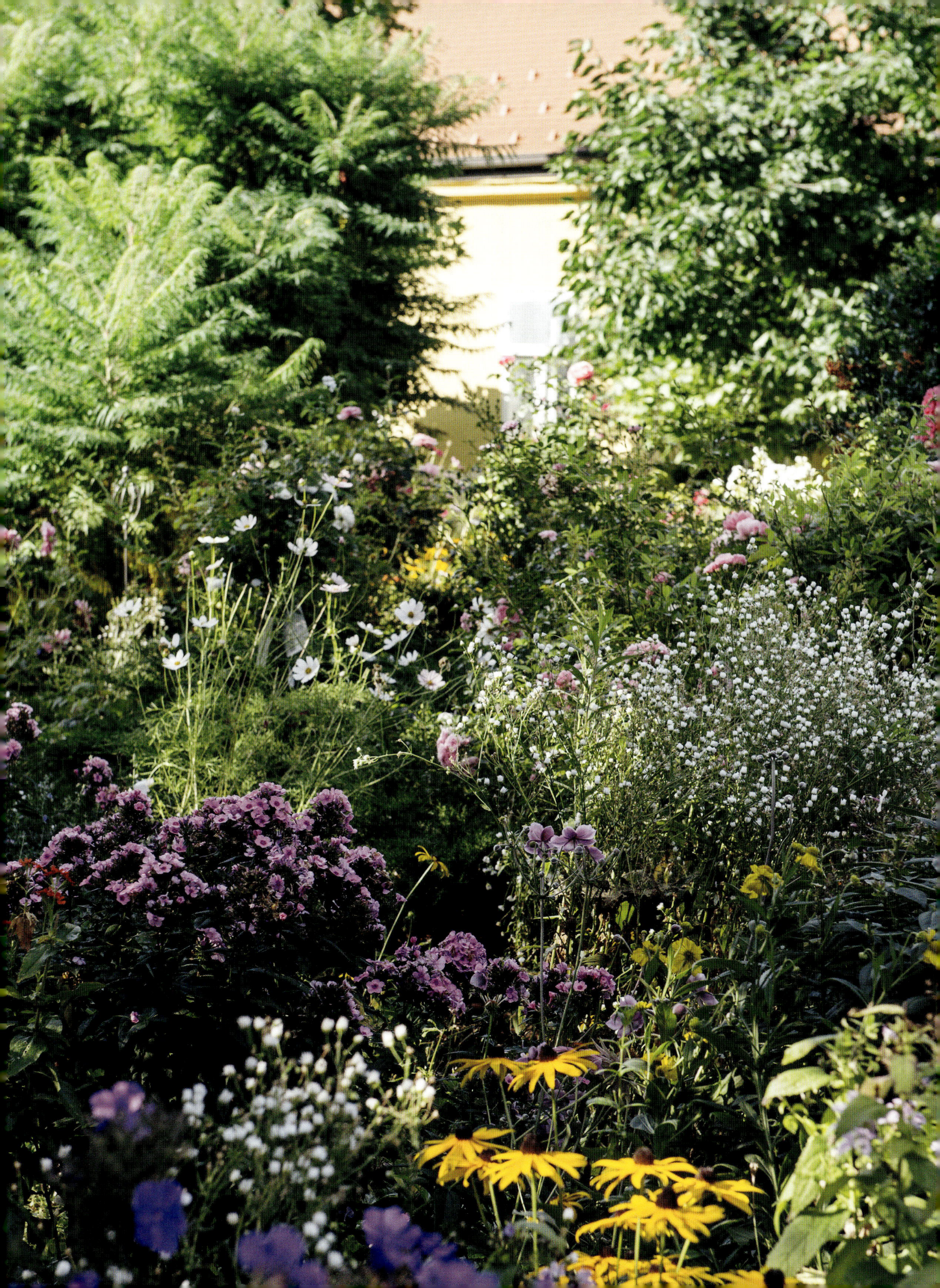

Josef-Hoffmann-Haus mit zwei Gärten

Das Doppelhaus entstand 1913 nach Plänen des Wiener Architekten Josef Hoffmann für eine Villenkolonie in Grinzing. Hoffmann plante zahlreiche Bauten und Stadtvillen und gilt als einer der maßgeblichen Architekten des Jugendstils. Er war Mitgründer der Wiener Sezession, einer Künstlergruppe, die sich von dem damals vorherrschenden Historismus abgrenzte und den Wiener Jugendstil schuf. 1903 gründete er mit dem Maler und Grafiker Koloman Moser und dem Unternehmer und Mäzen Fritz Wärndorfer die Wiener Werkstätte, die alle Sparten des Kunsthandwerks umfasste und einen neuen Stil für Gebrauchsgegenstände wie Möbel, Schmuck oder Bestecke schuf. Josef Hoffmann war ebenfalls Mitbegründer des Deutschen Werkbunds.

Nähert man sich dem Haus, fallen die beiden Eingänge zu den Grundstücken auf: Sie haben den Charakter von kleinen Toren und ergeben sich aus der horizontal verlaufenden Oberkante der Gartenmauer. Die Mauer begrenzt einerseits das Grundstück, andererseits fängt sie den Höhenunterschied zwischen der abfallenden Straße und dem gut 1 Meter höher liegenden Garten ab. So muss der Besucher erst ein paar Stufen hinaufgehen, nachdem das Tor durchschritten ist.

Über einen Steinplattenweg gelangt man, vorbei an einem Treppenpodest des Hauseingangs, in den östlichen Garten, der sich 75 Meter weit in nördlicher Richtung erstreckt (siehe Seiten 88 und 89).

1990 wurde der Garten durch die Landschaftsarchitektin Professor Maria Auböck formal umgestaltet. Der Entwurf war als Erweiterung des Wohnhauses für eine achtköpfige Familie konzipiert, wobei der Garten maßgeblich nur in seinem ersten Drittel verändert wurde. Ein großzügiger Sitzplatz aus Kieselsteinen wurde vor der großen Gartentreppe angelegt. Hier bietet ein langer Tisch mit klassischen Gartenmöbeln genügend Platz für Gäste.

Eine Glyzinenpergola als Stahlkonstruktion rahmt den

OBEN: *Blick auf die Gartenseite der westlichen Haushälfte mit zweistämmigem Marillenbaum.*
GEGENÜBER: *Terrasse mit Staudenbeet im westlichen Garten mit modernem Brunnen.*

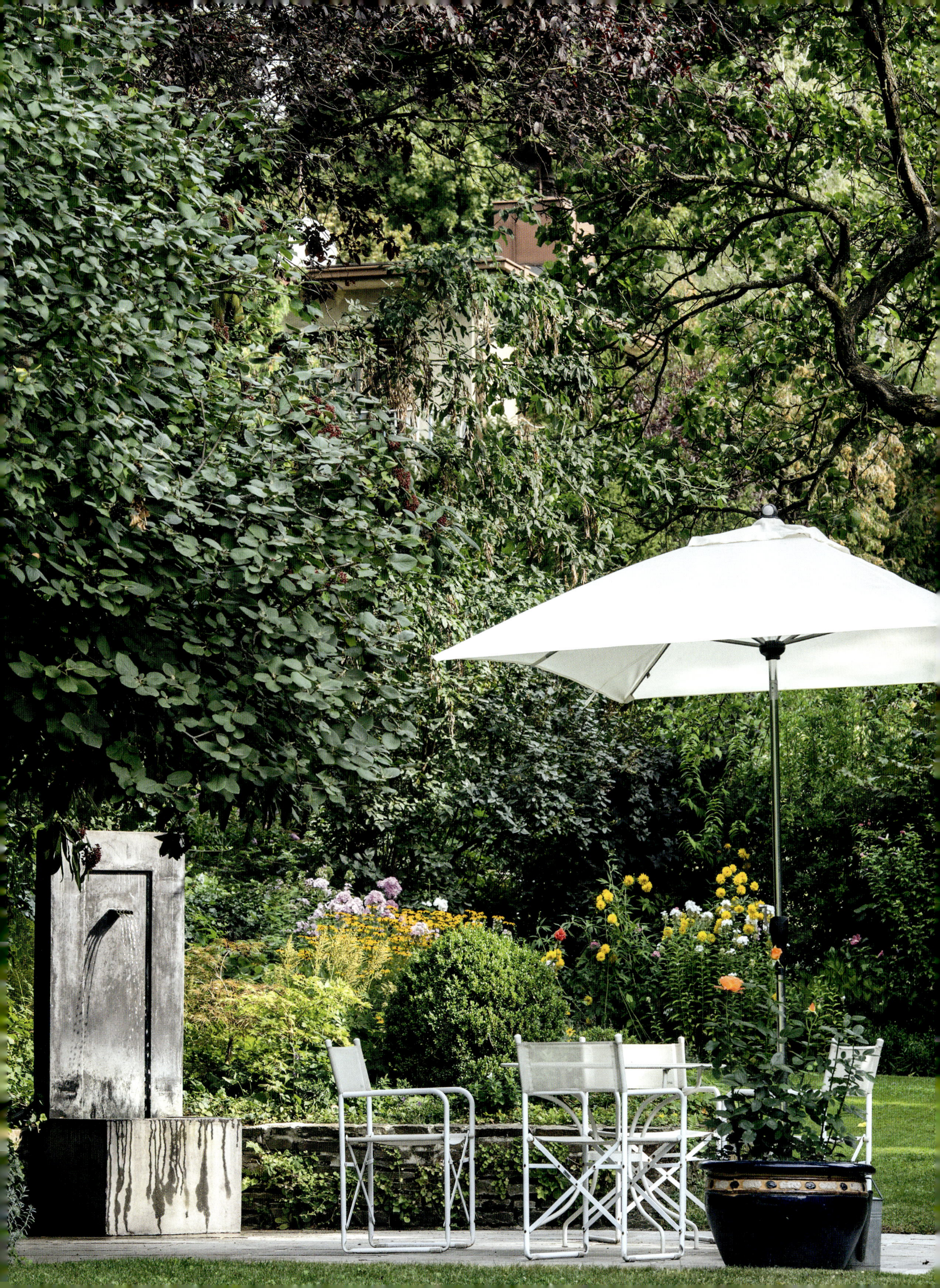

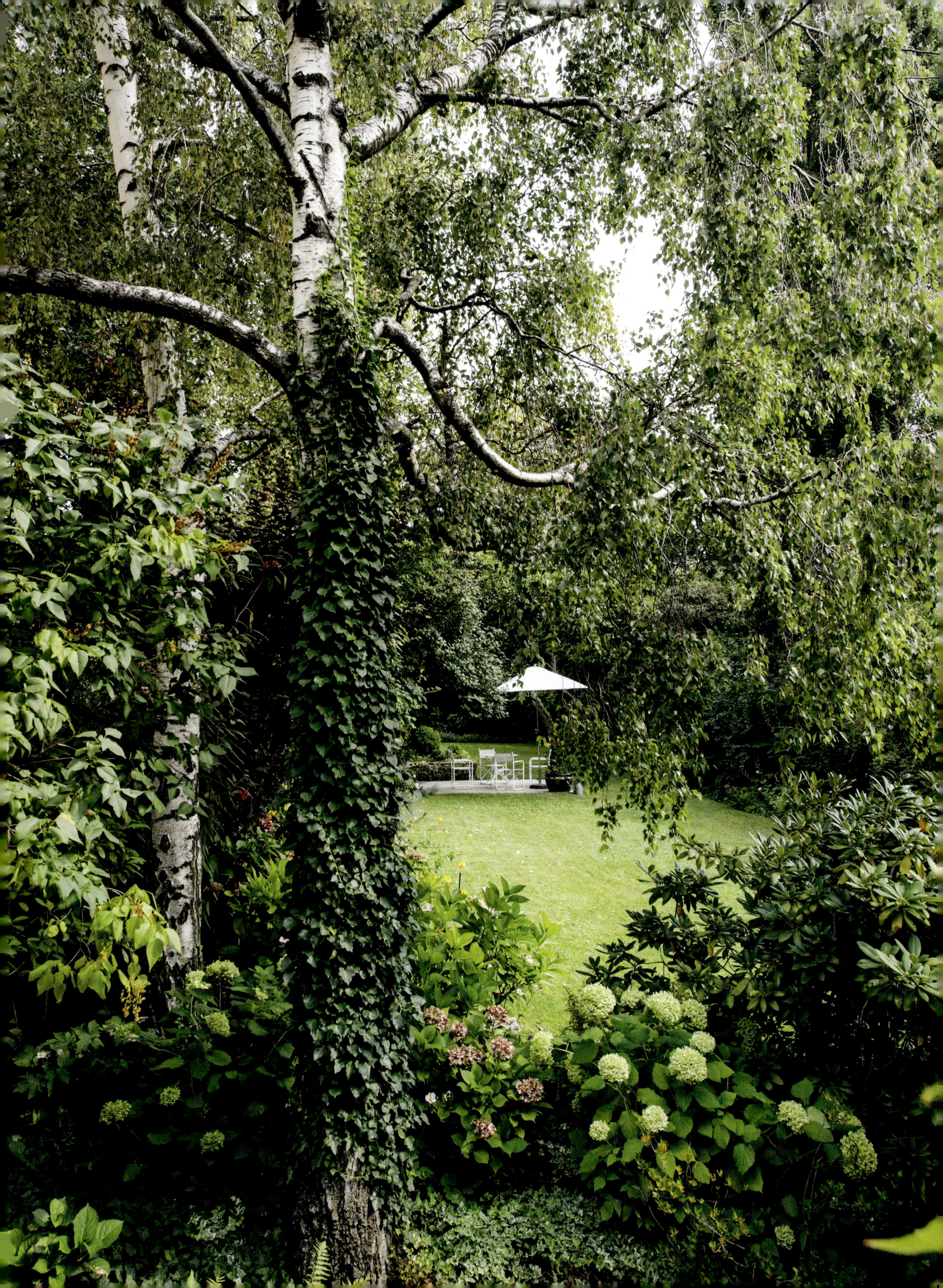

Josef-Hoffmann-Haus mit zwei Gärten

Garten nach Norden und Osten ein. Dort, wo die Pergola im 90-Grad-Winkel abknickt, steht etwas tiefer, versteckt, ein Salettl als Außenküche und Depot für Gartenmöbel. In unmittelbarer Nähe befindet sich ein zweiter Sonnensitzplatz, der in die Pergola integriert wurde.

Eine große Pyramidenpappel betont den Endpunkt der Pergola an der Grenze zum Nachbarn. Große Eibenhecken zwischen Pergola und Wohnhaus dienen als ganzjähriger Sichtschutz und sind raumbildend für den Garten. Mittig liegt eine quadratische Rasenfläche, die an drei Seiten von Staudenbeeten eingefasst wird.

Zwischen dem Sitzplatz unter der Pergola und dem Salettl gelangt man in den hinteren Gartenteil. Auf einer Wiese wachsen vornehmlich Laub- und alte Obstbäume, die wahrscheinlich Überbleibsel des ursprünglichen Gartens sind, der mit der Querstraße endet. Vom Haus aus betrachtet gibt das Blätterdach dieser Bäume der Pergola einen vertikalen Rahmen und schenkt ihr gleichzeitig einen ruhigen Hintergrund.

Der Garten der westlichen Haushälfte hat einen anderen, weniger formalen Gestaltungsansatz. Obwohl dieser deutlich kürzer ist, wirkt er länger als das Nachbargrundstück, da er nicht in zwei Bereiche unterteilt ist. Der gepflegte Rasen erstreckt sich vom Haus über die gesamte Länge des Gartens und wird an beiden Längsseiten von leicht wellenförmigen Beeten begleitet (siehe Seiten 84–87).

Um einen sonnigen Sitzplatz zu haben, entstand im hinteren Gartenteil eine zweite Terrasse aus Natursteinplatten mit einem modern anmutenden Brunnen und einem großzügigen Staudenbeet für Phloxe und Sonnenhut. Eine niedrige Mauer umfasst die Beetfläche, um das ansteigende Gelände abzufangen.

Als Relikt des wahrscheinlich ursprünglich genutzten Obstgartens finden wir einen sehr alten, zweistämmigen Marillenbaum. Von hier hat man den schönsten Blick auf die Gartenfront des Hauses, die bis unter das Dach von Dreilappigem Wildem Wein berankt wird, der in Wien auch Veitschi heißt. Hortensien und große Rhododendren bilden einen passenden Sockel für das unter Denkmalschutz stehende Wohnhaus.

OBEN: *Phlox und Sonnenhut sind wichtige Farbgeber im Garten.*
GANZ OBEN: *Die ganze Gartenfront berankt Dreilappiger Wilder Wein.*
GEGENÜBER: *Blick zur zweiten Terrasse mit Birken, Efeu, Hortensien und Rhododendren.*

Repräsentative Gärten

OBEN: *Der formal angelegte Garten der östlichen Haushälfte mit Wintergarten.*
GEGENÜBER: *Sitzplatz am Haus. Die Glyzinen-Pergola rahmt den Garten nach Norden und Osten ein.*

Josef-Hoffmann-Haus mit zwei Gärten

Garten eines Winzerhauses

Immer wieder finden wir schöne Gärten, die zu ehemaligen Winzerhäusern gehören. Das besuchte Wohnhaus liegt am Fuß eines langen Hangs in Grinzing und ist nur durch einen schmalen Vorgarten von der deutlich tiefer gelegenen Straße getrennt. Über einige Stufen geht es hinauf zur weißen Haustür des eingeschossigen Hauses und weiter durch den Eingangsbereich auf eine Gartenterrasse. Eine ähnliche Eingangssituation findet sich auch bei den angrenzenden Nachbargrundstücken, die zusammen eine geschlossene Fassadenfront zu den dahinter liegenden Gärten bilden.

Vor über 100 Jahren wurde der ursprüngliche Weinhang in einen Garten umgenutzt und seit 1995 von seinen heutigen Besitzern nach eigenen Planungen weiterentwickelt und dekorativ ausgestattet.

Der Garten liegt nach Süden ausgerichtet, einen steilen Hang hinauf, den dichte Blütensträucher wie Flieder und Weigelien sowie eine Tanne neben einem Salettl einrahmen. Alle Sträucher bilden einen natürlich wirkenden Sichtschutz zu beiden Nachbargärten.

Aufgrund der Hanglage liegen sowohl die beiden Terrassenebenen, der Swimmingpool, der englisch anmutende Wintergarten als auch das Salettl in unmittelbarer Nähe zum Wohnhaus.

Schaut man von der Terrasse den Hang hinauf, neigt sich dieser dem Betrachter entgegen. Hierdurch hat es den Anschein, dass sich Entfernungen im Garten verkürzen und sich dieser mit einem Blick erfassen lässt. Die beiden Nachbargärten tragen mit ihren Altbäumen zum Gesamtbild sehr positiv bei, und eine große Blutbuche verleiht gerade im Mai dem Garten einen großartigen dunkelroten Rahmen.

Der Garten wurde aufgrund seiner Topografie in zwei Bereiche unterteilt. Der intensiv gepflegte Teil befindet sich nahe am Wohnhaus mit zwei Terrassen, dekorativen Ausstattungen wie Brunnen, bepflanzten Schalen, Figuren und üppigen Beet- und Rosenpflanzungen. Etwas weiter den Hang hinauf geht

OBEN: *Der Hof mit verschiedenen Terrassenebenen.*
GEGENÜBER: *Situation im Mai mit weißem Flieder, Gartenhaus und ägyptischer Sphinx.*

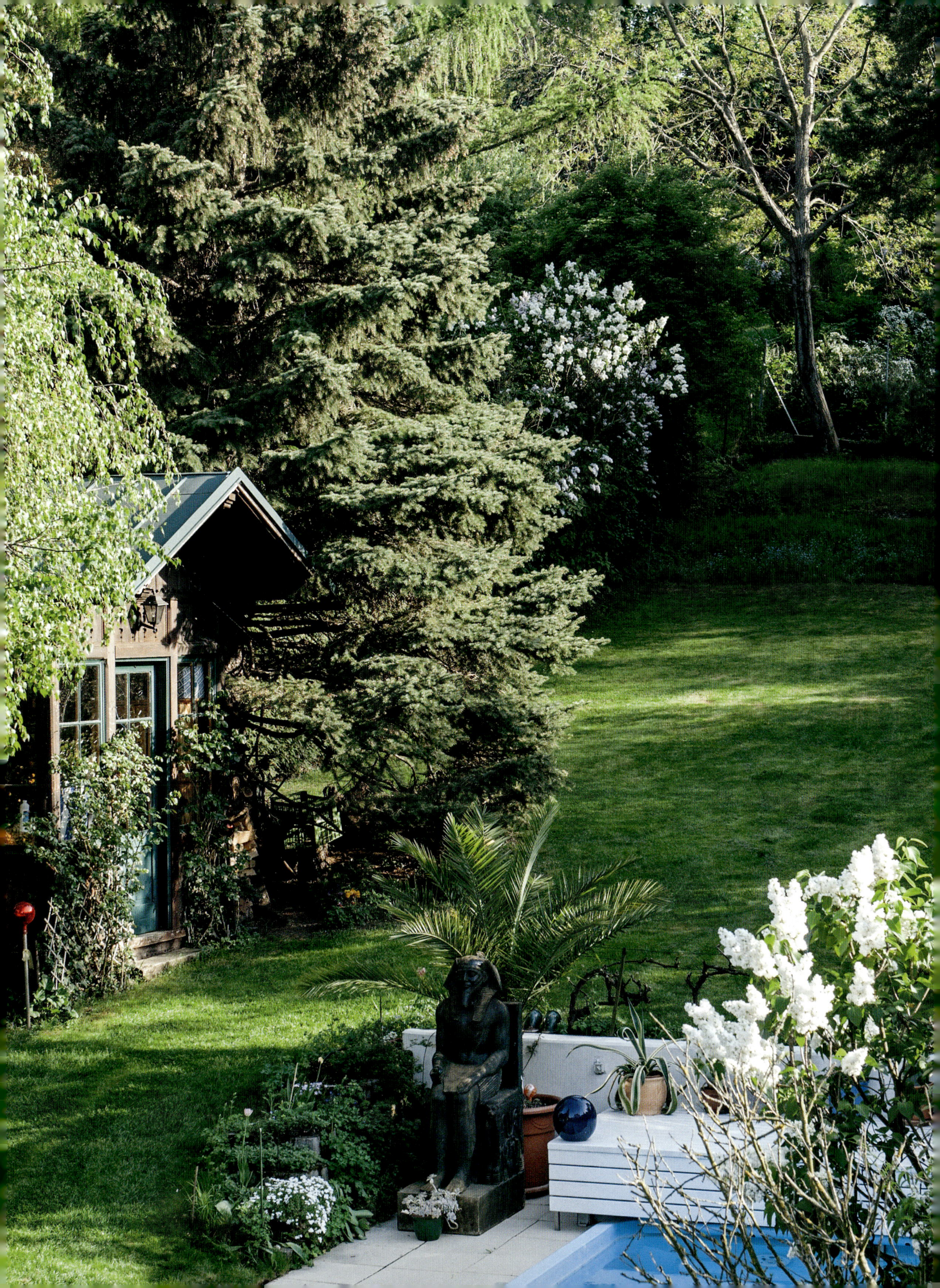

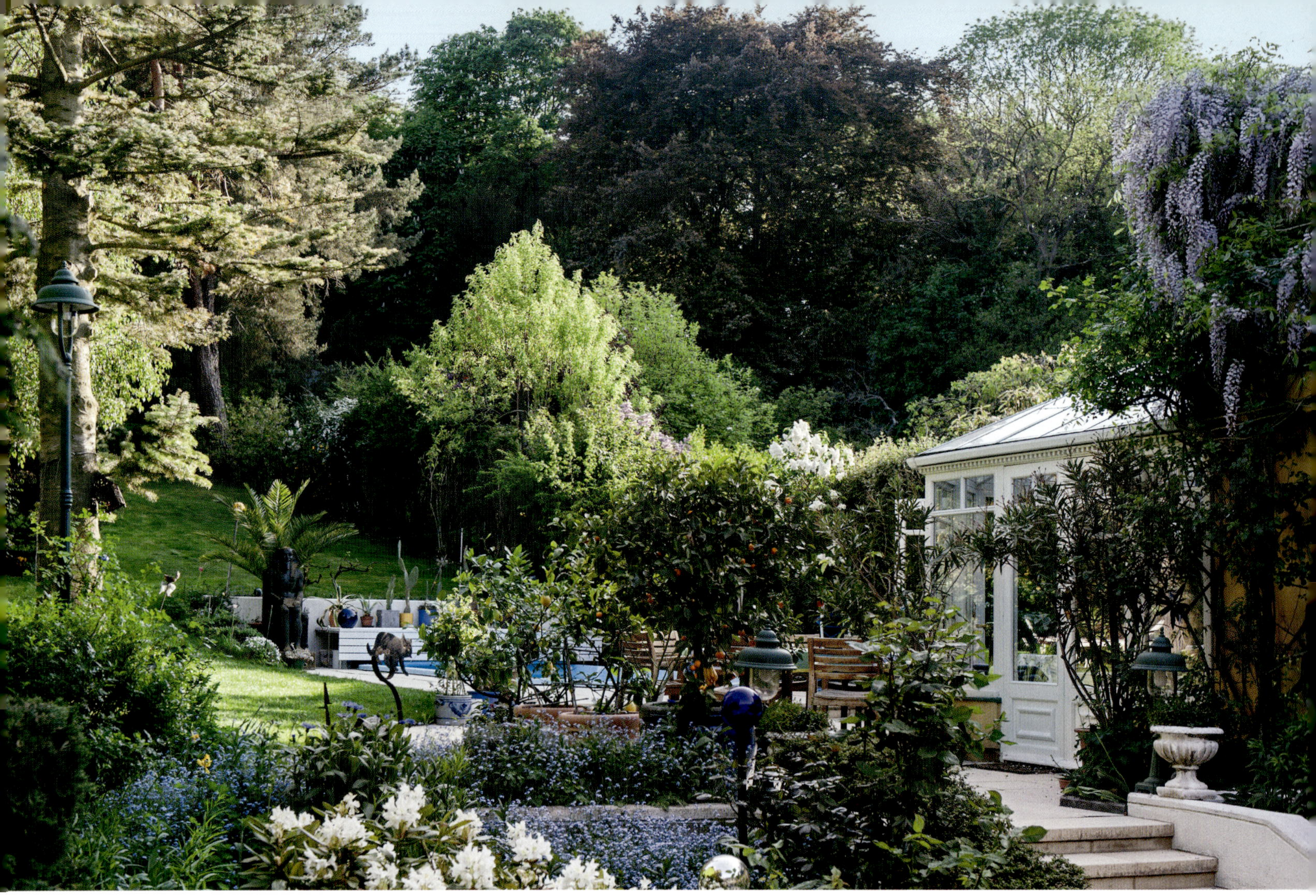
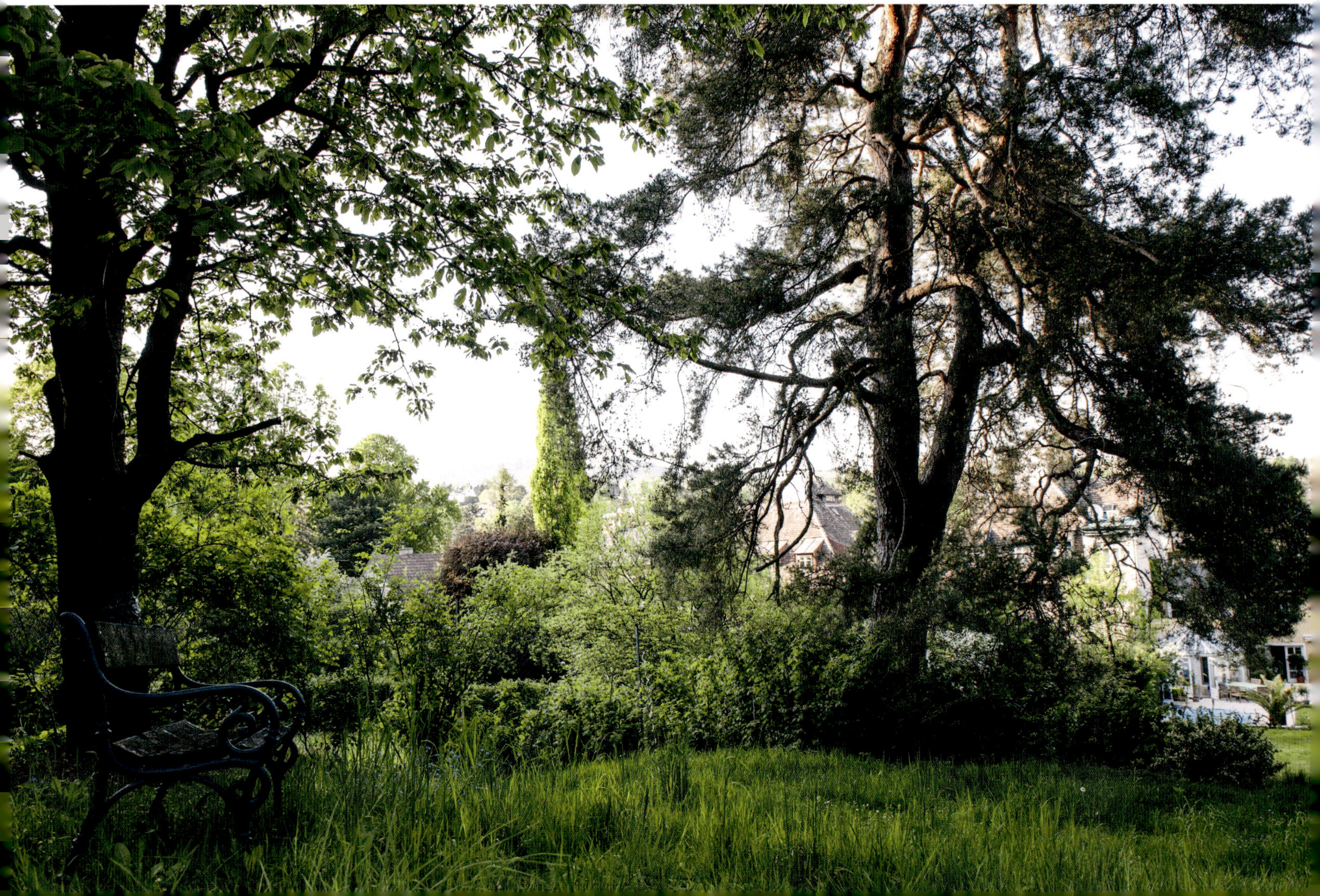

Garten eines Winzerhauses

der Garten in einen deutlich extensiver gepflegten Bereich über. Trotz der Größe von 1600 Quadratmetern lassen sich so lange Wege vermeiden, da der Garten schon unmittelbar vom Haus aus erlebbar ist.

Wer in Ruhe einen weiten Ausblick nach Norden in Richtung Hackenberg genießen möchte, geht den Hang hinauf zu einer Eisenbank, die unter einer großen alten Föhre steht. Westlich liegt ein kleines Waldstück und weiter nach Süden, in der Verlängerung des Anwesens, befindet sich ein bewirtschafteter Weingarten. Durch diese unmittelbare Nähe zur freien Natur ist es nicht verwunderlich, dass auch vierbeinige Besucher wie Fuchs und Dachs gelegentlich im Garten vorbeischauen.

In der Gartenkunst sorgen bei der Gestaltung Höhenunterschiede für die gewünschte Spannung im Raum, und gerade Terrassen laden zum Aufenthalt ein und bieten sich als Sitzplätze mit ganz unterschiedlichem Charakter an. In diesem Garten sind es gerade die verschiedenen Ebenen, die ihn interessant machen und die sich sowohl für Gesellschaften gut eignen als auch den privaten Gartengenuss mit südlichem Flair garantieren.

Eine wichtige Rolle spielt für die Pflege der zahlreichen Töpfe, Kübelpflanzen und Beete die Großmutter, die sich mit viel Geduld für das Jäten, Düngen, Aufbinden verantwortlich zeigt. Das Mähen der Rasenflächen übernimmt aber ein dunkelgrüner Rasenroboter, der lautlos über die Hangflächen rollt.

OBEN: *Rose und blaue Glockenblume.*
GANZ OBEN: *Die erste Terrassenebene mit Brunnen und großzügiger Freitreppe.*
GEGENÜBER OBEN: *Reiches Farbenspiel im Mai mit dem Wintergarten.*
GEGENÜBER UNTEN: *Schattenplatz mit Gartenbank am höchsten Punkt im Garten.*

Ein Stück Italien in Grinzing

OBEN: *Die steile Treppe fasst beidseitig eine Buchsbaumhecke ein. Farne wachsen in den Stufenritzen.*
GEGENÜBER: *Oleander und ein Korallenstrauch (Erythrina crista-galli) als Hochstamm schmücken den Swimmingpool.*

Typisch für Wien sind die vielen Villen und Wohnhäuser mit Gärten, die direkt an die Weinberge, hier Weingärten genannt, angrenzen und wunderbare Ausblicke in die Landschaft geben. Der Nordwesten der Stadt ist abgesehen von seiner hohen Wohnqualität auch ein beliebtes Naherholungsziel mit seinen Weingärten, den Heurigen, Aussichtpunkten und Spazierwegen, die gleichzeitig auch die Wirtschaftswege der Weinhauer (Winzer) sind. Auf einer Gesamtfläche von über 700 Hektar wird Wein angebaut und damit ist Wien die einzige Hauptstadt der Welt mit einer nennenswerten Weinproduktion von knapp 2,5 Millionen Litern Wein pro Jahr.

Seit dem 12. Jahrhundert ist der Weinanbau in Wien gesichert nachweisbar, man geht aber davon aus, dass schon die Römer hier Wein anbauen ließen. Im Mittelalter war die Stadt noch ganz von Weingärten umgeben, die im Lauf der Zeit immer weniger wurden. Als im Jahre 1784 Kaiser Joseph II. den Weinbauern erlaubte, Lebensmittel aus eigener Erzeugung gemeinsam mit dem eigenen Wein zu verkaufen, war die Grundlage für die heutige Wiener Heurigenkultur geschaffen. Heute gibt es rund 640 Weinbauern und 180 Heurige in Wien. Zu den angebauten Hauptsorten gehören beim Weißwein Grüner Veltliner, Riesling, Weißburgunder und beim Rotwein Blauer Zweigelt, Blauer Burgunder und Blauburger.

Im Umfeld der Weingärten wachsen Eichen, Hainbuchen, Feldahorn, Eschen, Maulbeerbaum, Walnuss, Rosskastanien, Hartriegel und Clematis zusammen mit Brombeeren, Rosen und Hopfen. Ebenfalls lassen sich auch noch verwaiste Obstgärten mit Marillen- und Pfirsichbäumen finden.

Unser Garten liegt an einer steilen Straße in Grinzing und ist nach Norden in Richtung Kahlenberg, dem berühmtesten Aussichtspunkt der Stadt, ausgerichtet. Von hier aus wurde bei der zweiten Türkenbelagerung Wiens im Jahr 1683 die Stadt von den polnischen Verbündeten mit einem Entsatzheer befreit, woran die St.-Josefs-Kirche mit ihrem von Weitem gut sichtbaren Turm erinnert.

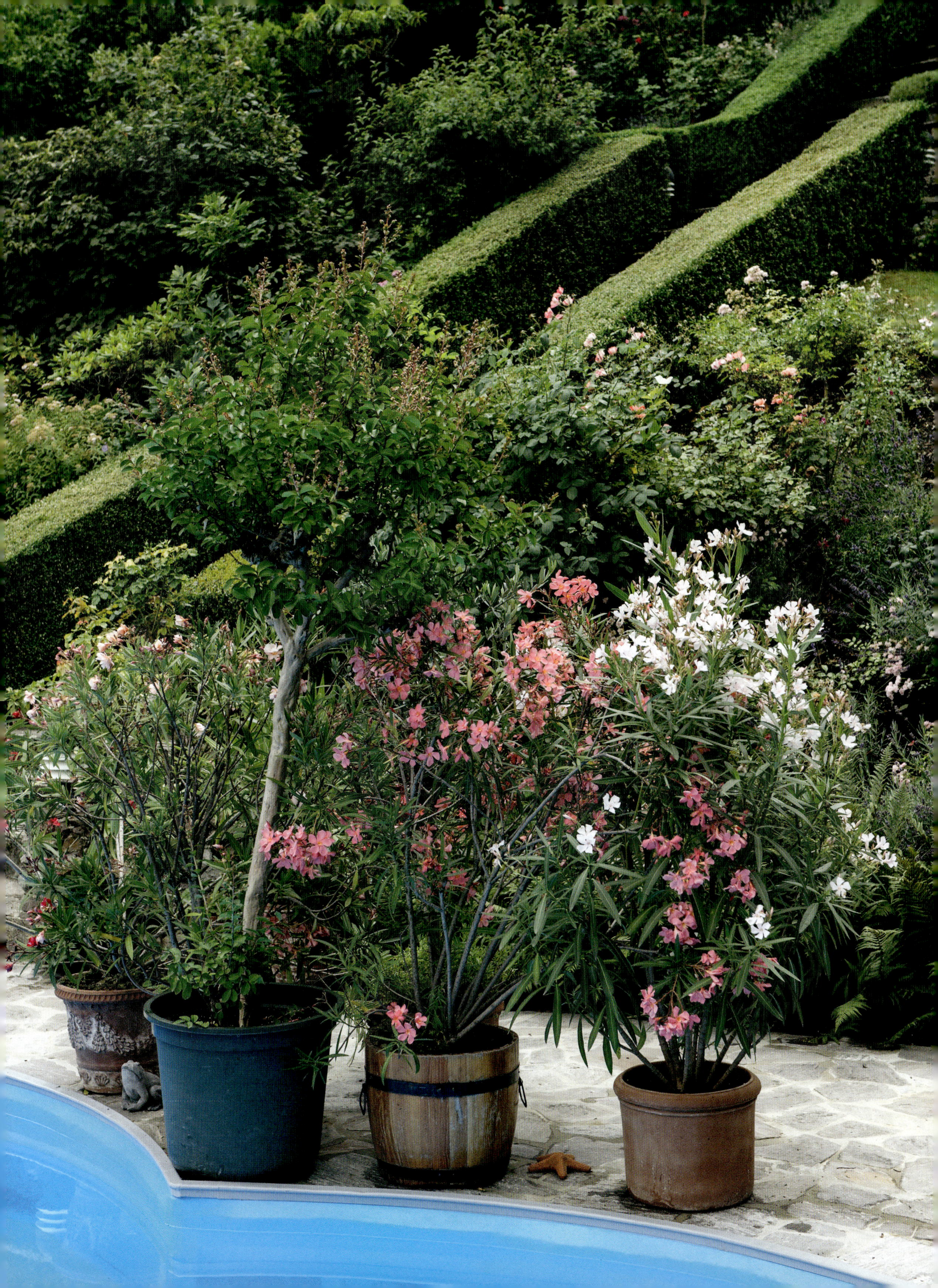

OBEN: *Buchsbaumkugeln und -kegel geleiten die Terrassentreppe.*
GANZ OBEN: *Terrassenblick über die Weingärten hinauf zum Kahlenberg.*
GEGENÜBER OBEN: *Sitzplatz mit Steintisch für die Abendsonne.*
GEGENÜBER UNTEN: *Eine Trauerweide steht auf dem perfekten Rasenhang.*

Das im späthistorischen Stil gebaute Haus der ehemaligen Malerakademie Alois Delug wurde in den Jahren 1910/11 nach den Plänen des österreichischen Architekten Professor Friedrich Ohmann erbaut. Hier entstand ein Künstlerheim, das als Vorbild für solche Lehranstalten galt. Außer den Ateliers mit Oberlicht waren auch heizbare Ateliers für Freilichtstudien vorhanden, und ein Stall mit verschiedenen Tierarten gab den Schülern die beste Gelegenheit zum Studium der Tiermalerei. Friedrich Ohmann hatte neben seiner Lehrtätigkeit auch zahlreiche Aufträge in Wien wie beispielsweise die artistische Leitung des Hofburgbaus, der Neuen Burg, einem Teil der Wiener Hofburg. Zu seinen hier ausgeführten Projekten gehören unter anderem das neue Palmenhaus im Burggarten sowie das sezessionistische Kaiserin-Elisabeth-Denkmal im Volksgarten.

Das prächtige Haus bewohnen heute mehrere Parteien. Der 2500 Quadratmeter große Garten gehört zur Wohnung im Erdgeschoss mit einer sehr passionierten Gärtnerin, die ihren Garten 1993 selbst umgestaltete und seitdem auch selber pflegt. Das Leitbild für ihre Gestaltung waren dabei italienische Gartenanlagen.

Tritt man über die Terrasse in den Garten, eröffnet sich ein großartiger Blick über die Weingärten hinauf zum Kahlenberg. Den Sitzplatz rahmen zwei Hanfpalmen sowie geschnittener

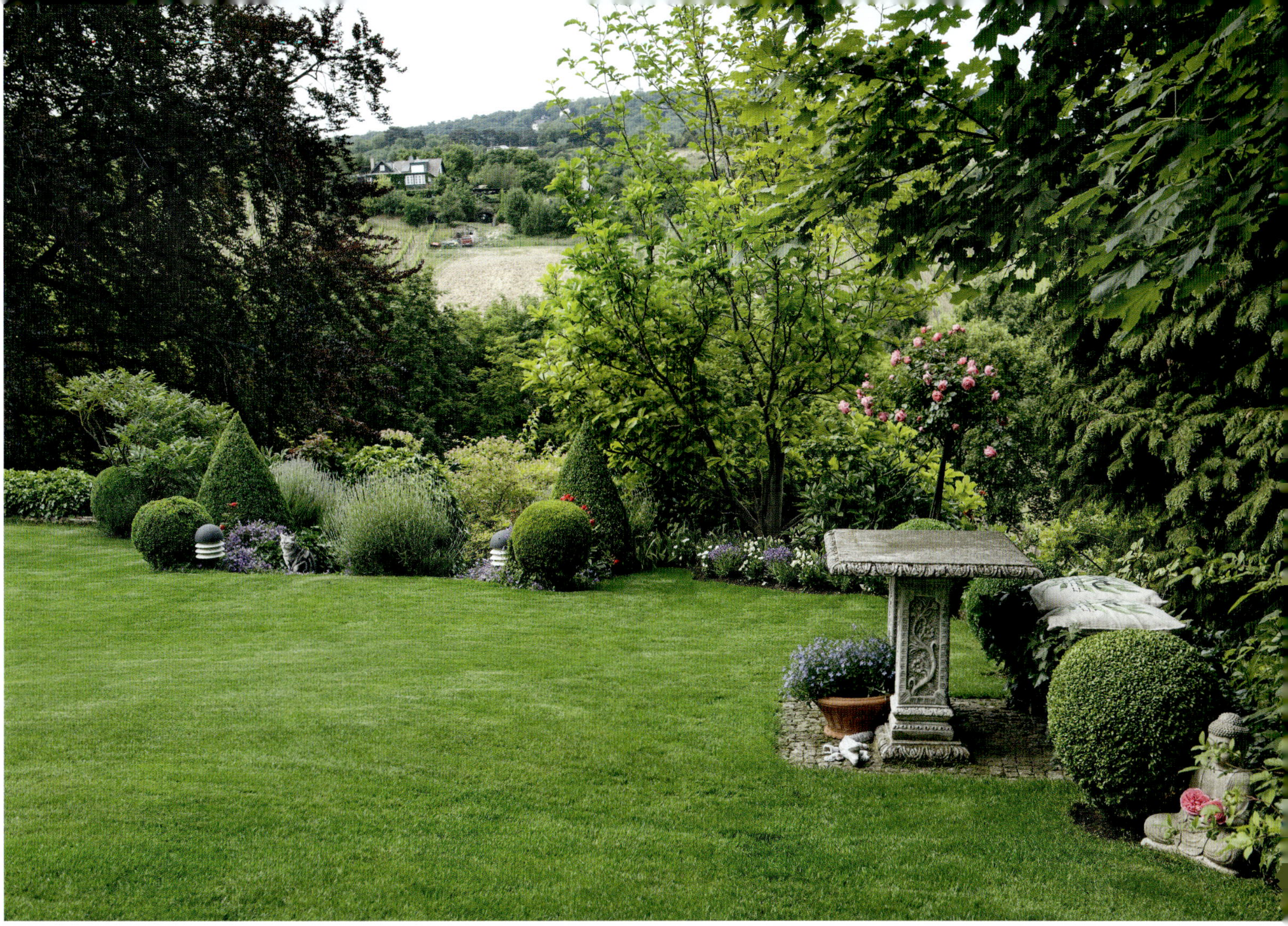

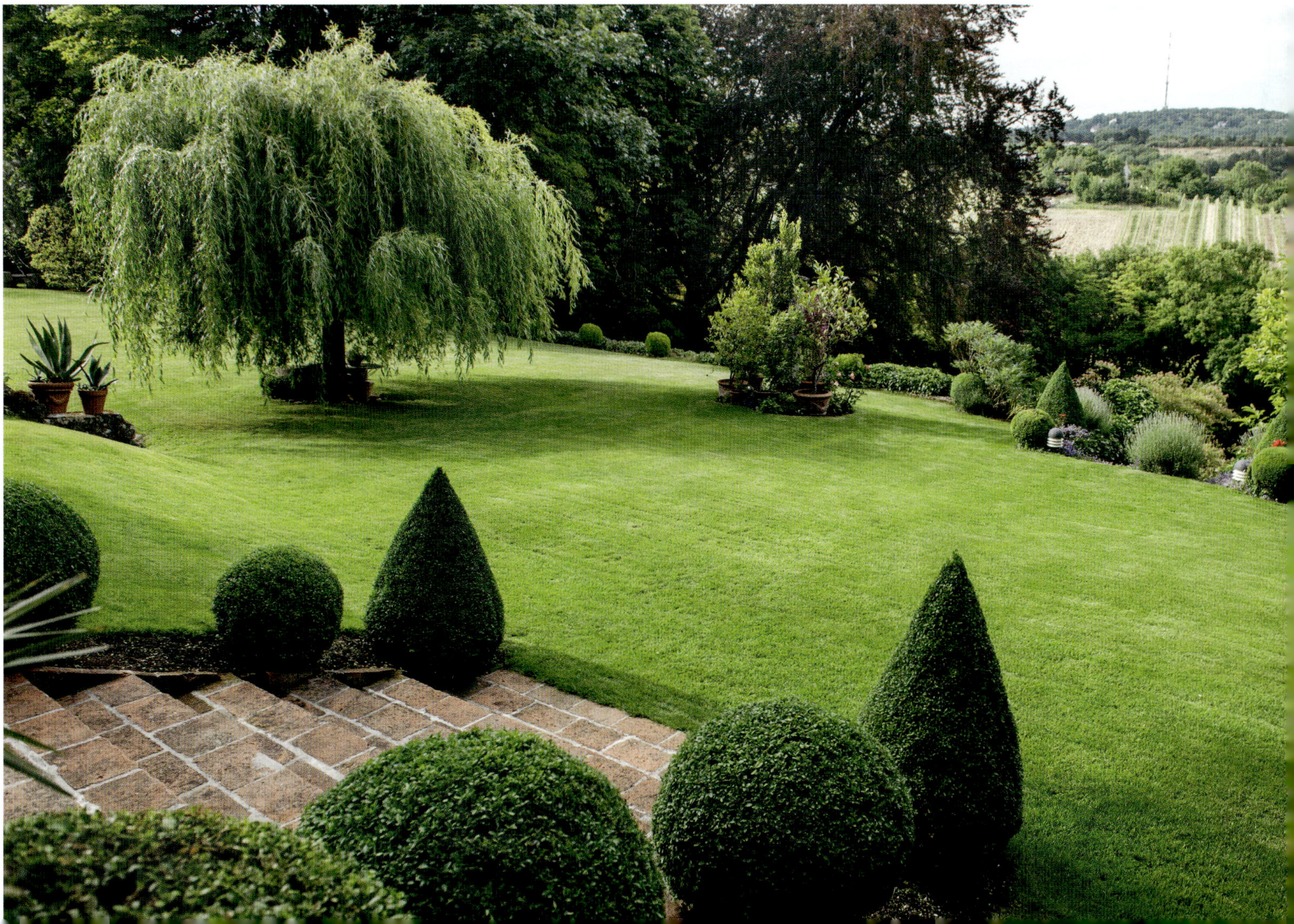

Repräsentative Gärten

Buchsbaum in Form von Kegeln und Kugeln ein. Formgehölze ziehen sich als Gestaltungsmittel durch den ganzen Garten und setzen immer wieder da Akzente, wo das Auge von alleine hinwandert – nämlich zu Eingängen, Treppen, Terrassen und anderen Sichtpunkten wie Bänken, Skulpturen, Stelen oder Steinvasen.

Über eine perfekt gepflegte, große Rasenfläche geht es zu einer Treppe, die von einer streng geschnittenen Buchshecke beidseitig eingefasst wird, etwa 40 Stufen hinunter zu dem Poolbereich mit zweitem Sitzplatz, umrahmt von Staudenbeeten und Oleander in Terrakotta-Töpfen.

Der terrassierte Hang überbrückt den großen Höhenunterschied zwischen dem oberen und unteren Garten. Der Poolbereich ist vom Haus aus nicht einsehbar und wird so zu einem Hortus conclusus, einem geschlossenen Garten. Der Hang ist so intensiv mit Efeu, Hortensien und Rosen bepflanzt, dass er in seiner eigentlichen Mächtigkeit nicht wirklich wahrgenommen wird. Parallel zum Hangfuß verläuft ein Weg, vorbei an einem kleinen von Schilf bewachsenen Teich weiter zu einer Zweierbank auf einem Podest. Große alte Buchen rahmen den Garten nach Norden und Westen ein und verleihen ihm eine Raumstruktur und eine angenehme und sehr großzügige Ausstrahlung.

OBEN: *Zweierbank auf dem Podest unter einer alten Buche.*
GEGENÜBER OBEN: *Der Poolbereich ist vom Haus aus nicht einsehbar.*
GEGENÜBER UNTEN: *Blick von der Hangkrone auf den Pool.*

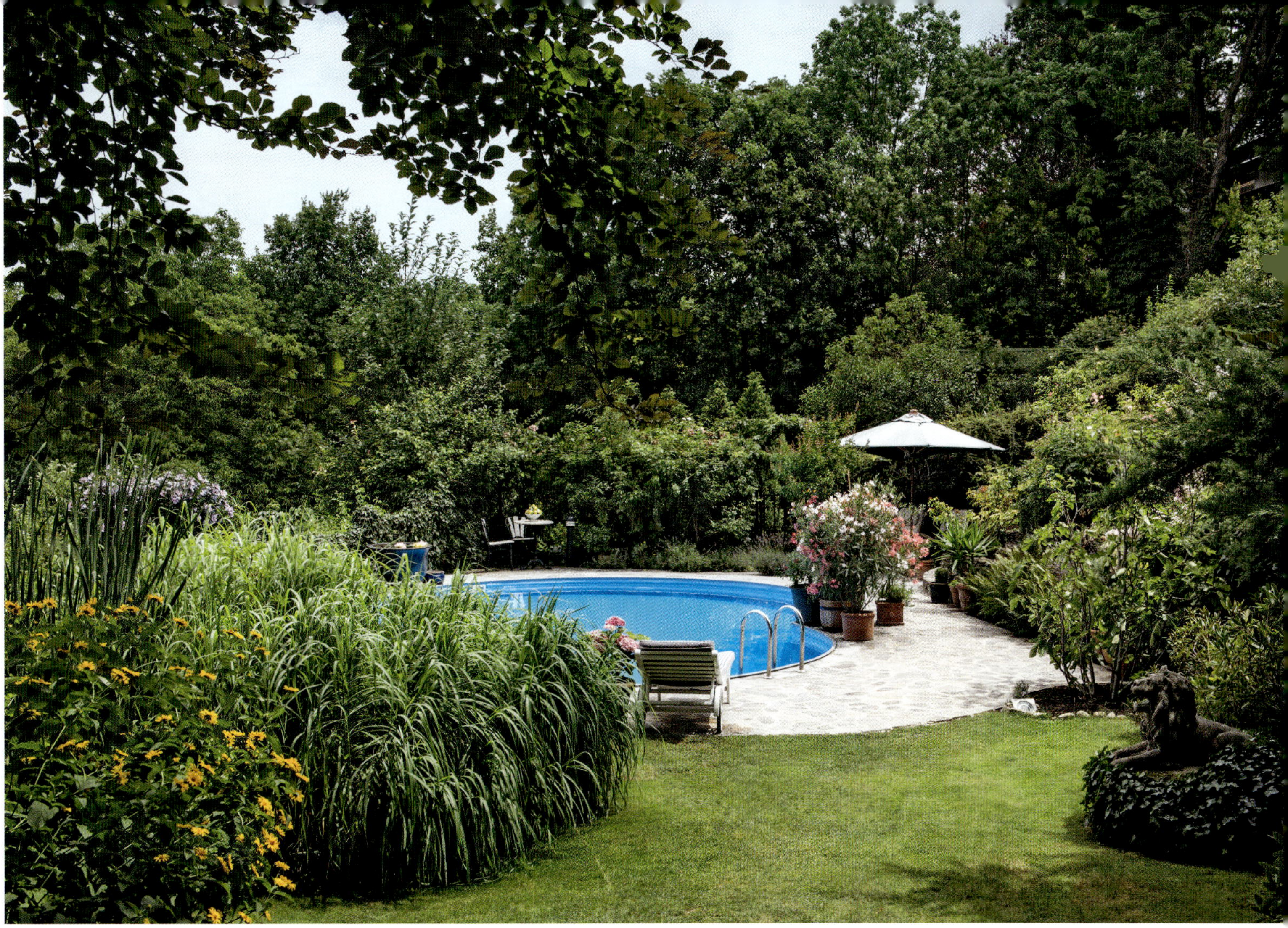

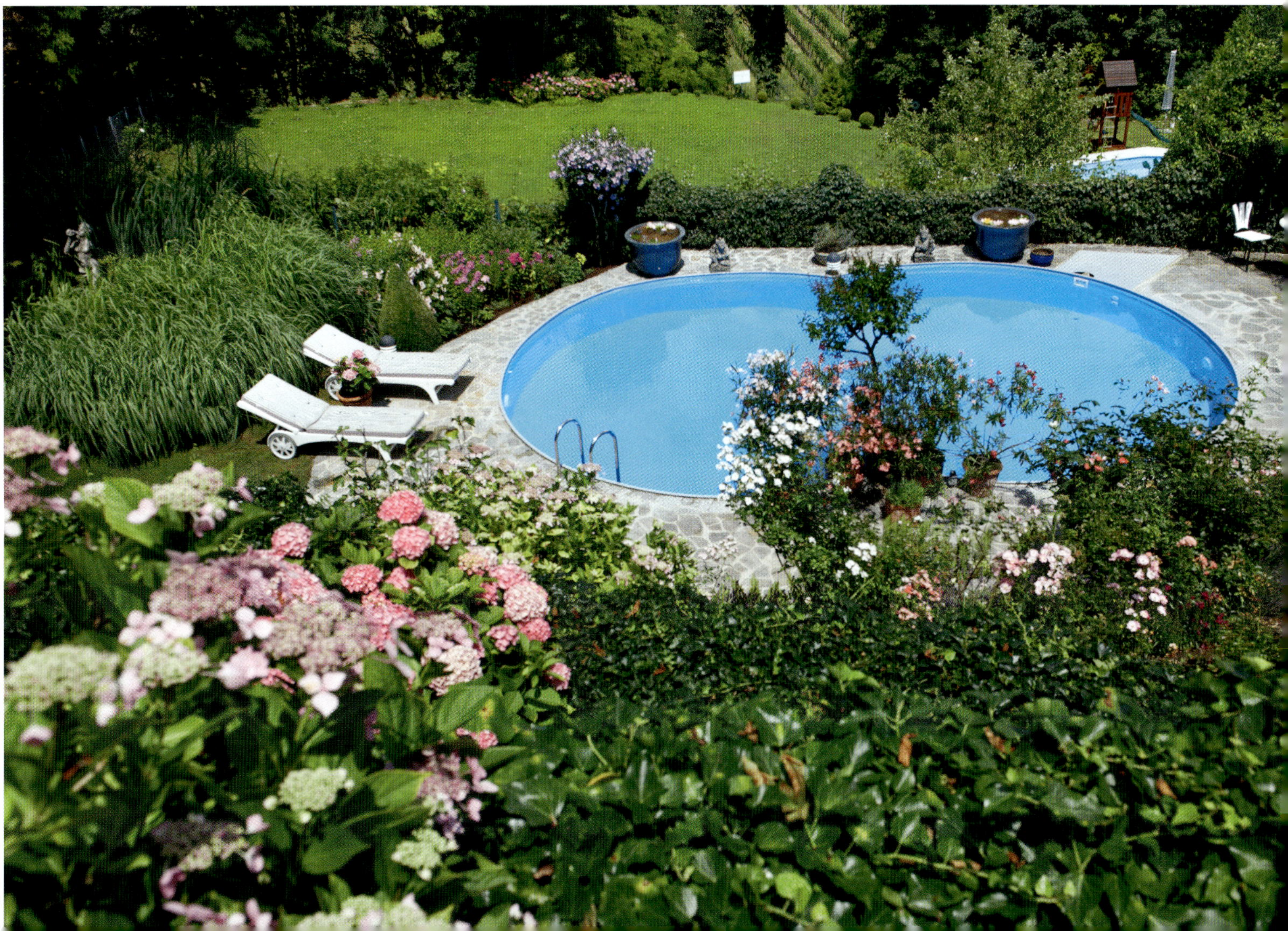

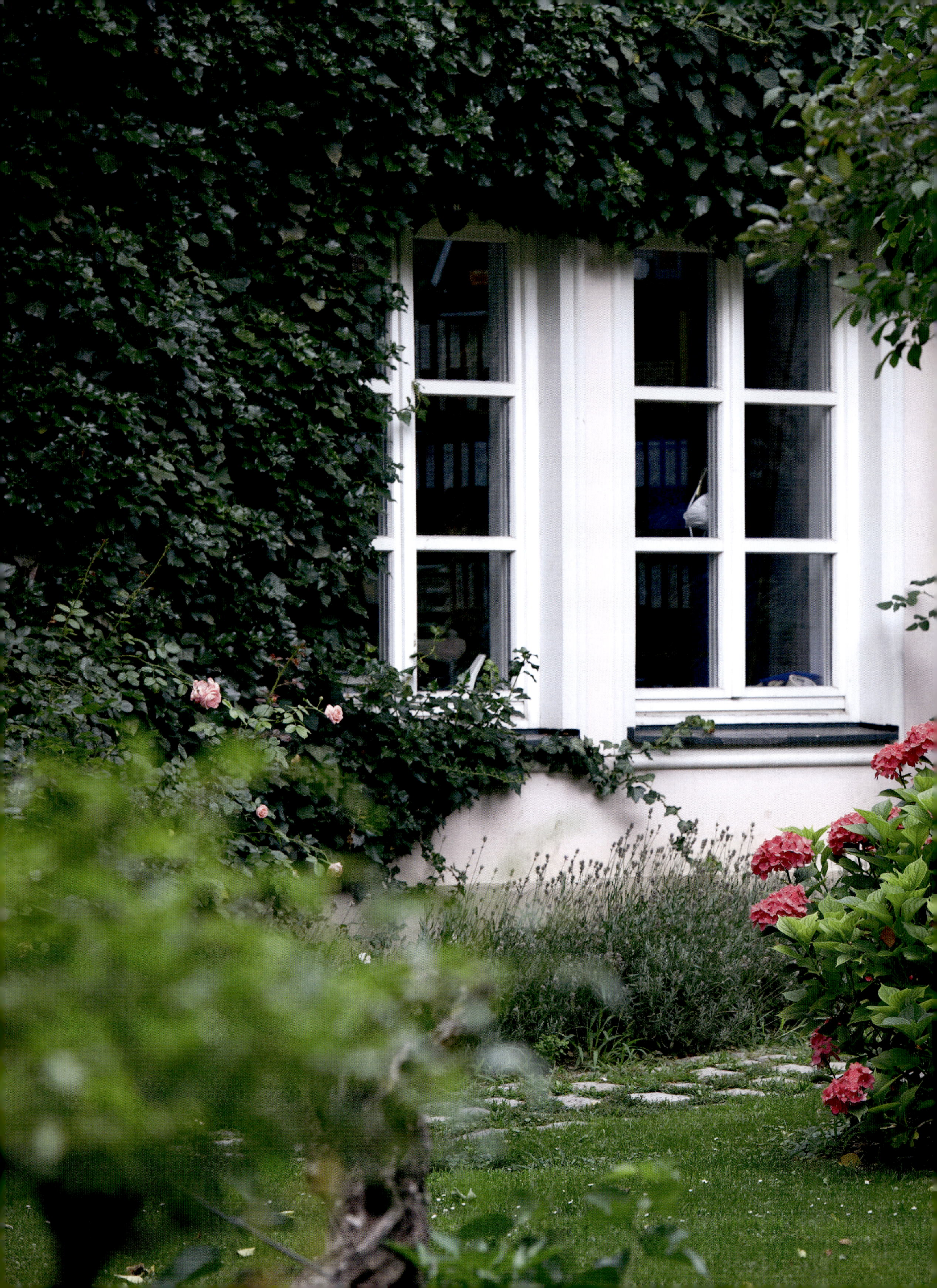

Stadtgärten

Garten im Geiste Maria Theresias

OBEN: *Der gepflasterte Weg führt weiter in den Garten.*
GEGENÜBER: *Blick unter dem Maulbeerbaum auf das Atelierhaus mit der Katze Salòme.*

Das Grundstück selbst war einst Teil eines Parks, der zum sogenannten »Maria-Theresien-Schlössl« der nah gelegenen Hofzeile in Wien-Döbling gehörte. Die Grundstruktur und die Bepflanzung des Gartens stammen noch aus dem 18. Jahrhundert und wurden nach dem Erwerb des Grundstücks von seinen neuen Besitzern stetig zu erhalten versucht.

Plandokumente im Museum der Stadt Wien aus dem Jahr 1821 zeigen das Grundstück noch ohne Haus. Die Bauzeit des Hauses liegt in der Spätbiedermeierzeit und ist mit 1850–51 datiert. Zuerst als »Stöckl« (Nebengebäude) frei stehend, dann in den 1880er Jahren links und rechts um einen Anbau erweitert, wurde es zu einem Miethaus umgestaltet. 1945 durch einen Bombentreffer beschädigt, erfolgte eine notdürftige Instandsetzung, und ab 1980 versucht die jetzige Besitzerin, Monica Emilia Culen, dem Haus sanft und laufend seinen ursprünglichen Charakter wiederzugeben.

Von 1924 bis zu ihrem Tod 1951 lebte die Dichterin Paula von Preradović, die Verfasserin der österreichischen Bundeshymne, hier im Haus. Ihr Ehemann Dr. Ernst Molden war langjähriger Herausgeber der »Neuen Freien Presse«. Jahrzehntelang wurde im ersten Stock einer der wichtigsten Intellektuellen-Salons in Wien veranstaltet. Ein besonderes Dokument von lokaler Bedeutung ist das Tagebuch der Dichterin, in dem mit scharfer Beobachtungsgabe die Ereignisse der letzten Kriegstage rund um das Haus geschildert werden.

Betritt man den Garten, fällt der an die 300 Jahre alte Maulbeerbaum nahe am Haus auf, dessen ausladende Äste sich weit über den Rasen erstrecken. Stahlseile schützen den schon fast greisenhaft wirkenden Baum vor dem Auseinanderbrechen. Der malerische, ja, knorrige Wuchs des Baums unterstreicht den Charakter des alten Gartens. Spätestens seit 1850 gehört dieser Garten zu dem neuerbauten Haus und ist nicht mehr Teil des Schlossparks.

Ein gepflasterter Weg führt auf breiten Rasenfugen zu einem Atelierhaus. In diesem Gartenatelier wurde vor 20 Jahren

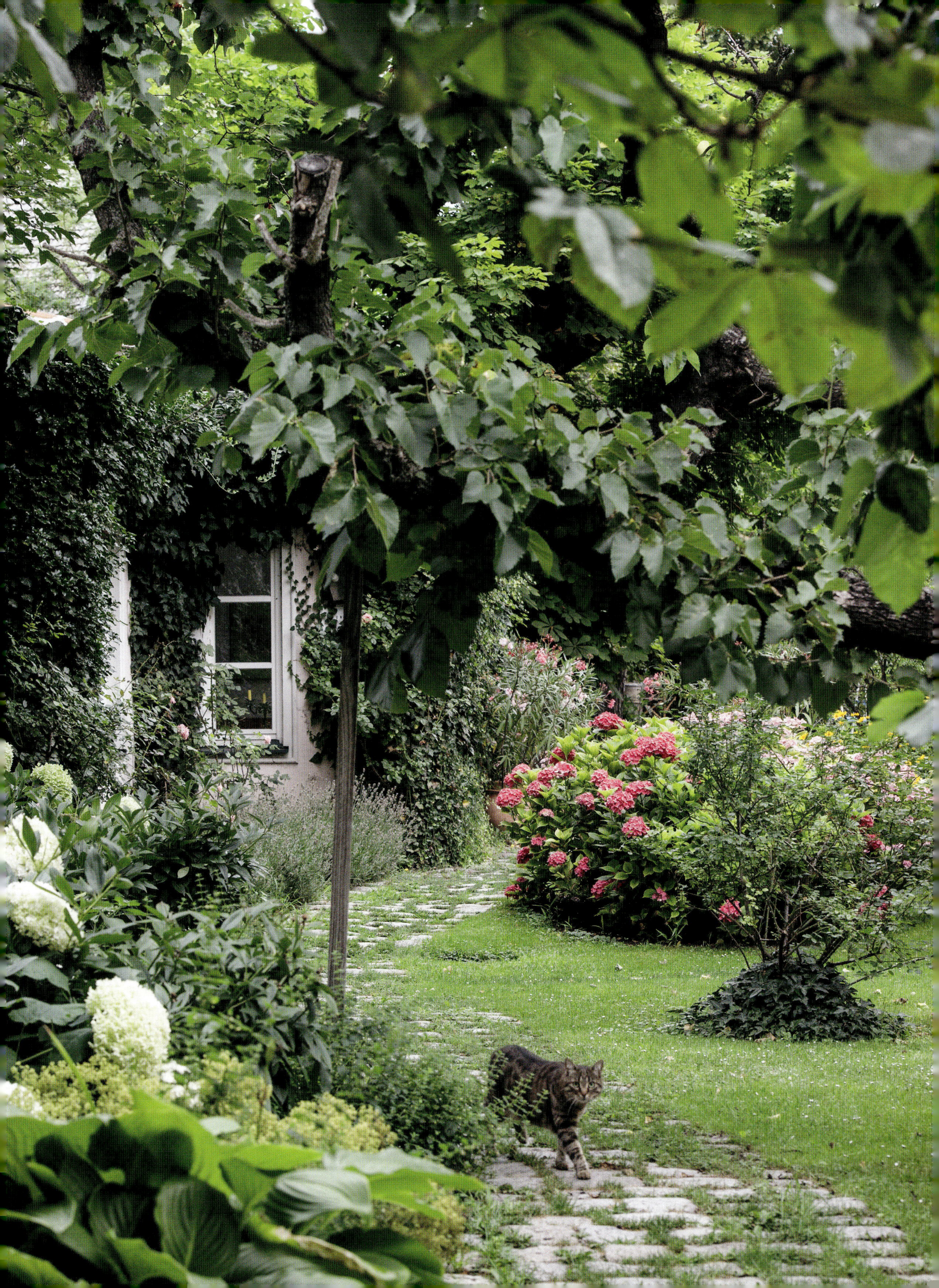

OBEN: *Holzbänke sorgen für versteckte Rückzugsmöglichkeiten.*
GANZ OBEN: *Der Pflasterweg erweitert sich zum Sitzplatz mit vielen Kübelpflanzen.*
GEGENÜBER OBEN: *Das Atelierhaus ist von Efeu vollständig berankt und von Blütenstauden und Hortensien eingerahmt.*
GEGENÜBER UNTEN: *Der uralte Maulbeerbaum stammt aus der Ursprungszeit des Gartens.*

das Sozialprojekt »Rote Nasen« gegründet und aufgebaut, das sich der Betreuung von schwer- und chronisch kranken Kindern, von Hospizpatienten, Unfallopfern, geistig behinderten und traumatisierten Menschen in mittlerweile zehn Ländern verschrieben hat. Die vor dem Gebäude angelegte Terrasse ist der wichtigste und größte Sitzplatz im Garten. Über eine große Rasenfläche geht es weiter zu einer Reihe von zusammengewachsenen Buchsbäumen, die amorph geschnitten sind und im Laufe der Jahre eine wolkenförmige, lang gestreckte Form bekommen haben. Sie werden von ihren Besitzern Buchsbaumrondeaus und Buchsbaumgebirge genannt und erinnern stark an die Buchsbaumformen des berühmten belgischen Gartenarchitekten Jacques Wirtz.

Bisher galt Buchsbaum meist als wenig anfällig gegenüber Krankheiten, nur war es wichtig, während der Wintermonate dafür zu sorgen, dass die Pflanzen nicht vertrocknen. Zwei neue Bedrohungen für diese Pflanzengattung sind in den vergangenen Jahren auch in Wien dazugekommen: nämlich der Buchsbaumpilz *(Cylindrocladium buxicola)* und der Buchsbaumzünsler *(Diaphania perspectalis)*. Der letztgenannte aus Ostasien (Japan, Korea und Ostchina) eingeschleppte Kleinschmetterling hat sich mittlerweile stark ausgebreitet. Die Raupen des Buchsbaumzünslers können erhebliche Fraßschäden an Blättern und Trieben verursachen.

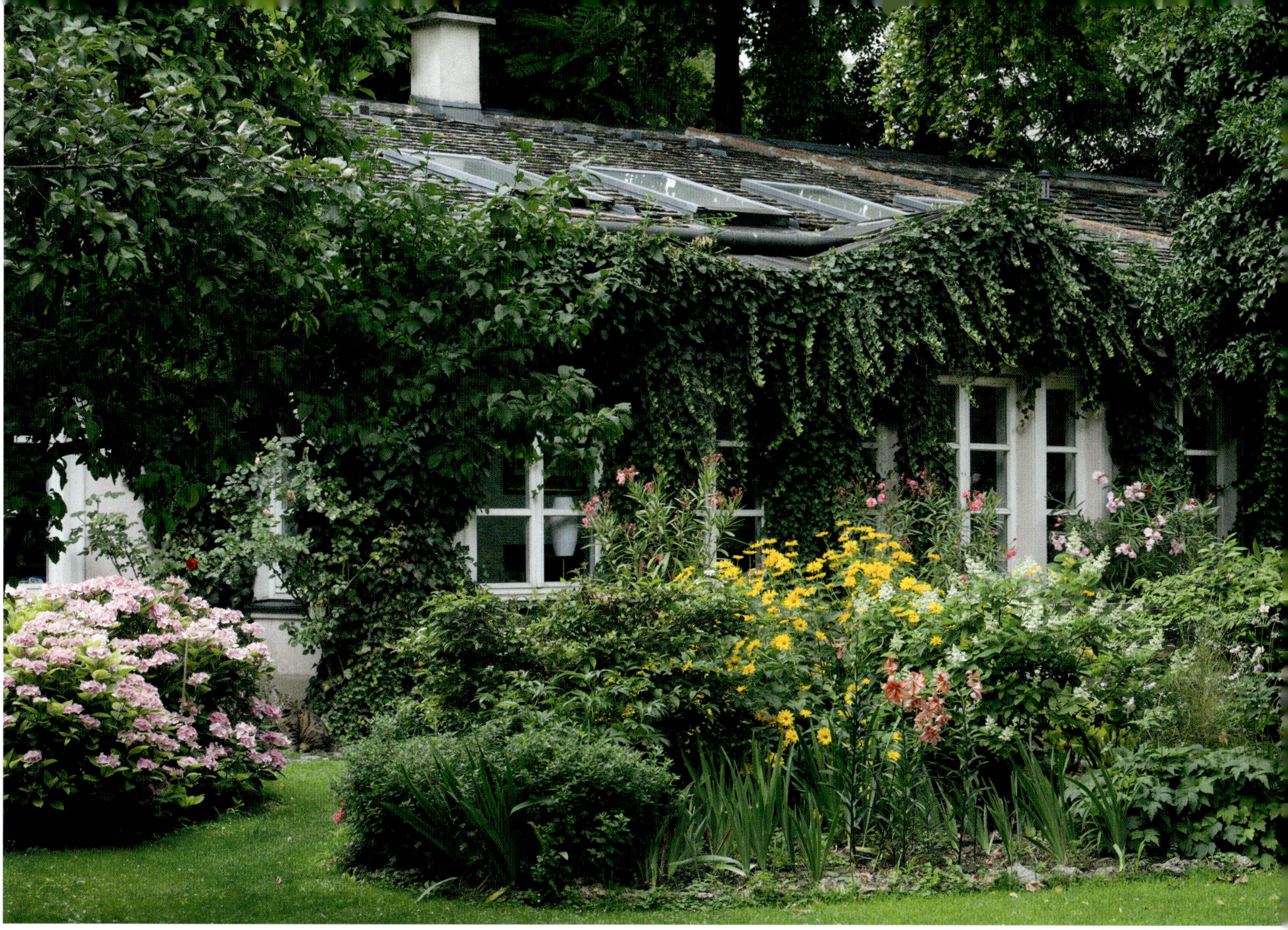

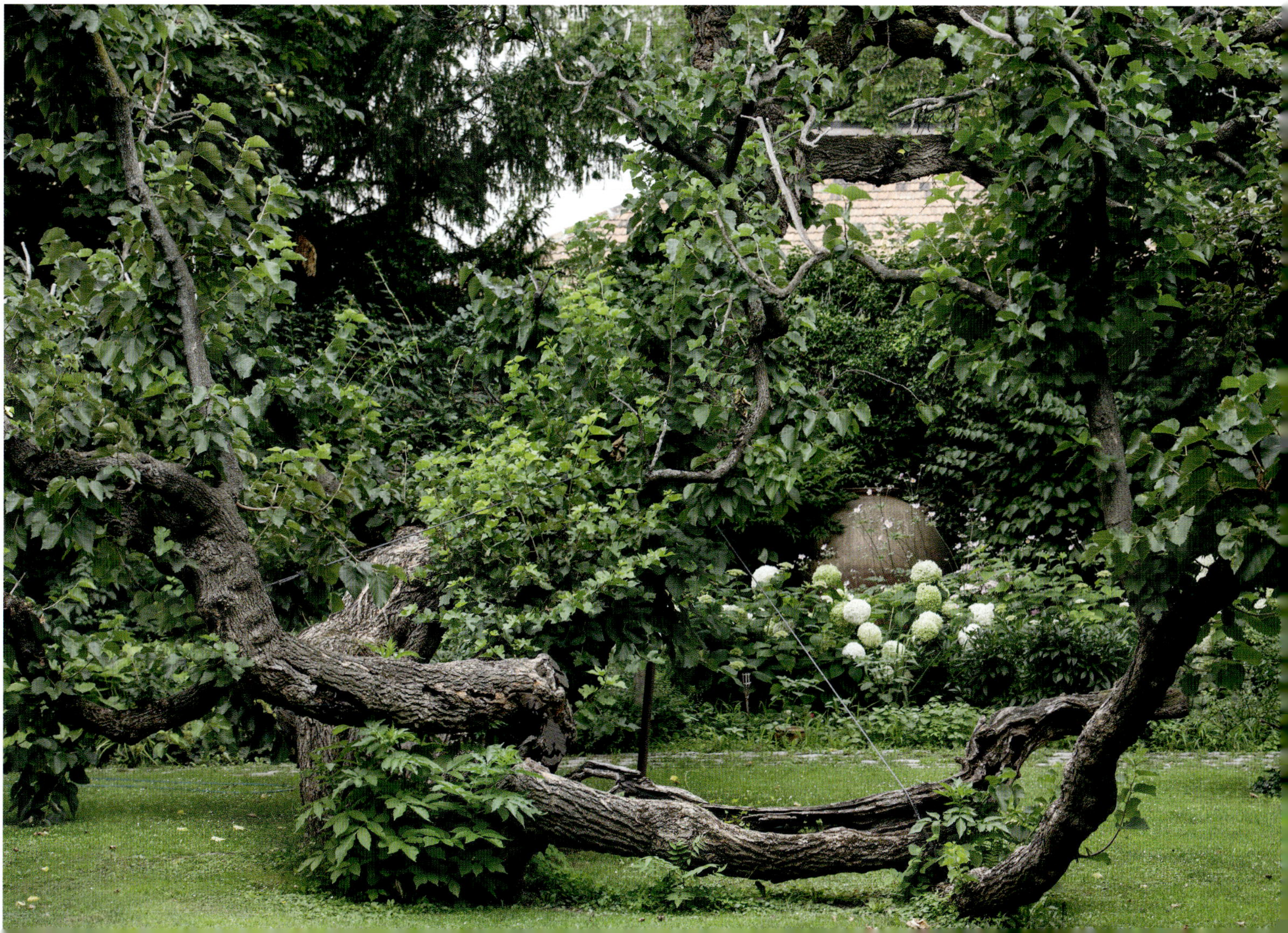

Stadtgärten

OBEN: *Sitzplatz auf dem Rasen vor amorph geschnittenem Buchsbaum.*
RECHTS: *Die Buchsbaumrondeaus und Buchsbaumgebirge erinnern an den Garten von Jacques Wirtz.*

Garten im Geiste Maria Theresias

Stadtgärten

Zum Ursprung des Gartens zählen auch dicke alte Rosskastanien, deren Stämme schon überwiegend hohl sind und deren Blätter leider von Miniermotten befallen werden, wie überall in der Stadt. Allerdings sieht man selten so alte Vertreter dieser Gehölzart, die mit ihrem weichen Holz nicht zu den langlebigsten Bäumen zählen.

Der Garten besticht durch sein Alter und seine Natürlichkeit mit bunt gemischten Blüten- und Blattstauden. Seine Besitzer bemühen sich, den ursprünglichen Stil und die Stimmung möglichst zu erhalten, beziehungsweise dort, wo er verloren ging, wieder zur Geltung zu bringen. Hier wird das Alte bewahrt und gehegt, und so ist es möglich, noch einen Hauch der Zeit von Maria Theresia zu erahnen.

OBEN: *Funkien zählen zu den dankbarsten Blattstauden im Garten.*
GANZ OBEN: *Die große dekorative »Amphore« aus Steingut stammt aus den 1920er Jahren und diente einst als Natronlaugenbehälter.*
GEGENÜBER: *Selten sieht man so alte Rosskastanien wie hier.*

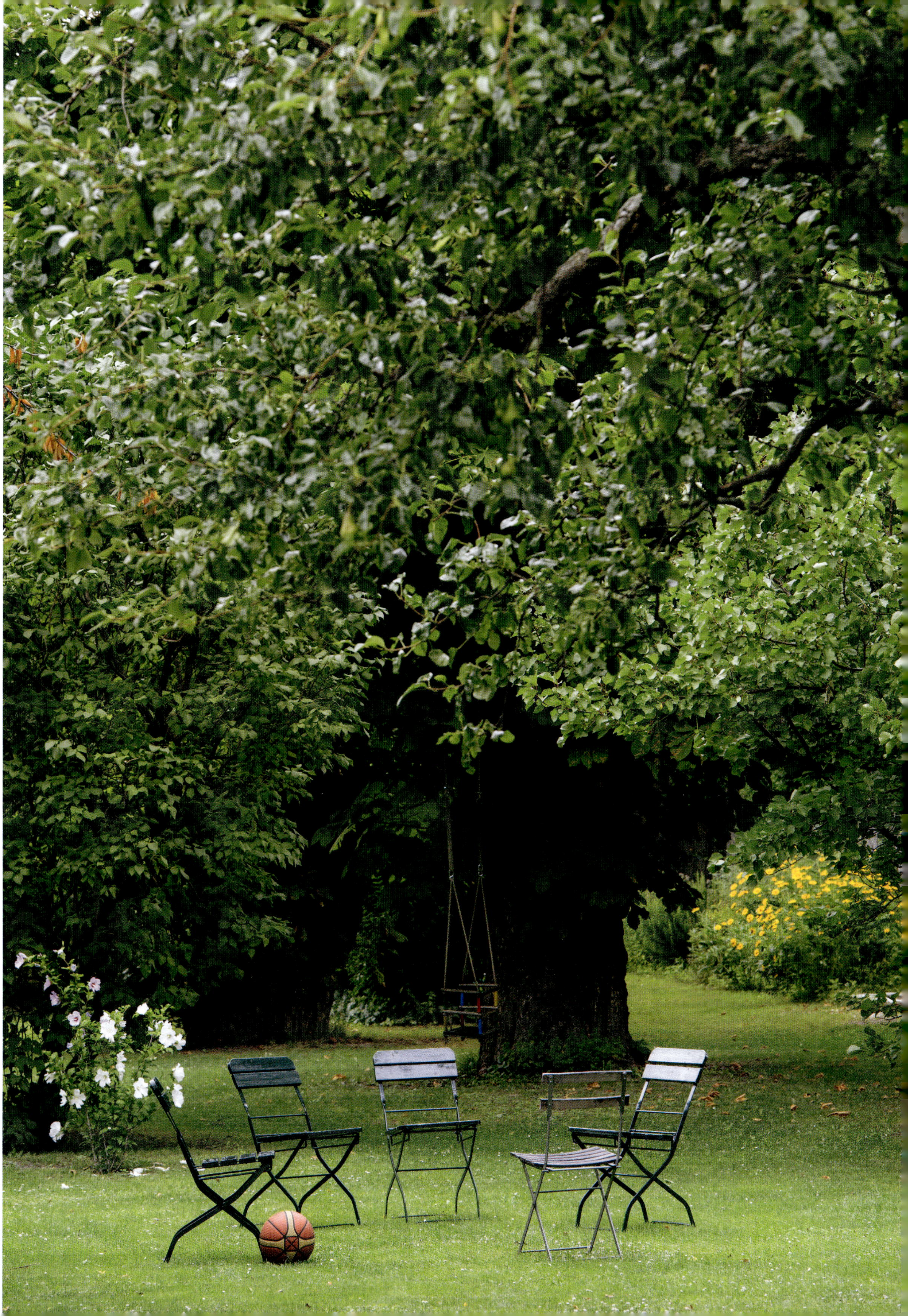

Ein alter Familiengarten in Döbling

Warum fahren so viele Menschen nach England, um sich Gärten anzuschauen? Weil diese Gärten häufig besonders alt sind und seit Jahrhunderten kontinuierlich gepflegt werden. Mit ihren mächtigen Bäumen wirken die Gärten ehrwürdig, und die verwendeten Materialien haben eine Patina erlangt, die nur über viele Jahre langsam entstehen konnte. Die meisten Gehölze erreichen den Höhepunkt ihrer Schönheit erst nach vielen Jahrzehnten, und Anlagen, in denen sie ungestört wachsen durften, gelten häufig als besondere Orte der Gartenkunst.

Grundlegende gesellschaftliche Veränderungen wie die Enteignung oder Vertreibung ihrer Besitzer sind neben kriegsbedingten Zerstörungen weitere Bedrohungen für alte Gartenanlagen. Leider wurden auch in Wien ab 1938 großbürgerliche Gärten wie beispielsweise die Rothschild-Gärten im 19. Bezirk Döbling von den Nationalsozialisten enteignet und im Laufe des Zweiten Weltkriegs weitestgehend zerstört.

Der ursprüngliche Charakter eines Privatgartens kann erhalten bleiben, wenn seine Besitzer über mehrere Generationen hindurch sein Erscheinungsbild wahren und wenn die Nachkommen mit neuen Vorstellungen ihn nur behutsam verändern.

Ein schönes Bespiel für solch eine Kontinuität findet sich in dem lang gestreckten großen Garten eines typischen Biedermeierhauses mit älteren Bauteilen von 1780 und Zubauten aus dem Jahr 1894. Von der Straße aus gelangt man durch ein Holztor in den Innenhof mit mittig liegendem Rasenoval und formal geschnittenen Gehölzen und Rosen, umrahmt vom U-förmigen Wohngebäude. Ein Eisenzaun mit Pforte trennt den Innenhof vom ehemaligen Weingarten, der sich über 200 Meter weiter ostwärts erstreckt und im Lauf der Jahre zu einem Blumen-, Gemüse- und Obstgarten mit Obstwiese entwickelte.

Mehrere alte Gartenhäuser und Sitzplätze sorgen für einen ungezwungenen Umgang mit der Anlage und bieten gleichzeitig persönliche Rückzugsorte für jeden Einzelnen, egal welchen Alters.

OBEN: *Den Innenhof des Biedermeierhauses schmücken Rosen.*
GEGENÜBER: *Historische Steinbänke mit Buchsbaumhecken flankieren den Weg im Blumengarten.*

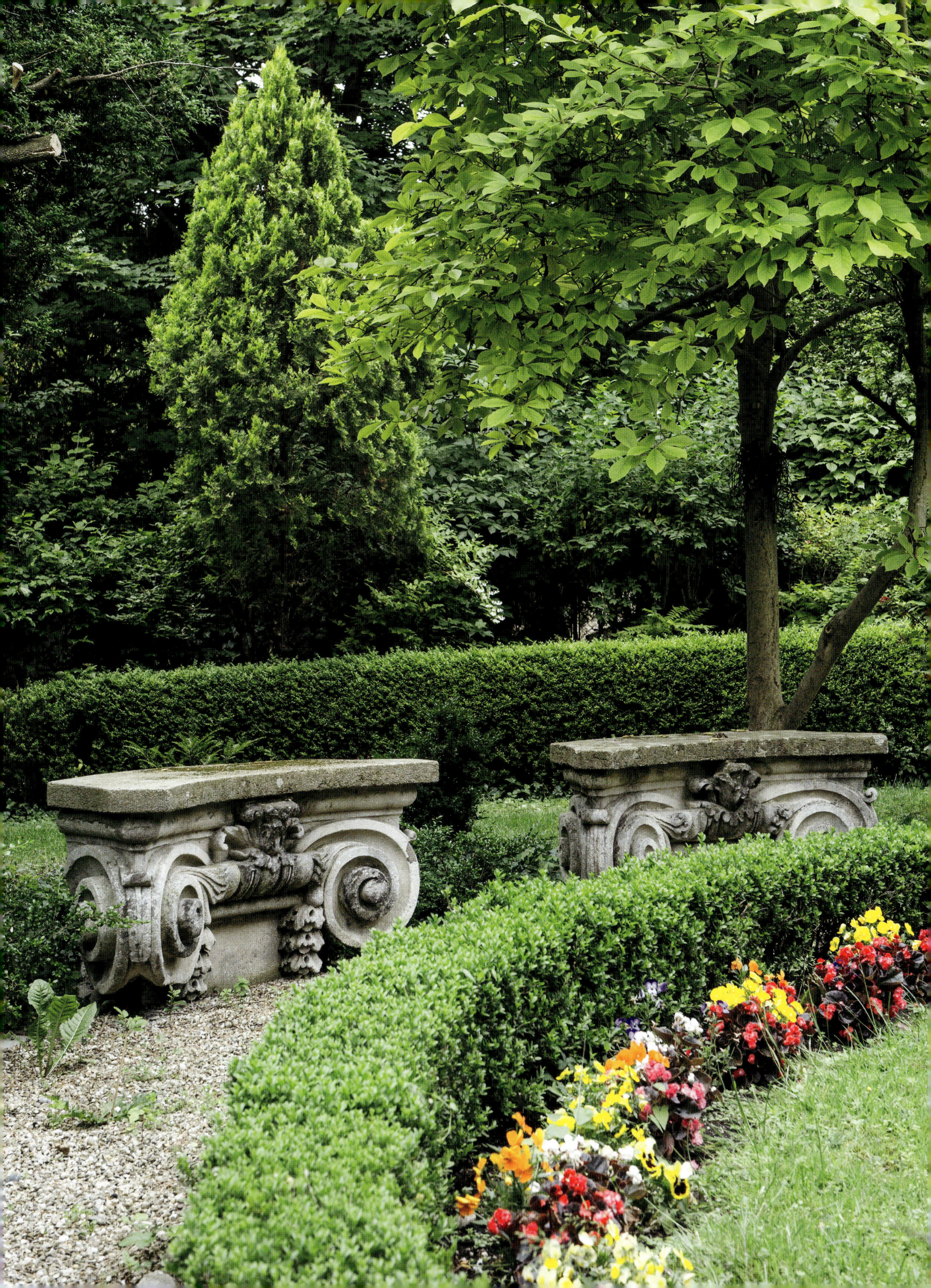

OBEN: *Der mehrstämmige Judasbaum (Cercis siliquastrum) hat einen malerischen Wuchs.*
GANZ OBEN: *Blick zum Haus über den Kiesweg, den Rosen und Lavendel einfassen.*
GEGENÜBER OBEN: *Alte Bäume strahlen eine große Ruhe im Garten aus.*
GEGENÜBER UNTEN: *Efeu bildet große immergrüne Teppiche.*

Der parkartige Blumengarten wird von Kieswegen erschlossen, die von Buchsbaumhecken gesäumt sind. Auch Putten und alte Steinbänke gehören zur Ausstattung dieses Gartenteils. Am Rand der großzügigen Rasenfläche wachsen Lavendel und Strauchrosen und ein Judasbaum neben Blütensträuchern wie Flieder und Magnolien. Efeu bildet große, dunkle, immergrüne Teppiche unter den alten Ahornen, Eschen, Föhren und Zedern.

Etwas weiter grenzt der Nutzgarten mit hölzernem Gerätehaus, Frühbeetkästen und von bemoosten Ziegelsteinen eingefassten Gemüsebeeten an. Hier werden, wie noch vor 100 Jahren, Paradeiser (Tomaten), Paprika, Melanzani (Auberginen), Zucchini, Kukuruz (Mais) und Kürbisse für den Eigenbedarf gezogen. Auch Beerenobst wie Himbeeren und Ribiseln (Johannisbeeren) sind hier in Reihen aufgepflanzt.

Gemüse verlangt regelmäßige Wassergaben, was man an den vielen bunten Gießkannen erkennen kann sowie an den rostigen Schlauchpollern, die den Gartenschlauch auf den Weg zwingen und so ein Abknicken der Pflanzen verhindern.

Im Gemüsegarten stehen noch einige Reihen Schnittblumen wie Astern oder Dahlien, die für das Binden von Sträußen geerntet werden.

Hinter dem Gemüsegarten erstreckt sich eine mit dem Bodenrelief abfallende Streuobstwiese mit alten Apfel-, Birnen-,

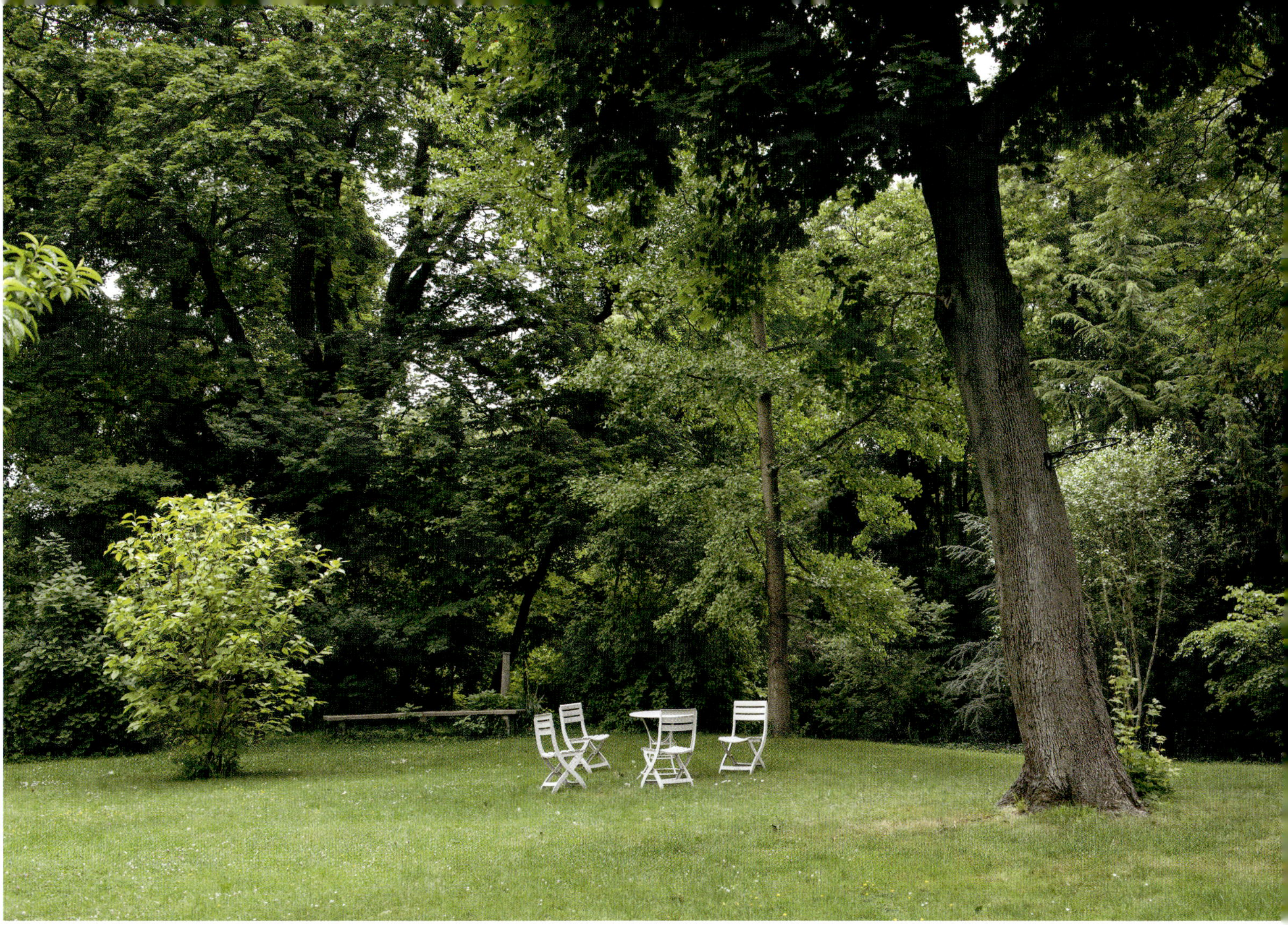
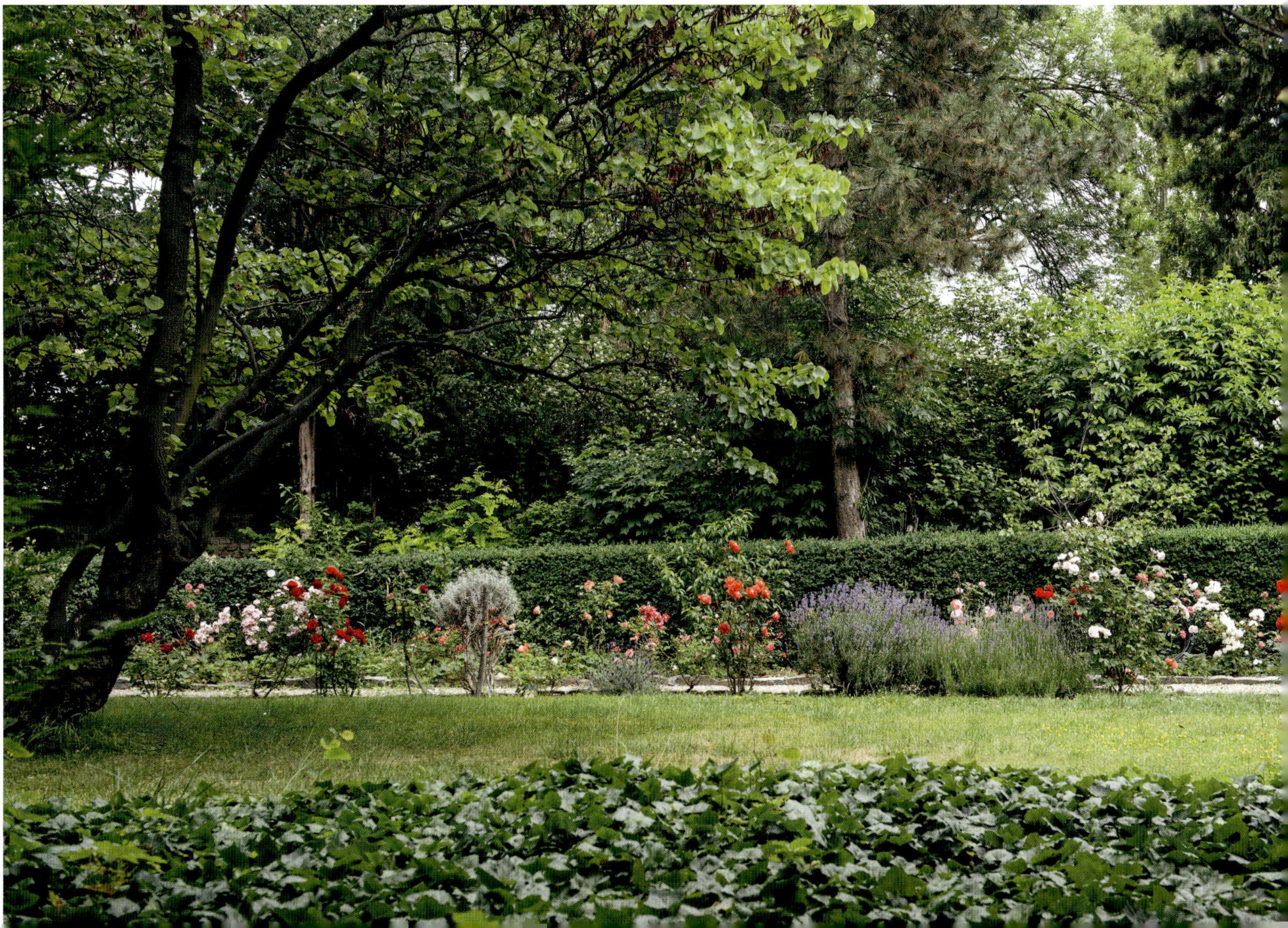

Stadtgärten

Zwetschken- (Pflaumen), Marillen- (Aprikosen) und Walnussbäumen. Der Garten endet mit einem kleinen Laubwald mit Robinien und Ahorn, dessen Höhenniveau schließlich von einer Mauer abgefangen wird. Dachse und Füchse haben dieses Idyll zu ihrem Lebensraum erklärt, und kaum vorstellbar ist, dass wir uns nur 2,5 Kilometer von der Inneren Stadt befinden.

Der Garten wirkt mit seinen großen ehrwürdigen Bäumen vollkommen ruhig und unaufgeregt und bildet zusammen mit dem Wohnhaus ein absolut harmonisches Gesamtensemble. Wer wissen möchte, wie wahrscheinlich viele Gärten vor 150 Jahren aussahen, findet hier ein schönes und belebtes Original einer vergangenen Zeit.

OBEN: *Den Gemüsegarten fassen Ziegelsteine ein. Paradeiser werden an Holzstangen angebunden.*
GANZ OBEN: *Das alte Gerätehaus ist ein Holzbau. Davor ein Schlauchpoller am Beet, der ein Abknicken der Pflanzen beim Gießen verhindert.*
GEGENÜBER: *Die Herbst schenkt dem Garten goldene Farbtöne.*

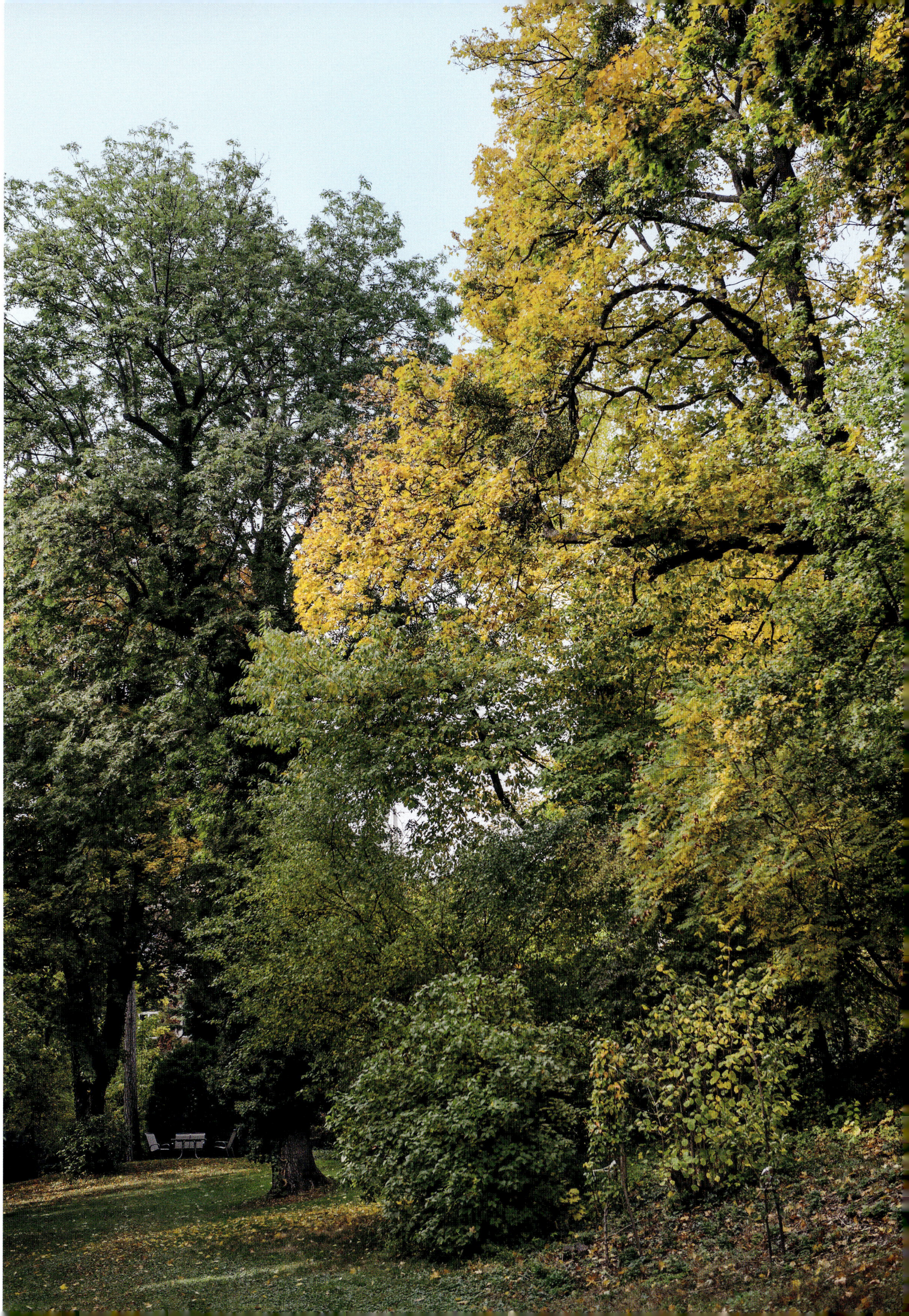

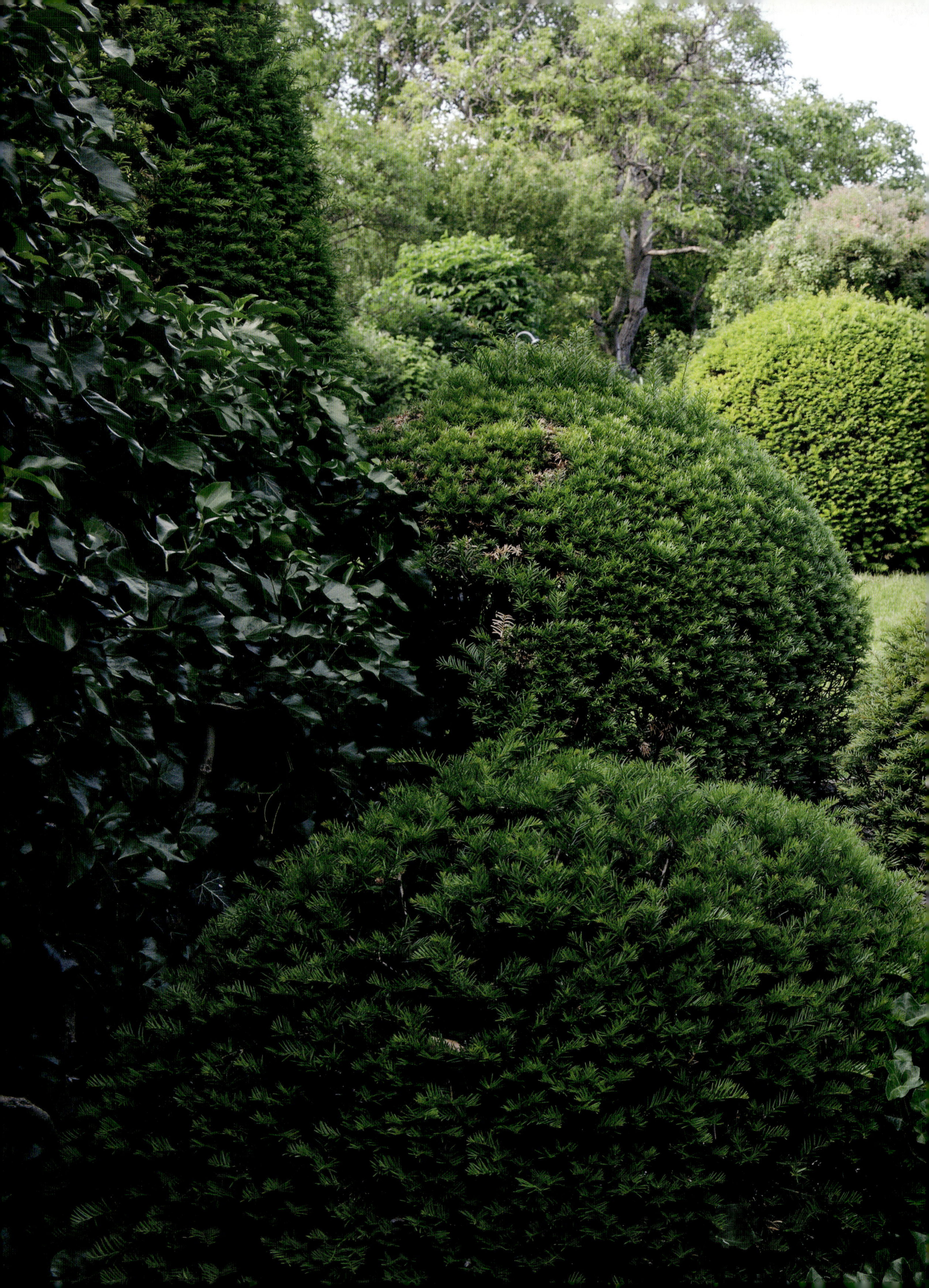

Klassische Gärten

Großbürgerlicher Garten im 19. Bezirk

In Wien finden sich große herrschaftliche Gärten selten im inneren Stadtgebiet. Am Rande der Stadt, in den Hügeln des Wienerwalds, entstanden um die Wende vom 19. zum 20. Jahrhundert ausgedehnte Villenbezirke. In dieser Zeit kamen formale Gärten wieder in Mode; ab 1905 setzte sich der architektonische Stil in der Landschaftsarchitektur durch. Die großbürgerliche, zweigeschossige Villa wurde 1917 von dem Wiener Architekten Franz Krauß für ein 5000 Quadratmeter großes Hanggrundstück im 19. Bezirk erbaut. Im Vorgarten wachsen acht etwa 2 Meter hohe, als Kugeln geschnittene Eiben auf kurz gemähten Rasenflächen, deren formale Gestalt Kieswege definieren. Aufgrund der Hanglage des Gebäudes befindet sich der Vorgarten auf dem Höhenniveau des Kellergeschosses. Zwei Seitenflügel mit Dachflächen als begehbare Terrassen fassen den Vorgarten nach beiden Seiten ein und ermöglichen Blicke auf die Eibenkugeln und in die Straße.

Von der Freitreppe zur Gartenseite aus hat man einen imposanten Blick, der an ein Theater mit Haupt-, Hinter- und Seitenbühne erinnert. Für diese Blickbeziehung wurde der Garten einst konzipiert. Den großen Rahmen hierfür bilden alte Laub- und Nadelbäume; streng geschnittene Eibenhecken, Rasenterrassen, Rosen- und Hortensienbeete und Kieswege sorgen als Kulissen für den Inhalt. Die Gehölzpflanzungen verengen den Bühnenraum nach hinten immer mehr, sodass der Endpunkt nur zu erahnen ist.

Für die Entstehungszeit des Gartens ist die Verwendung von vielen Nadelgehölzen wie Baumzypressen, Föhren, Tannen und Fichten sehr typisch. Sie resultiert aus der Mitte des 19. Jahrhunderts, als neue Arten von der amerikanischen Westküste in Europa auftauchten. In der Gründerzeit war der Höhepunkt erreicht, und man entwickelte viele Sorten, darunter die Blaufichte um 1880. Diese erfreute sich um die Jahrhundertwende so großer Beliebtheit in Parkanlagen, Gehölzsammlungen und Privatgärten, dass wiederum Gartenarchitekten gegen ihre Verwendung ankämpften. Gerade den Winter über prägen sie

OBEN: *Samthortensien* (Hydrangea sargentiana) *lieben halbschattige und geschützte Standorte.*
GEGENÜBER: *Hortensien sind wichtige Farbgeber vor dem tiefgrünen Hintergrund im Garten.*

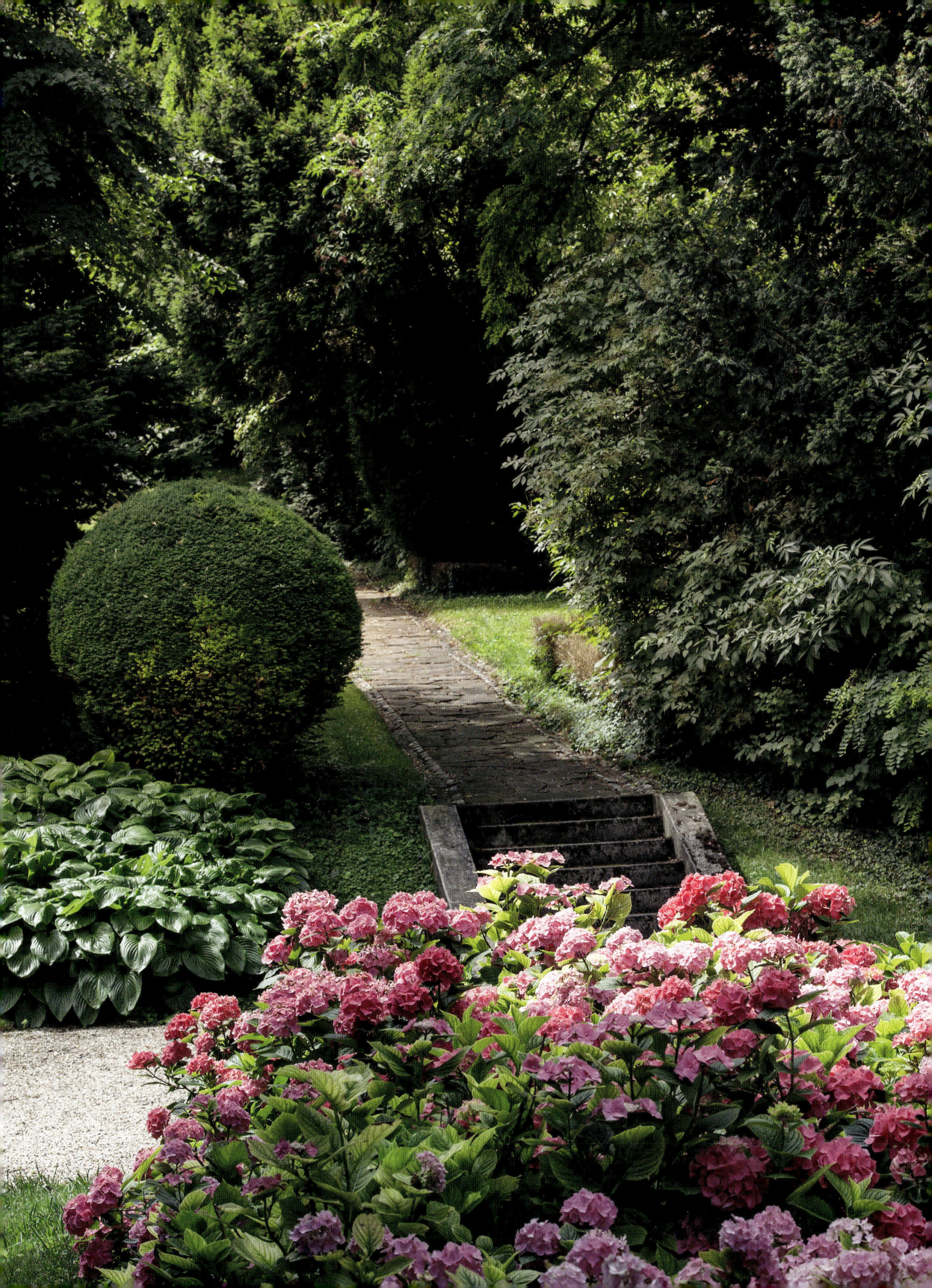

OBEN: *Imposante Eibenkugeln stehen vor dem Haus.*
GANZ OBEN: *Großartiger Terrassenblick, der an ein Theater mit Haupt-, Hinter- und Seitenbühne erinnert.*
GEGENÜBER OBEN: *Der Swimmingpool wurde sensibel in den Hang integriert.*
GEGENÜBER UNTEN: *Oleander sind dekorative Nachbarn beim Baden.*

als immergrüne Bäume Gärten und Landschaften, sorgen für dichten Sichtschutz, wirken aber atmosphärisch düster. Heute werden sie nur noch selten gepflanzt, im Gegensatz zu Föhren und Lebensbäumen, die wieder verstärkt in Gärten einziehen.

Vor der Freitreppe erweitert sich der vorbeiführende Kiesweg zu einer halbkreisförmigen kleinen Platzfläche, die südlich eine kleine Mauer mit einer Rosen- und Katzenminzenpflanzung einfasst. Links weiter erreicht man einen Sitzplatz unter einer Rotbuche und einen Swimmingpool, der an der einen kurzen Seite die Halbkreisform der kleinen Mauer an der Freitreppe aufnimmt. Der Pool wurde vor 20 Jahren bewusst so im Garten platziert, dass er nicht vom Haus direkt einsehbar ist. Hierdurch wird die so wichtige Blickbeziehung zwischen Terrasse und Garten nicht beeinträchtigt. Gleichzeitig ist der Poolbereich ein geschützter Raum, der nachmittags und abends von der Sonne beschienen wird.

Besondere Beachtung finden rosa blühende Hortensien, die nahe am Haus gepflanzt sind und dem sommerlichen Garten Farbe verleihen. Dies war eine Reaktion der Gartenbesitzer auf die im Garten zunehmende Verschattung, sodass die vorhandenen Beetrosen nach und nach durch lichttolerantere Hortensien ausgetauscht wurden. Der alte Glanz des Anwesens ist noch gut zu erkennen, auch wenn der Gehölzbestand mittlerweile überaltert und dicht zusammengewachsen ist.

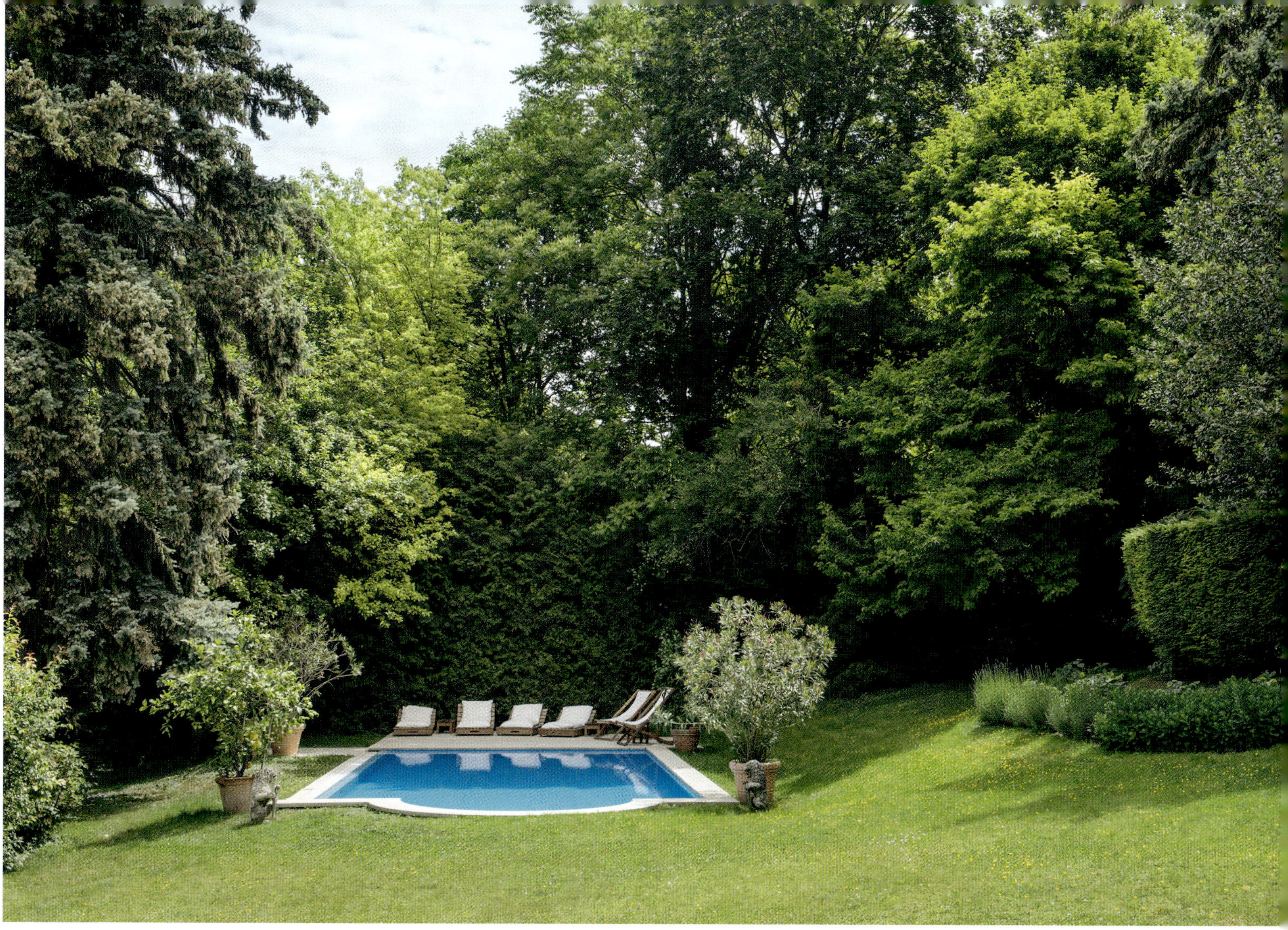

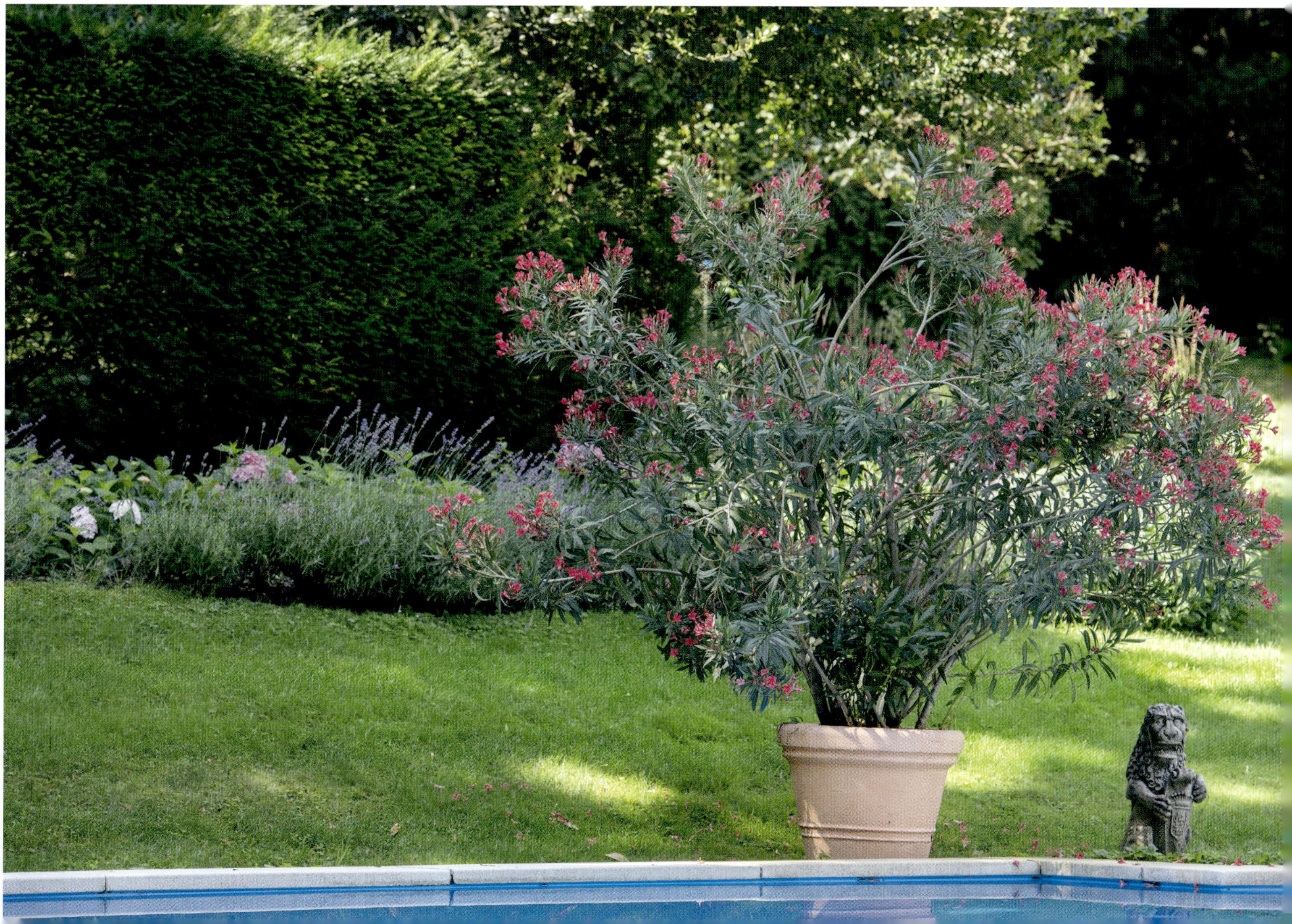

Klassische Gärten

OBEN: *Der Garten wurde Terrassenförmig angelegt.*
OBEN MITTE: *Von der Platzfläche nahe der Freitreppe verschießt Amor seine Pfeile.*
OBEN RECHTS: *Pelargonien und Wilder Wein an der Freitreppe.*
RECHTS: *Steinerner Löwe mit Schild auf dem Rasen.*
GEGENÜBER: *Blau blühende Katzenminze vor einer alten Blaufichte im Hintergrund.*

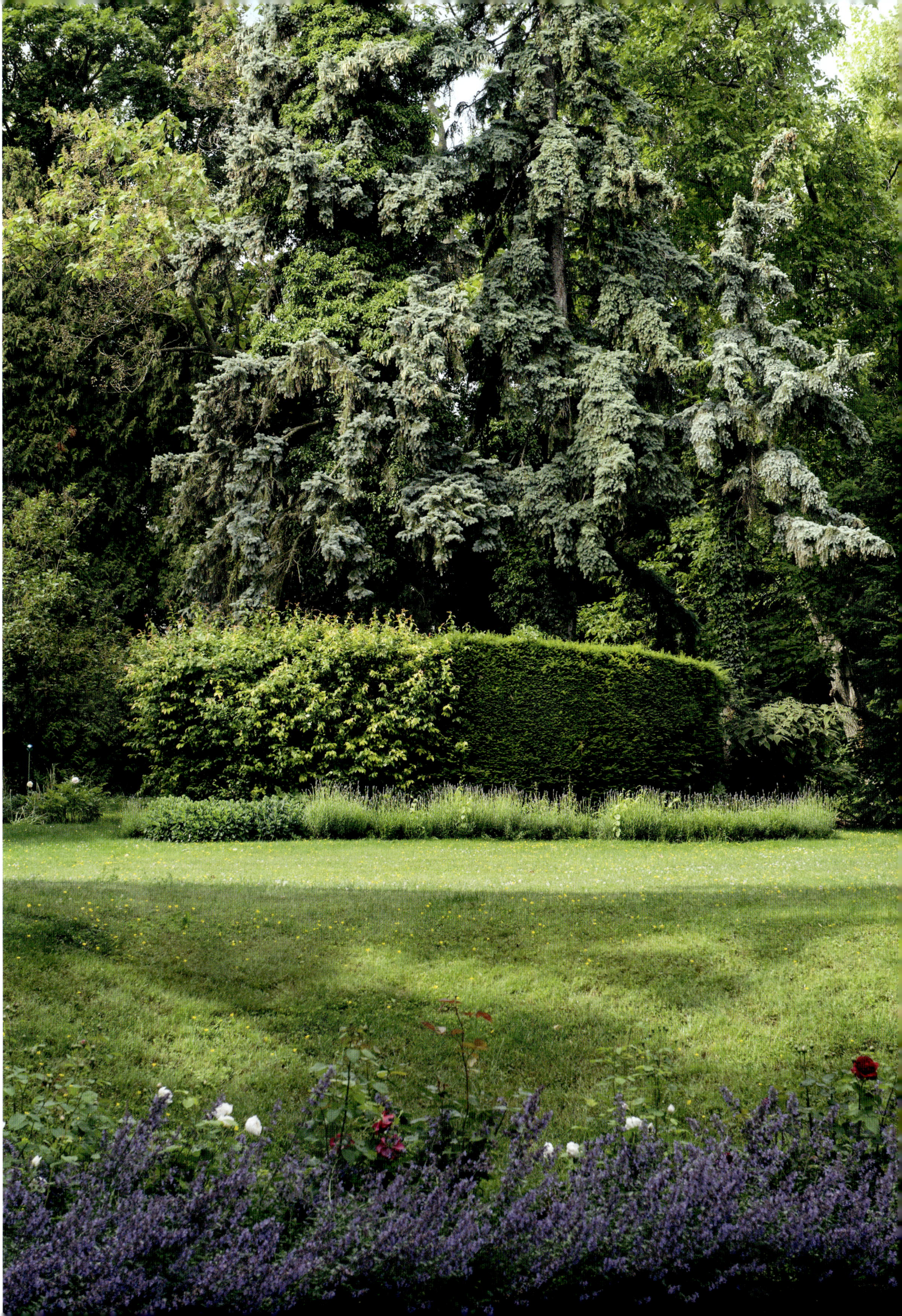

Hanggarten mit Wasserlauf

Viele Haus- und Villengärten entstanden im Wiener Norden auf lang gestreckten, schmalen ehemaligen Obst- und Weingärten, deren Parzellenform auch heute noch gut erkennbar ist.

Als das 2200 Quadratmeter große Grundstück 1975 erworben wurde, befanden sich nur ein paar alte Obstbäume in dem sonst völlig verwilderten, nach Südwesten geneigten Hang, den bis dato Dachse und Füchse bewohnten.

Das ursprüngliche Wohnhaus wurde durch den Architekten Peter Helletzgruber im Landhausstil umgebaut; der Garten erhielt seine jetzige Gestaltung ab 1999 nach Vorstellungen des Bauherrn und Entwürfen der Gartenbaufirma Lederleitner. Inspiriert durch Gärten in England und Frankreich, den Besuch der Londoner Chelsea Flower Show sowie durch Gartenbücher, sollte der Garten einen romantischen Charakter erhalten.

Um die schrägen Hangflächen als Garten und Aufenthaltsfläche besser nutzbar zu machen, wurden vier verschiedene Ebenen zwischen dem höchsten Punkt am Ende des Gartens und dem tiefsten Punkt nahe des Hauses angelegt. Das Thema Wasser sollte sowohl als verbindendes Element zwischen den Ebenen dienen als auch in Form von natürlich anmutenden Teichen mehrere Sitzplätze verschönern.

Auf der obersten Ebene, am Ende des Gartens, finden wir ein Spielhaus mit einer Aussichtsplattform sowie einen Gemüsegarten, dessen Beete von Holz eingefasst sind. Von hier hat man den besten Blick auf die gesamte Anlage, deren wellenförmige perfekte Rasenfläche von Laub- und Nadelbäumen, geschnittenen Hecken und frei wachsenden Sträuchern und Stauden eingefasst wird.

In den geschwungenen Randbepflanzungen wechseln sich jeweils streng geschnittene immergrüne Gehölze aus Buchsbaum oder Eibe mit Blüten- und Ziersträuchern wie Eichenblatthortensien und Japanischen Ahorn-Arten ab. Dieser Wechsel von formal wirkenden Einfassungen, Heckenblöcken, Kugeln und Torbögen mit natürlich wachsenden Gehölzen und Stauden erzielt sehr interessante und spannungsreiche Gartenbilder.

OBEN: *Sitzplatz mit Pyramiden-Hainbuchen im Hintergrund.*
GEGENÜBER: *Blick vom Haus in den lang gestreckten Hanggarten.*

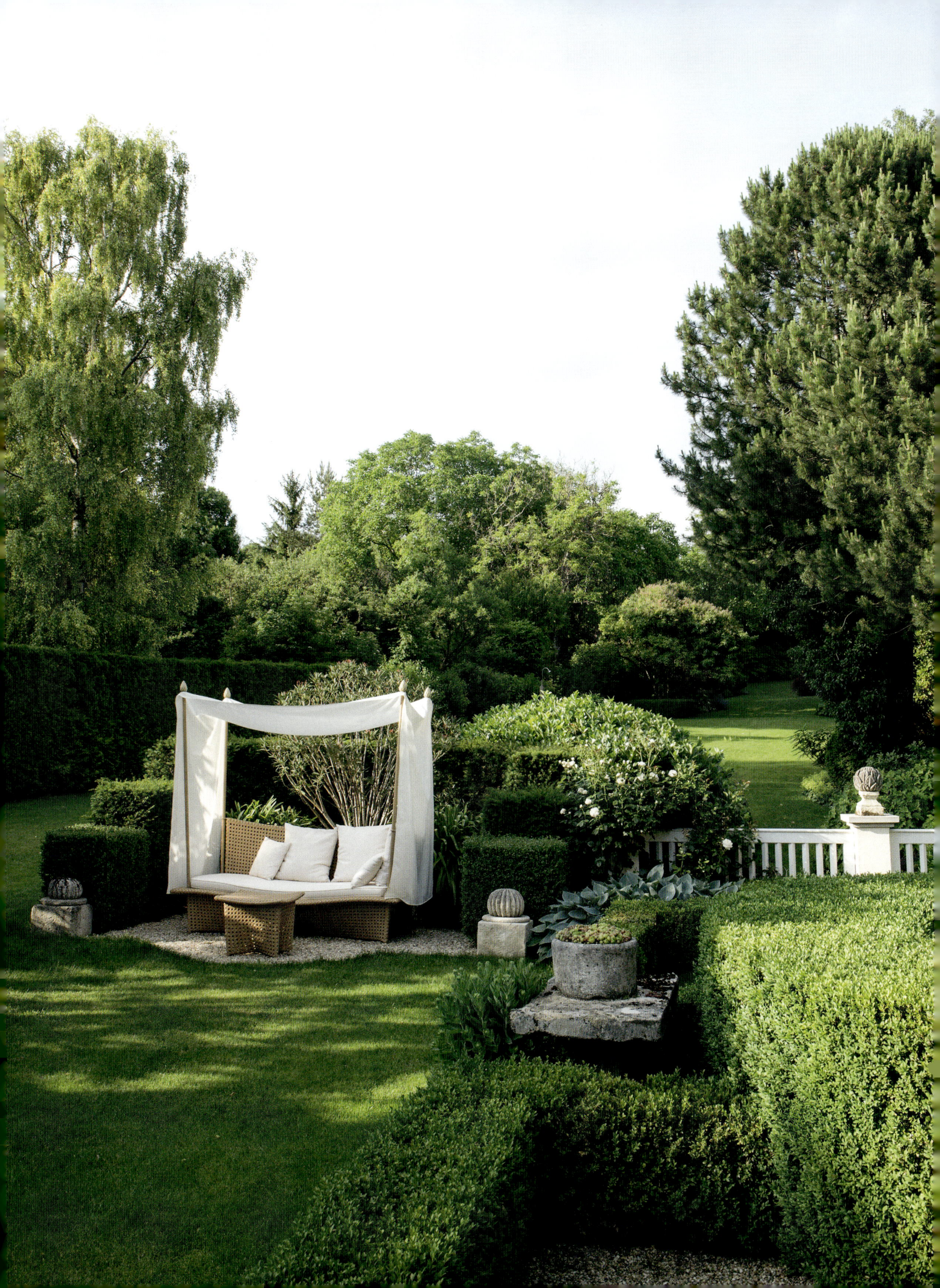

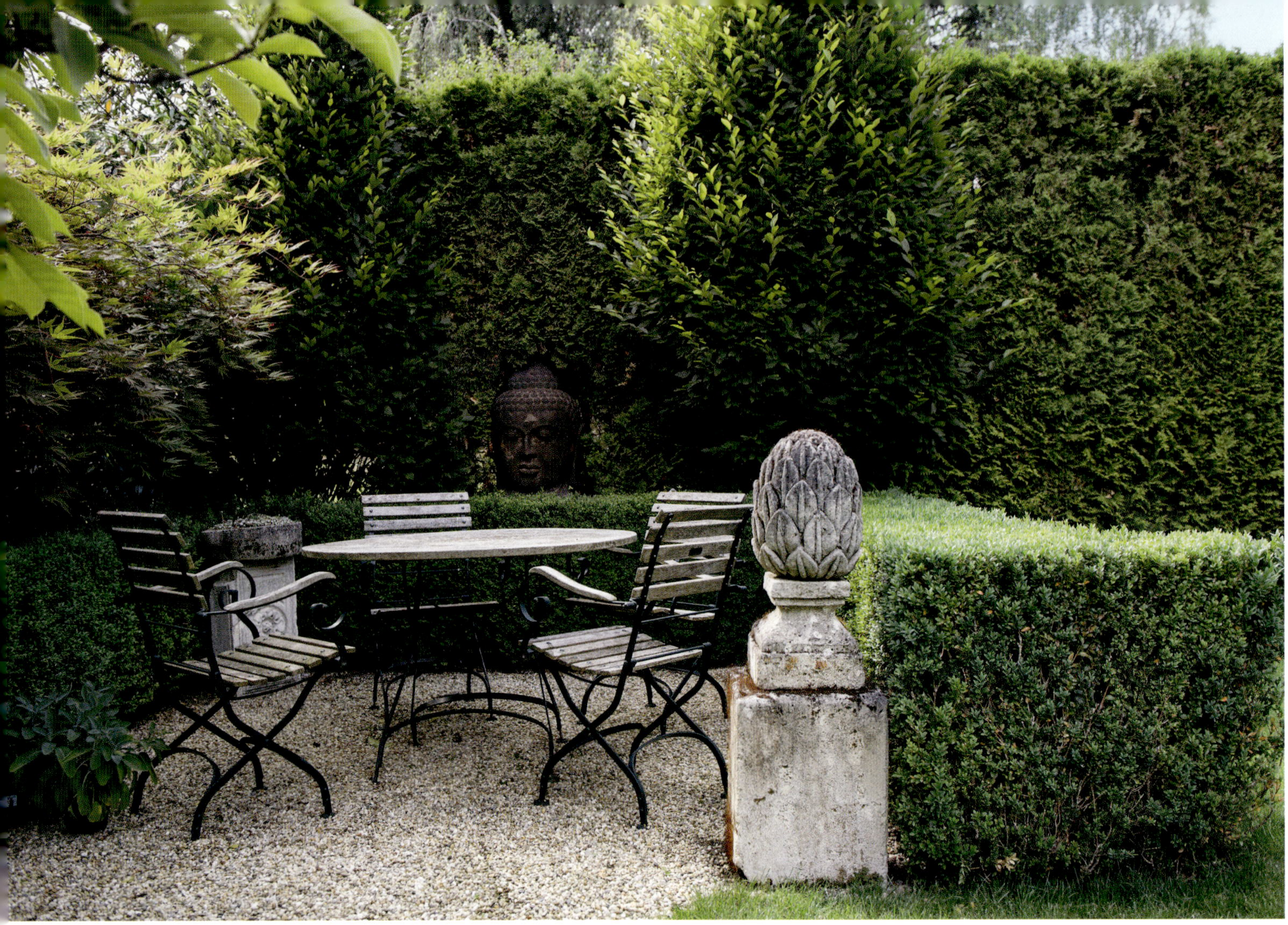

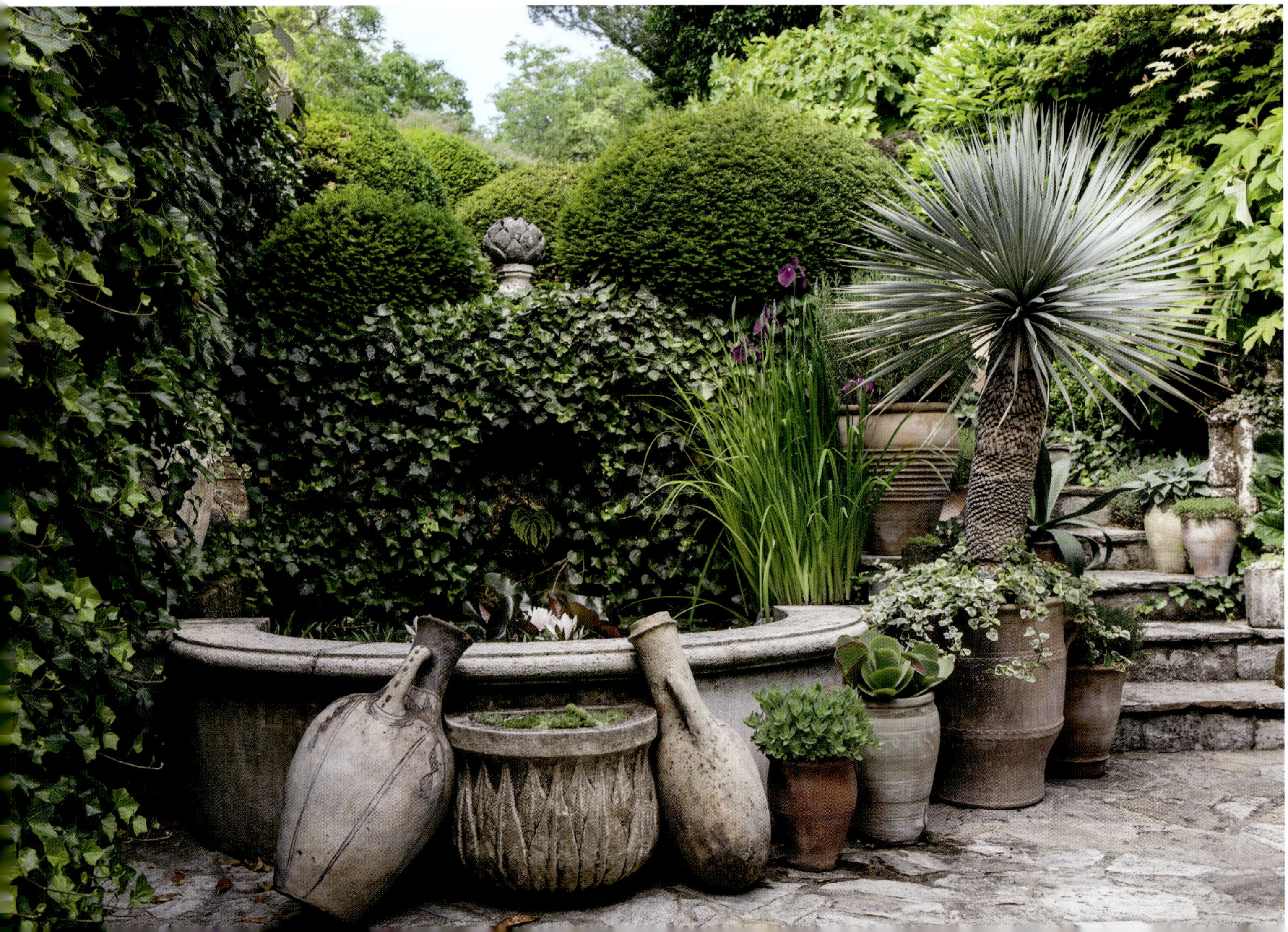

Hanggarten mit Wasserlauf

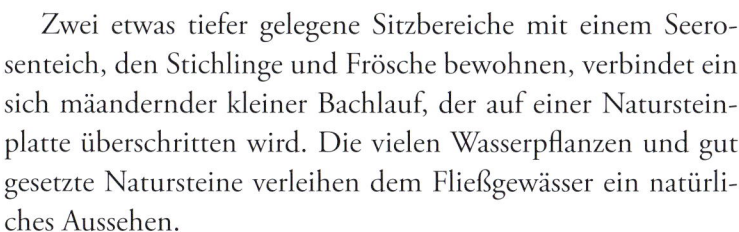

Zwei etwas tiefer gelegene Sitzbereiche mit einem Seerosenteich, den Stichlinge und Frösche bewohnen, verbindet ein sich mäandernder kleiner Bachlauf, der auf einer Natursteinplatte überschritten wird. Die vielen Wasserpflanzen und gut gesetzte Natursteine verleihen dem Fließgewässer ein natürliches Aussehen.

Das Thema Wasser setzt sich weiter durch den ganzen Garten mit einem Wassertrog und trockenem Bachbett fort und endet am tiefsten Punkt im Garten vor dem Haus auf Höhe der Terrasse. Diesen Sitzbereich rahmt zur anderen Seite eine streng geschnittene Buchsbaumhecke ein, die Teil einer formal angelegten, barockähnlichen Pflanzung mit Hecken, Vasen, Kübelpflanzen und einer Jardiniere ist. Säulen-Hainbuchen unterstreichen den architektonischen Charakter der Pflanzung und sorgen gleichzeitig für Sichtschutz.

Überall im sehr gepflegten Garten kann man sich sowohl an verschieden gestalteten Sitzplätzen aufhalten als auch unterschiedliche Blickbeziehungen erleben und sehr erfolgreich auf Entdeckungsreise nach besonderen Gehölzen, Stauden,

OBEN: *Dickblattgewächse wie diese Hauswurzarten (Sempervivum-Arten) eignen sich gut zur Kultur in Töpfen und Trögen.*
OBEN LINKS: *Funkien in Terrakotta-Gefäßen, dahinter ein Japanischer Gold-Ahorn (Acer shirasawanum 'Aureum').*
GEGENÜBER OBEN: *Von Buchsbaum eingefasster Sitzplatz mit Buddha-Kopf in einer Lebensbaum-Hecke.*
GEGENÜBER UNTEN: *Wasserbecken mit angelehnten Amphoren und einer Palmlilie (Yucca rostrata).*

Klassische Gärten

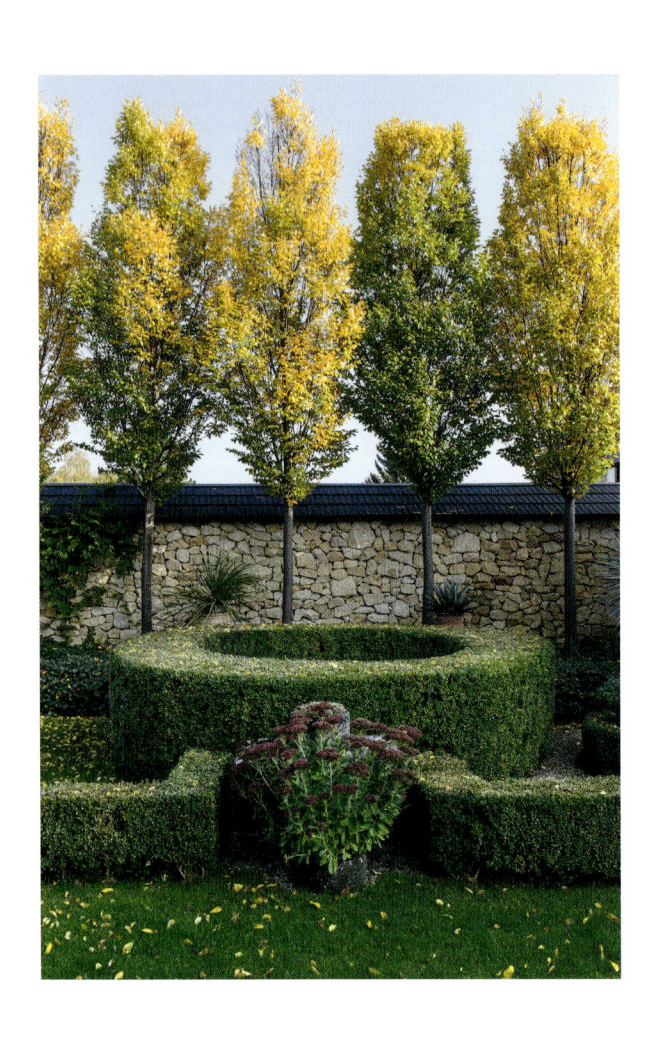

OBEN: *Goldene Herbstfärbung zeigen diese Pyramiden-Hainbuchen.*
RECHTS: *Der natürlich angelegte Seerosenteich mit Wasserlauf befindet sich in der zweithöchsten Ebene des Gartens.*

Hanggarten mit Wasserlauf

Klassische Gärten

Farnen, Dickblattgewächsen, Kübelpflanzen und Gartenantiquitäten gehen.

Die Artenvielfalt der verwendeten Pflanzen ist so groß, dass über das ganze Gartenjahr Blühaspekte erlebbar werden und sich der Garten in ganz unterschiedlichen Bildern präsentiert. Auch bei den verwendeten Ausstattungen erlebt man viele Überraschungen bis hin zu einem fernöstlichen Buddha-Kopf, der unerwartet aus einer Lebensbaum-Hecke hervorschaut.

Während der Herbstfärbung setzen die Eichenblatt-Hortensien und Japanischen Ahornarten mit ihren Rottönen besonders starke Farbakzente in dem Garten.

Bezeichnend für die Unermüdlichkeit des gartenenthusiastischen Besitzers, der sich immer wieder auf die Suche nach besonderen Gartenutensilien macht, ist seine Bemerkung: »Ich liebe ständige Veränderungen im Haus und Garten.«

OBEN: *Die Eibenkugeln »wandern« von den Beeten auch hinein in die Rasenfläche.*
OBEN MITTE: *Die formal geschnittenen oder frei wachsenden Pflanzen sorgen für interessante Gartenbilder mit verschiedenen Blatttexturen und Grün-Tönen.*

Hanggarten mit Wasserlauf

OBEN RECHTS: *Treppe mit Eichenblatt-Hortensien* (Hydrangea quercifolia).
RECHTS: *Farbspiel mit Rotem Fächer-Ahorn* (Acer palmatum *'Atropurpureum'*), *Katzenminze und Eichenblatt-Hortensie.*
SEITE 132 OBEN: *Blick über den kleinen Bachlauf hinunter zum Haus.*
SEITE 132 UNTEN: *Blattstaudenpflanzung mit dekorativer Holzleiter, angelehnt an eine Magnolie.*
SEITE 133: *Eichenblatt-Hortensien sorgen für eine prachtvolle Herbstfärbung.*

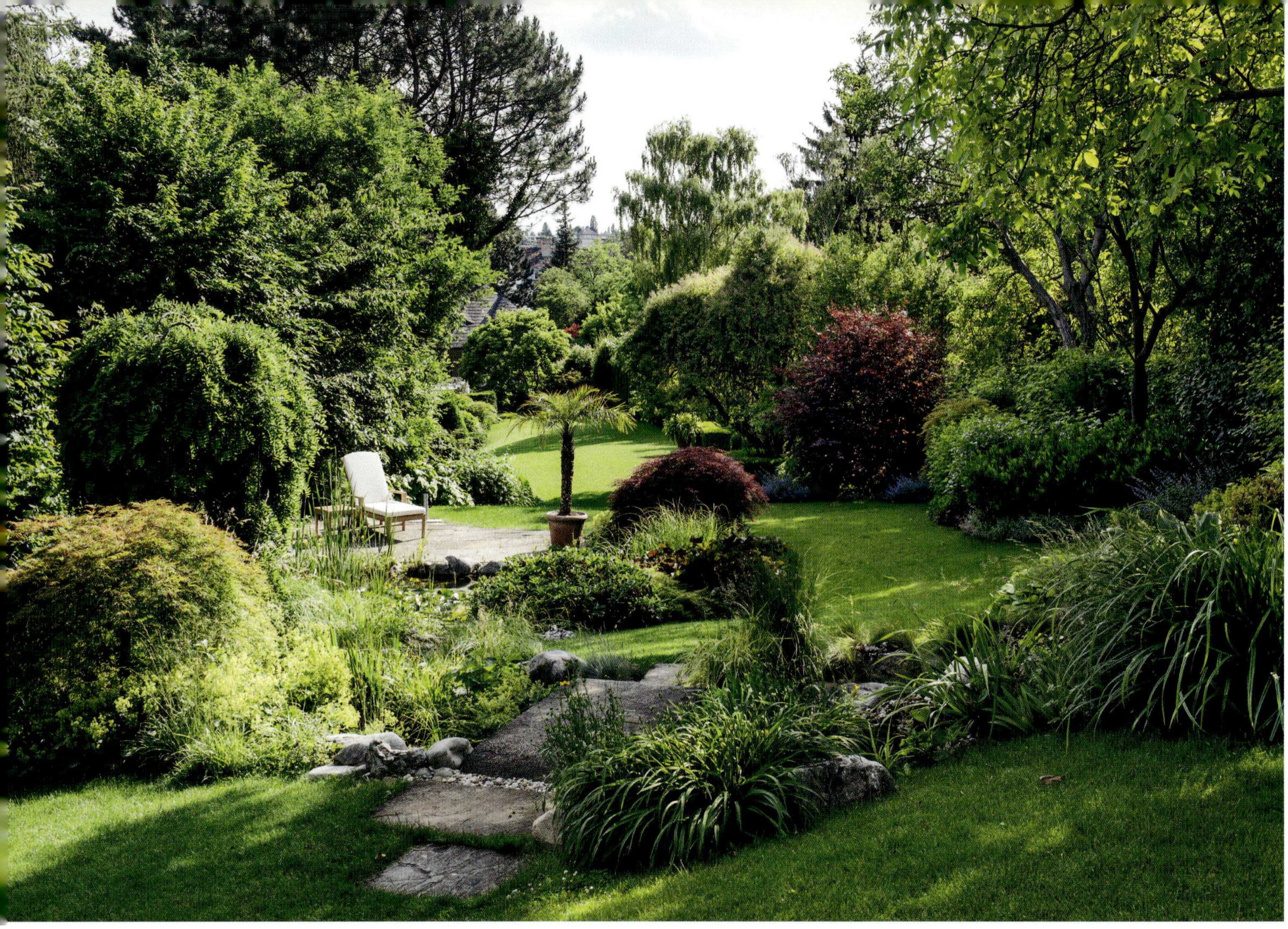

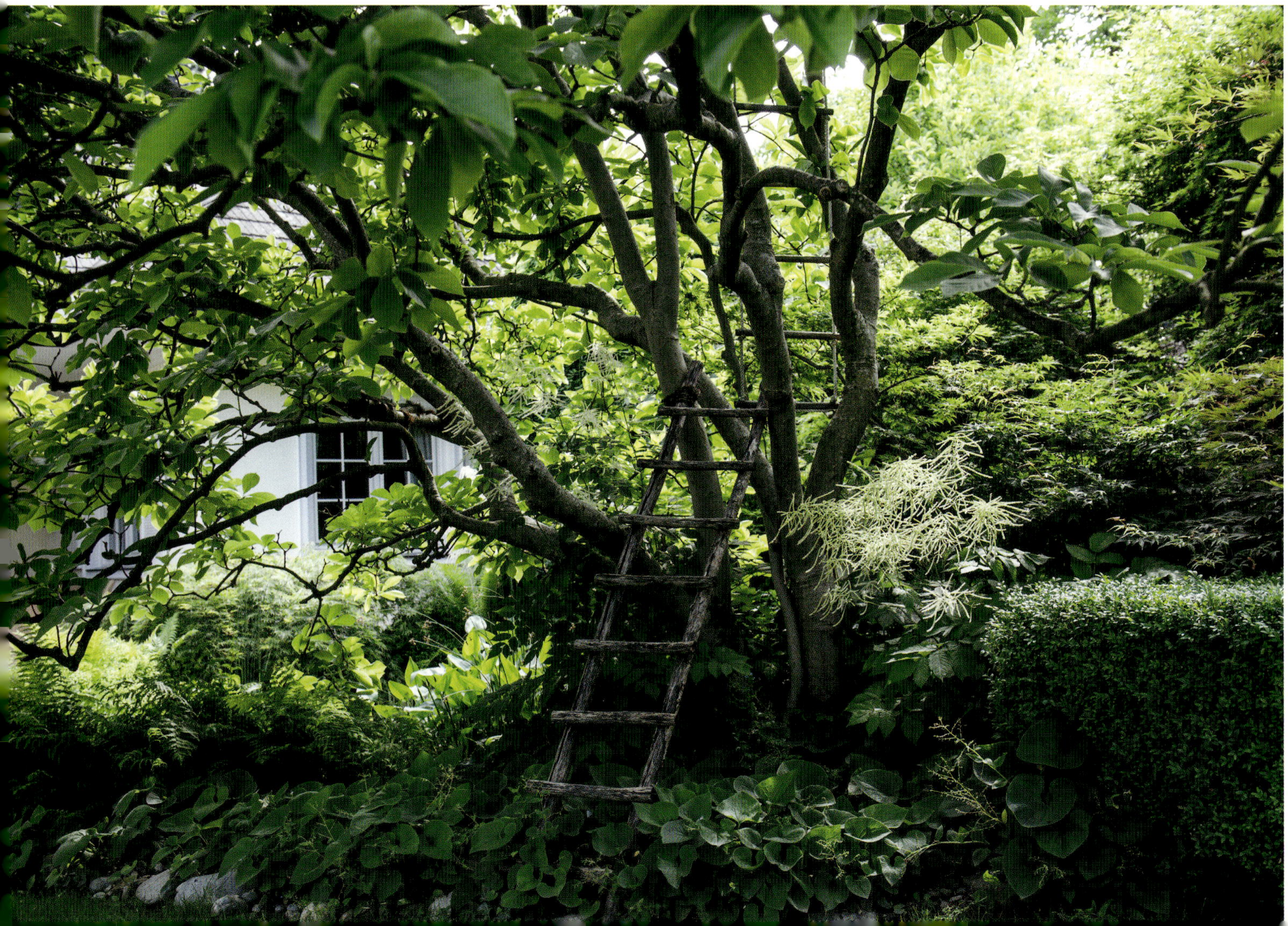

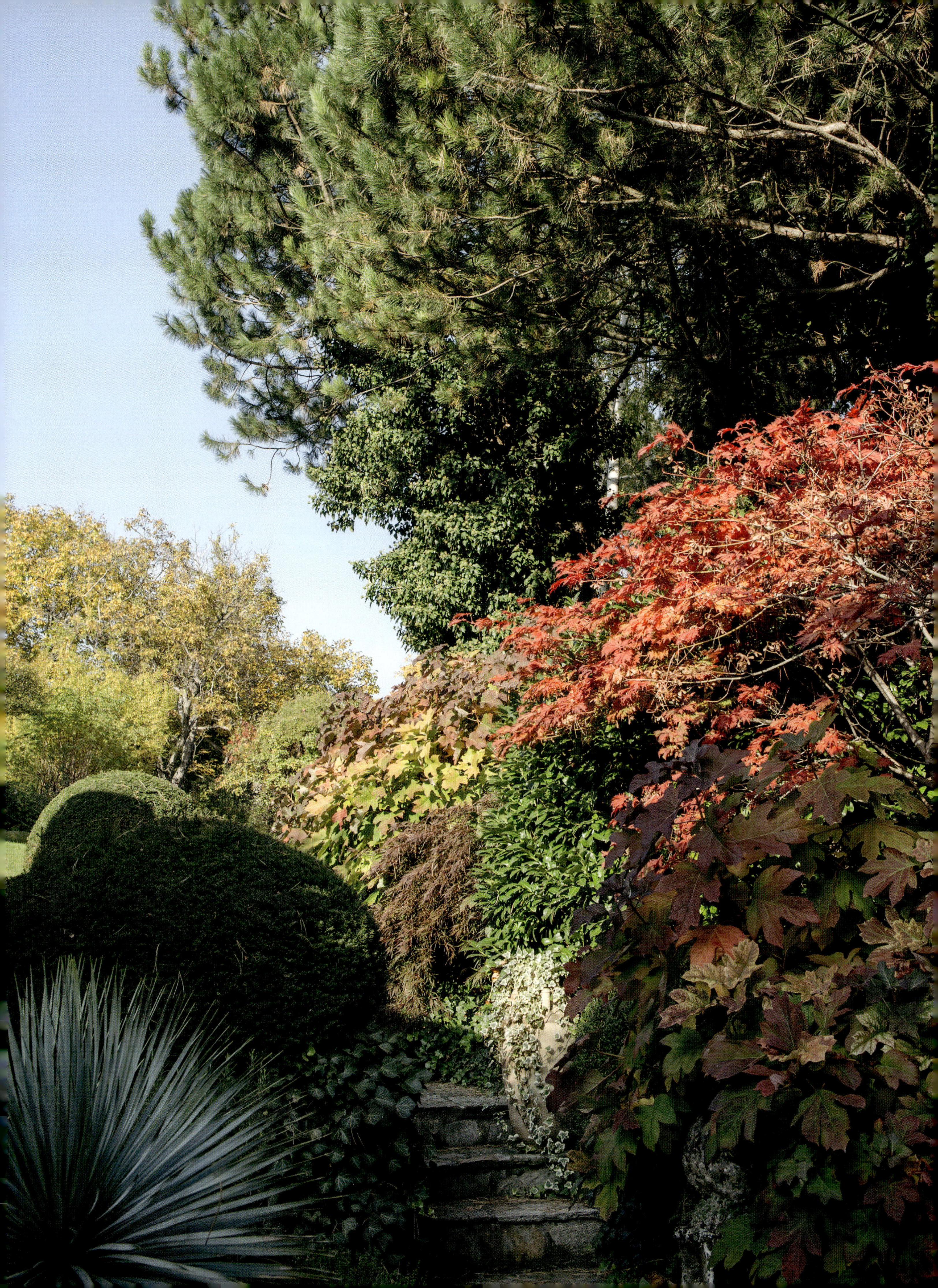

Gartenhof in Penzing

Im Wiener Bezirk Penzing öffnet sich ein grünes Doppelflügel-Holztor eines ehemaligen Palais, das ein noch erhaltener Teil des Wiener Barocks ist. Die Hofzufahrt mit gekalkter Rundbogendecke führt über ein altes Granitpflaster weiter in den großen Innenhof. Schon jetzt hat man das Gefühl, eine Zeitreise in das 18. Jahrhundert zu unternehmen, wobei der Kern des Hauses wahrscheinlich noch älter ist. Das hohe Mansardendach in der Form eines Türkenzelts erinnert an die Bauart des Oberen Belvederes, dem Prachtschloss des Prinzen Eugen. Vieles an dem denkmalgeschützten Haus wie Fenster, Türgriffe und Bestandteile der Fassade mit den hofseitig verbliebenen Lisenen sind noch im Original erhalten.

Vor mehr als 30 Jahren entschieden sich die Besitzer, den überwiegenden Teil des vorhandenen Innenhofs mit seinem hofseitigen Baublock, der weit in den Innenhof hervortritt, entlang der Hausfassaden und des angrenzenden Nachbargartens durch eine Hainbuchenhecke einzufassen.

Nach Entwürfen der Gartenarchitektin Gisela Toth schufen sie sich ein 1200 Quadratmeter großes privates Refugium, vor Einblicken geschützt, mit zwei Sitzplätzen, Gehölz- und Staudenpflanzungen sowie einer von Beeten unterbrochenen großen Rasenfläche.

Im Palais befindet sich ein undatiertes Ölbild aus dem 19. Jahrhundert, das einen gepflasterten Hof mit mittig liegendem Brunnen darstellt. Das Barockgebäude ist exakt so dargestellt, wie es noch heute zu erleben ist. Der eigentliche Ziergarten des Gebäudeensembles schloss sich erst jenseits des Hofs an, lag ein paar Stufen höher und war von einem Mauersockel mit weißem Zaun eingefasst. An der Mauer, rechts und links, sind zwei Sitzplätze zu erkennen sowie ein Gärtner mit geschwungener Pfeife im Mund und einer grünen Gießkanne in der Hand vor einem Blumenbeet mit Hochstammrosen und mit den für die damalige Zeit typischen verzierten Beeteinfassungen. Das Gemälde inspirierte die jetzigen Gartenfreunde, das Thema Brunnen wiederaufzunehmen, und so wurde an

OBEN: *Blick auf den Seitenflügel mit einer Blutpflaume.*
GEGENÜBER: *Eine Hainbuchenhecke mit Echtem Rotdorn umgibt den Gartenhof. Davor eine blühende Strauch-Päonie (Paeonia suffruticosa).*
SEITE 136/137: *Das Thema Brunnen im Hof wurde von den Besitzern wiederaufgenommen, aber neu interpretiert.*

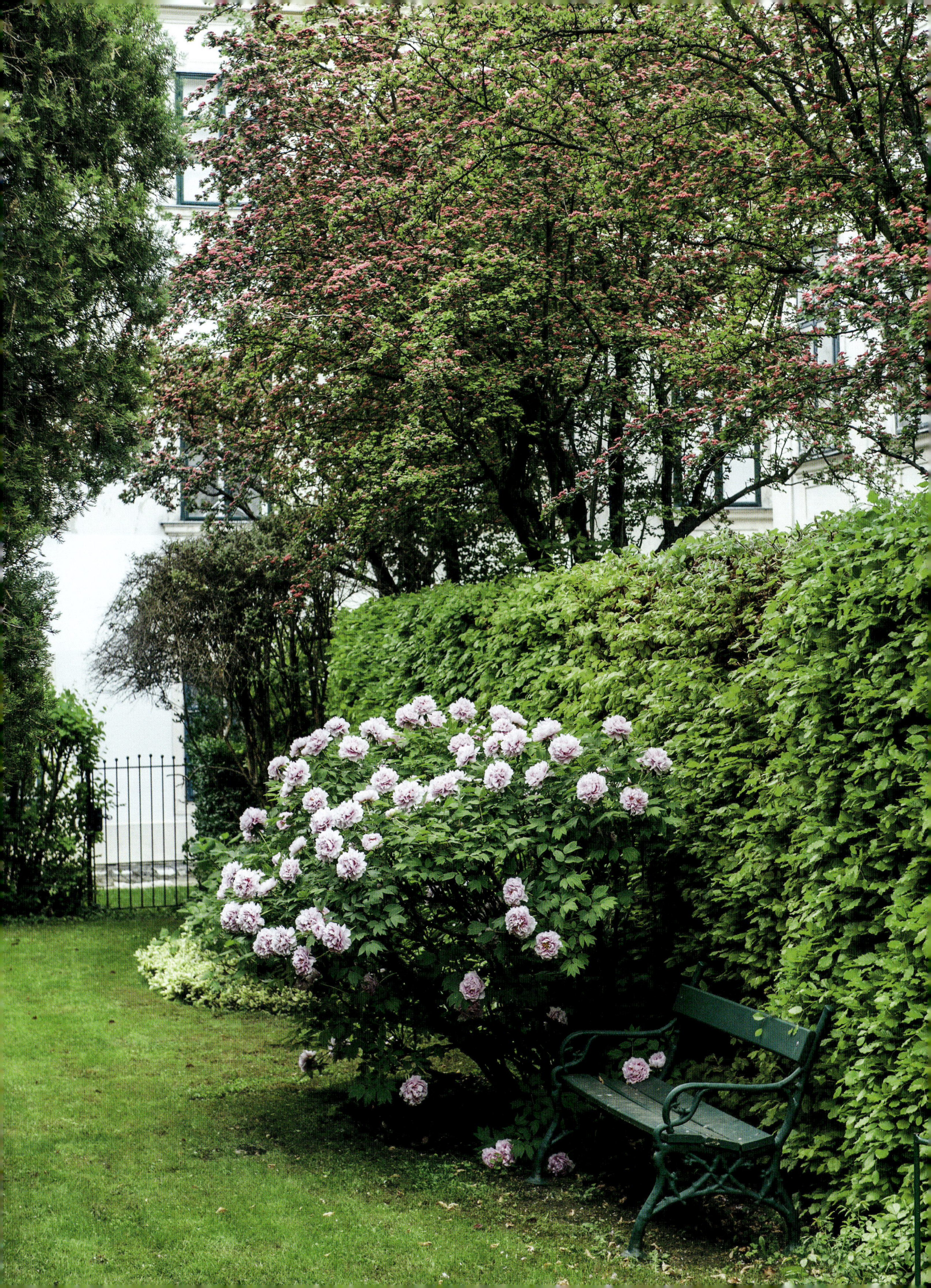

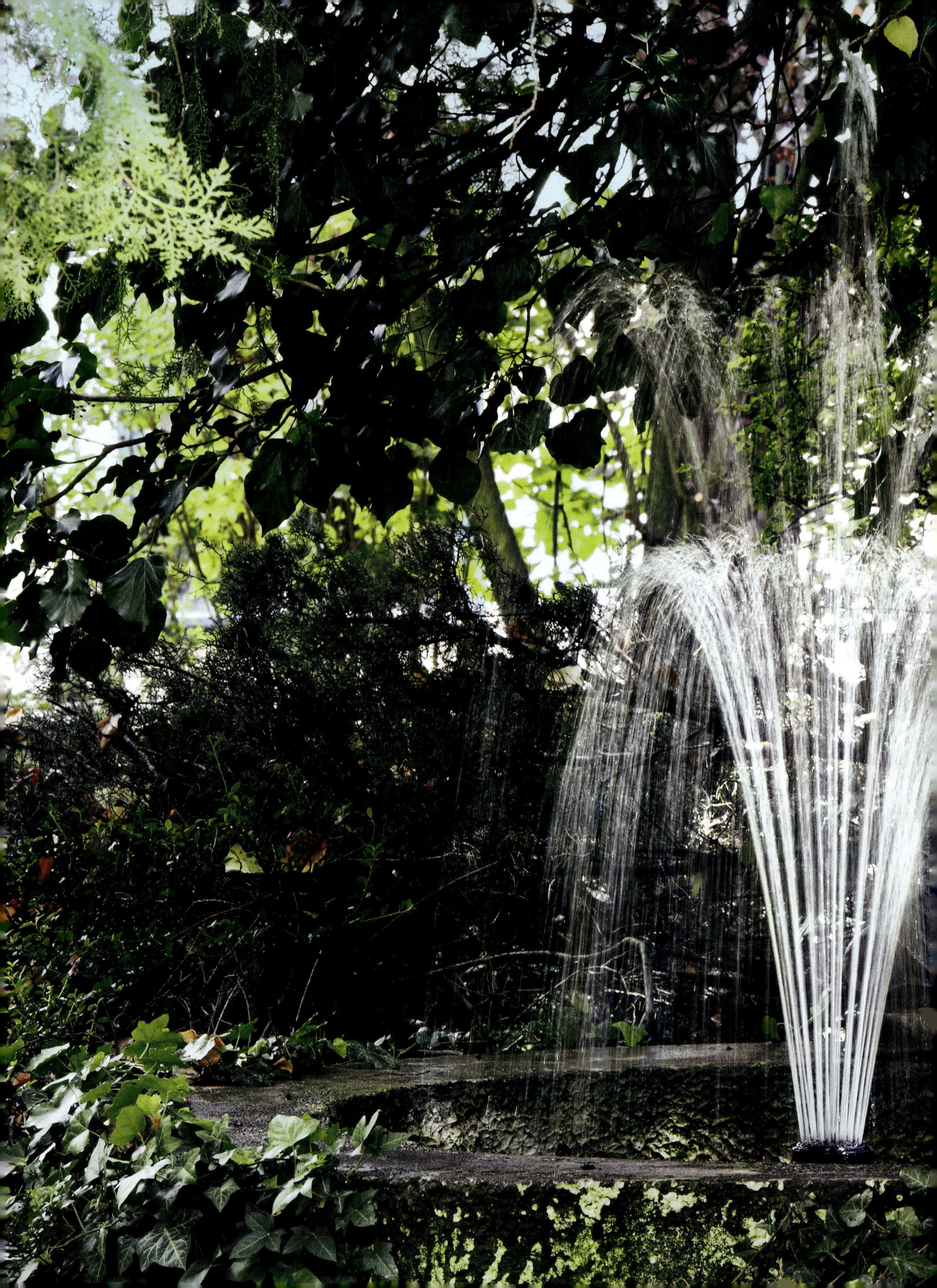

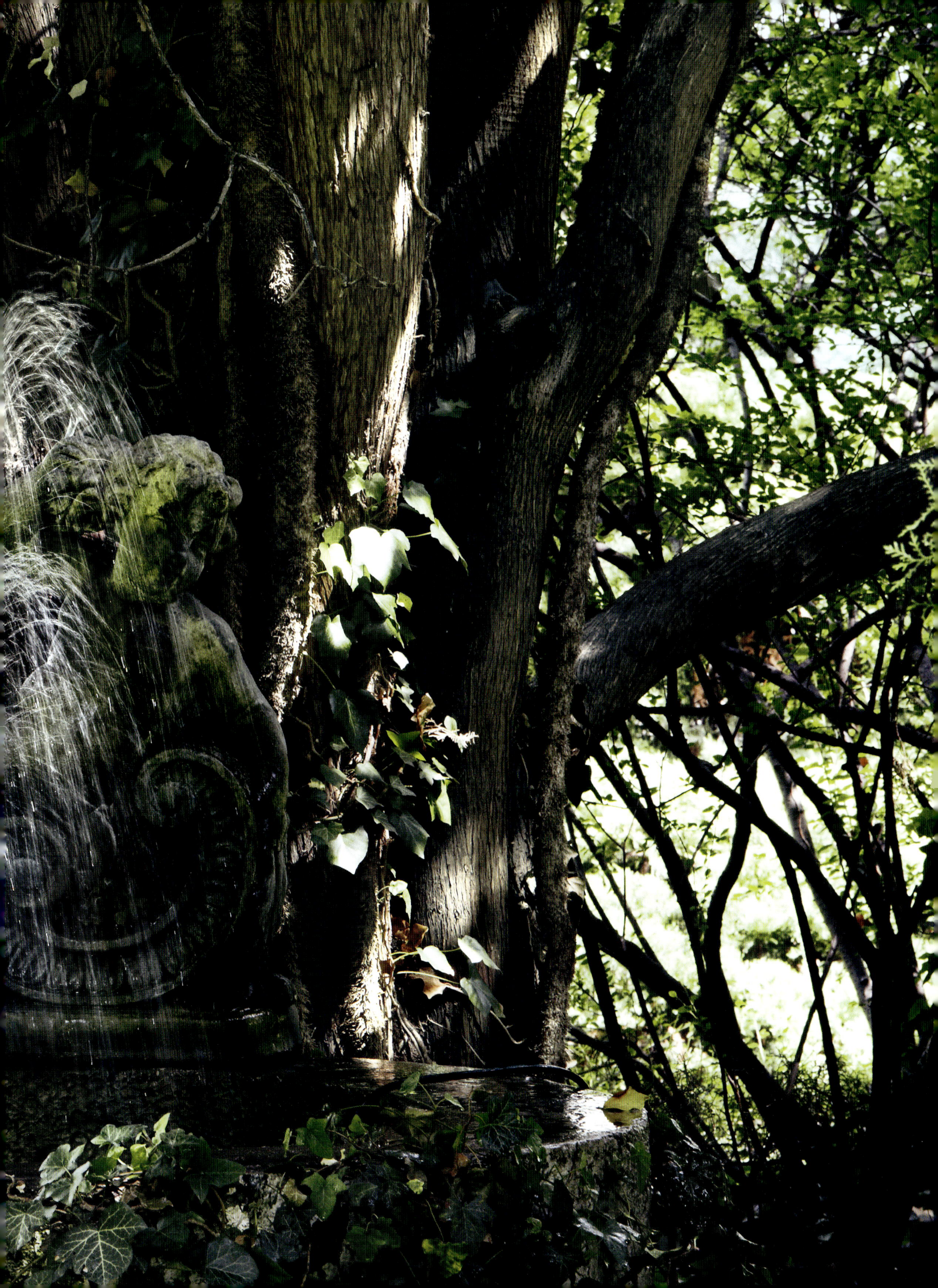

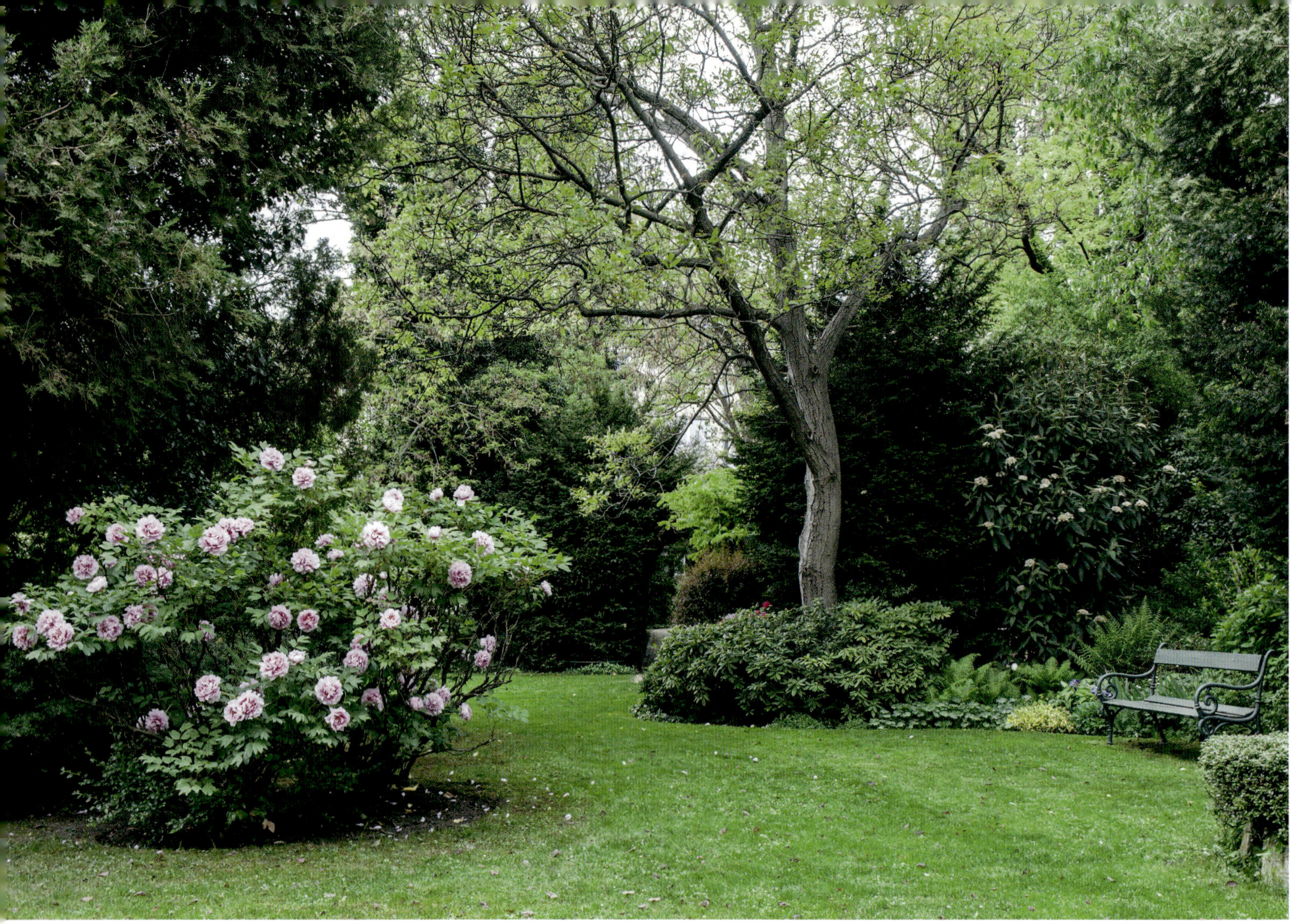

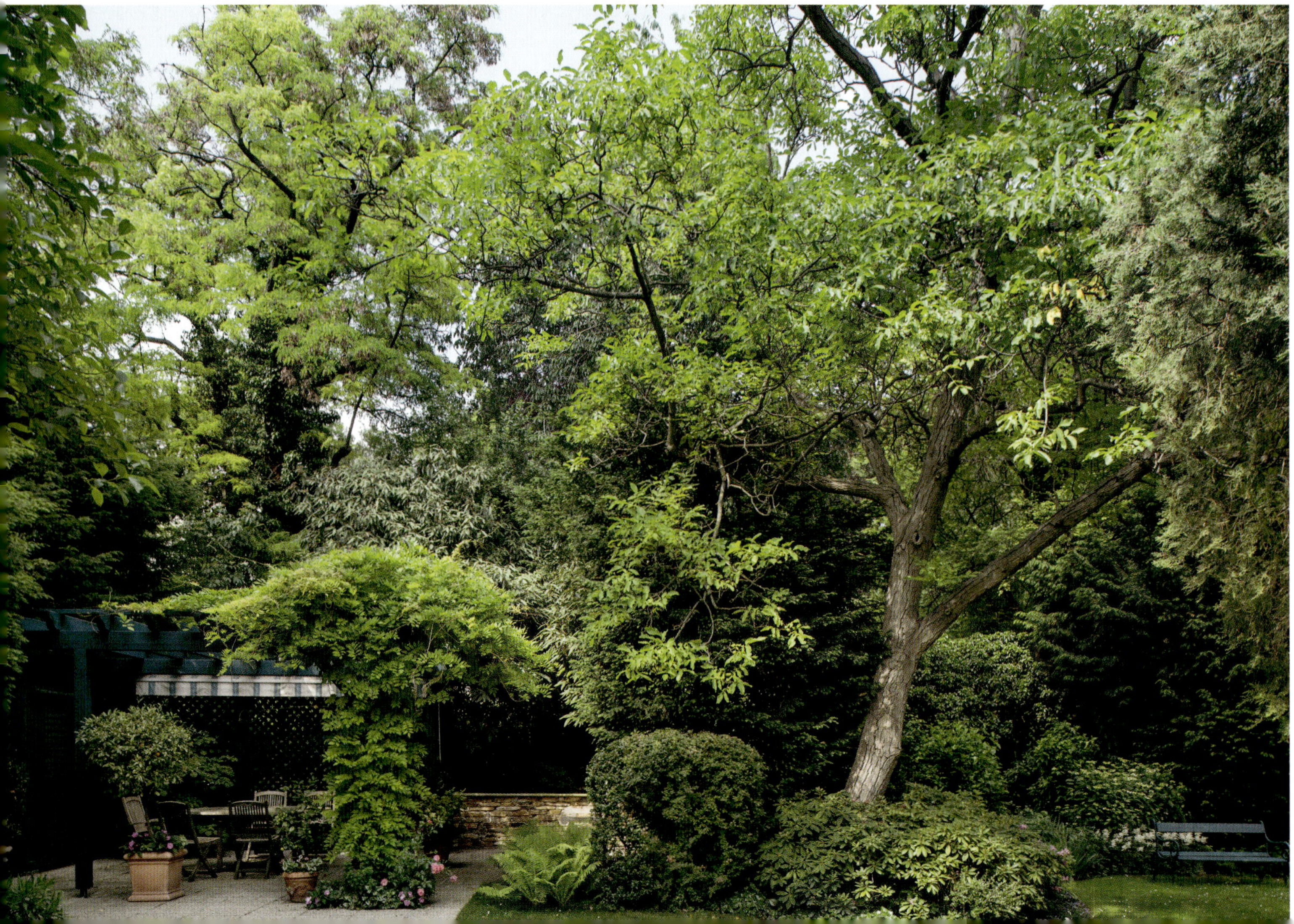

ähnlicher Stelle wieder ein historisch anmutender Steinbrunnen, umgeben von großen Farnpflanzen, gesetzt.

Die große mittig liegende Rasenfläche wird von geschwungenen Beeten eingefasst beziehungsweise von einzelnen Inseln immergrüner Gehölze wie Berberitze, Buchsbaum, Efeu, Eiben, Rhododendren und Schneeball unterbrochen. Bodendeckende Stauden wie Storchschnabel und Frauenmantel ergänzen diese Gehölzpflanzungen mit ihrer Blüte und ihren Blättern.

Die Gartengestaltung ist sensibel auf diesen historischen Ort eingegangen und überzeugt durch die zurückhaltende Verwendung von Farben und den Einsatz von historischen Gartenpflanzen wie üppigen Strauchpäonien, Hortensien, Rosen und malerisch gewachsenem Japanischem Ahorn. Ein kleiner Sitzplatz nahe der Küche eignet sich für Tee- und Frühstücksrunden, aber auch größere Gesellschaften werden auf der versteckten großen Terrasse, die eine Glyzine umrankt, mit herzlicher Gastfreundschaft in der Abendsonne empfangen.

OBEN: *Blick in den Garten mit Kirchturm.*
GANZ OBEN: *Der kleine Sitzplatz liegt nahe der Küche.*
GEGENÜBER OBEN: *Die Rasenfläche fassen geschwungene Beete ein. Gusseiserne Holzbänke stehen verteilt im Garten.*
GEGENÜBER UNTEN: *Der große Sitzplatz mit Holzpergola und Glyzine.*

Südliches Flair in Neustift am Walde

Als die jetzigen Besitzer das Anwesen im Jahr 1983 zum ersten Mal besichtigten, glich der Garten einer Wildnis mit wuchernden Hecken und verwahrlosten Sträuchern, aber mit einem schönen alten Baumbestand. Die Lage und die Aussicht waren so einzigartig, dass sie sofort wussten, in diesem Haus und Garten leben zu wollen.

Zuerst wurde das 1872 erbaute Biedermeierhaus liebevoll restauriert. Mit der Neugestaltung des Gartens ließ man sich Zeit, um sich erst in diesen Ort hineinzudenken und um sich inspirieren zu lassen. Die größte Herausforderung war die extreme Hanglage des Gartens, der trotz seiner 2000 Quadratmeter in diesem Zustand nicht nutzbar war.

Gemeinsam mit den Gartengestaltern Hauser & Hauser wurden die Ideen und Vorstellungen der Besitzer umgesetzt, und die erste Aufgabe bestand darin, den Garten zu terrassieren. So entstanden mehrere Ebenen, die man bequem über Treppen und Pfade erreichen kann.

Von der oberen großzügig angelegten Terrasse eröffnet sich ein fantastischer Ausblick auf die Hänge der Neustifter Weinberge und die Ausläufer des Wienerwalds. Beim Anblick eines Weingartens entsteht bei den meisten Menschen ein gutes Gefühl, und wenige Pflanzen sind in der abendländischen Kultur so symbolträchtig und so positiv besetzt wie gerade der Wein. Im Sommer ist dieser Platz das verlängerte Wohnzimmer der Familie und ein idealer Ort, Freunde und Gäste zu empfangen und zu bewirten.

Von der Terrasse unter dem Dach alter Bäume führt ein Weg aus Natursteinplatten hinunter in die etwa 5 Meter tiefer liegende zweite Gartenebene, vorbei an 42 Buchskugeln, geschnittenen Eiben und üppigen Farnen.

Hier angekommen mündet ein vom Hang plätschernder eingewachsener Bachlauf als Wasserfall in ein flaches, natürlich gestaltetes Becken am Rand einer großzügigen Rasenfläche. Ein großer Grüner Schlitzahorn bildet zusammen mit einer Hängefichte den Rahmen für den Dreiklang aus Wasser, Stei-

OBEN: *Blick von der unteren Gartenebene hinauf zum Haus mit Terrasse.*
GEGENÜBER: *42 Buchsbaumkugeln säumen die Stufen zum Garten.*
SEITE 142 OBEN: *Der natürlich angelegte Bachlauf mit Felsen und großen Farnwedeln.*
SEITE 142 UNTEN: *Grüner Schlitzahorn (Acer palmatum 'Dissectum') rechts daneben eine Hängefichte (Picea abies 'Inversa').*

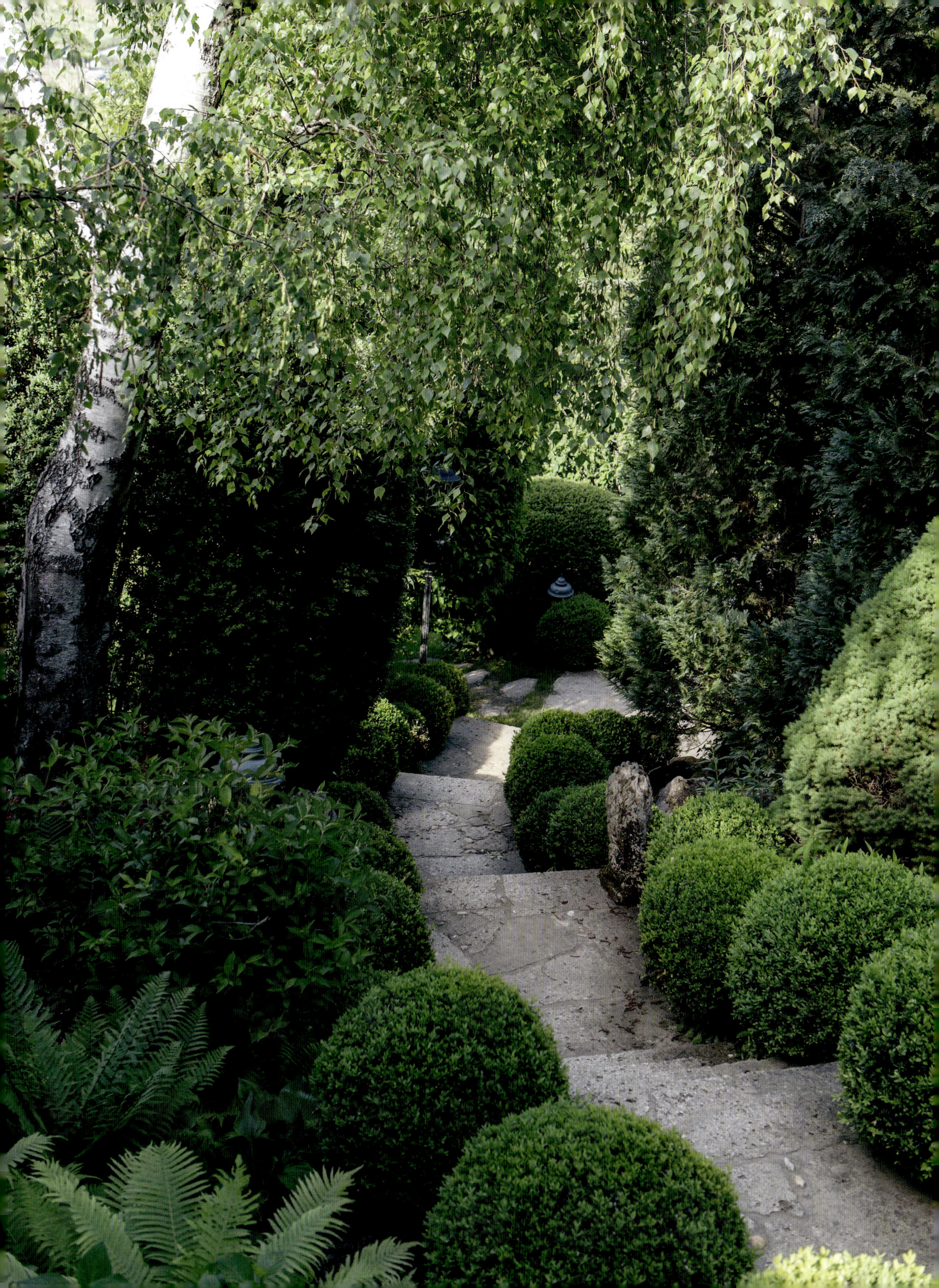

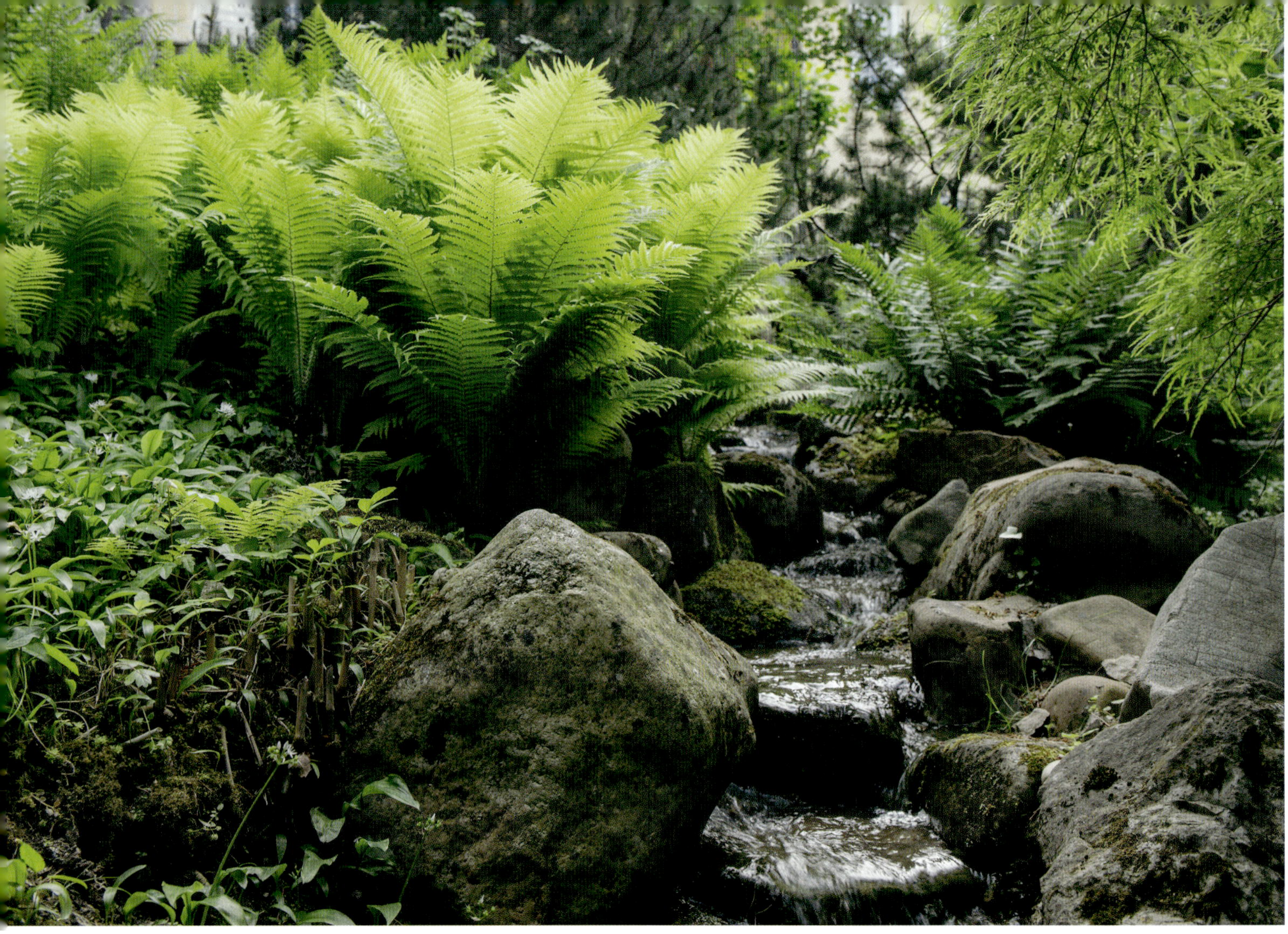

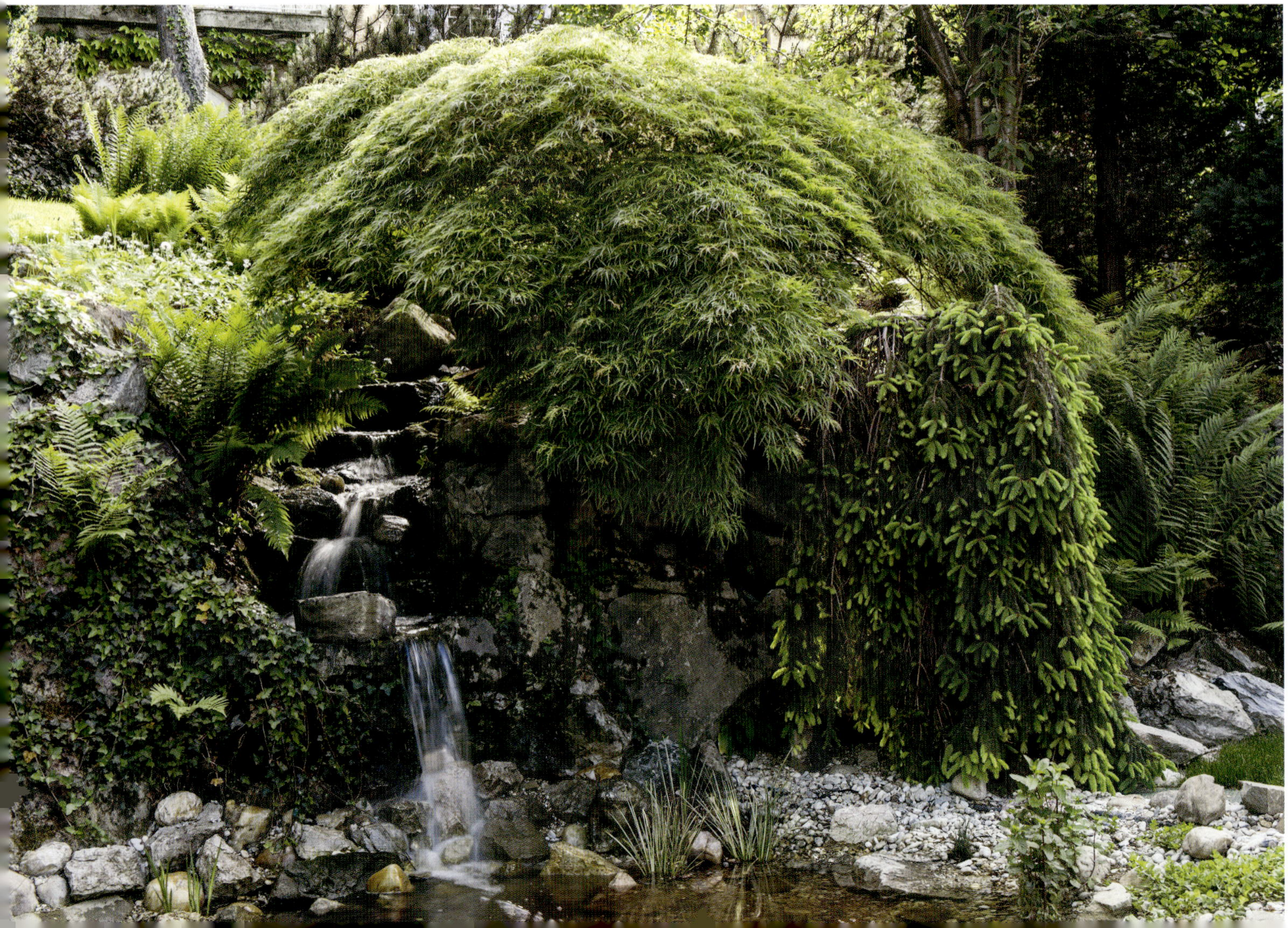

nen und Pflanzen. An die Rasenfläche schließt sich etwas weiter ein rechteckiges Schwimmbecken an. Nach Norden und Osten ist dieser Bade- und Terrassenbereich von einer 6 Meter hohen Leyland-Zypressen-Hecke eingefasst, die dem Ort eine italienische und perfekt geschützte Atmosphäre verleiht. In die Heckenwände sind torbogenförmige Öffnungen geschnitten, die den architektonischen Charakter dieser Begrenzung noch hervorheben. Ein Rosenbeet zusammen mit Lavendel sorgt während der Badesaison für Blütenbilder vor dem dunklen Hintergrund. Viele Putten und Statuen, die überall im Garten verteilt stehen, unterstreichen noch das südländische Flair und den offensichtlichen Hang der Gartenbesitzer zu mediterranen Gefilden.

Verlässt man diese Ebene, geht es tiefer weiter hinunter zu einer kleinen Apfelplantage, mit in Reihen gepflanzten 30 Niedrigstämmen, die als Spalierobst gezogen sind. Dieses ist ein verwirklichter Kindheitstraum des Besitzers, der sich hier an den geliebten Obstgarten seines Großvaters erinnern ließ.

OBEN: *Steinbänke mit Tisch am Wasserbecken.*
RECHTS: *Die steinerne Jagdhund-Skulptur steht versteckt im Garten.*

Klassische Gärten

OBEN: *Von der Terrasse gibt es fantastische Ausblicke auf die Hänge der Neustifter Weinberge.*
RECHTS: *Den Bade- und Terrassenbereich umgibt eine große Leyland-Zypressen-Hecke und ein Stauden-Rosen-Beet.*

Südliches Flair in Neustift am Walde

Dachgärten

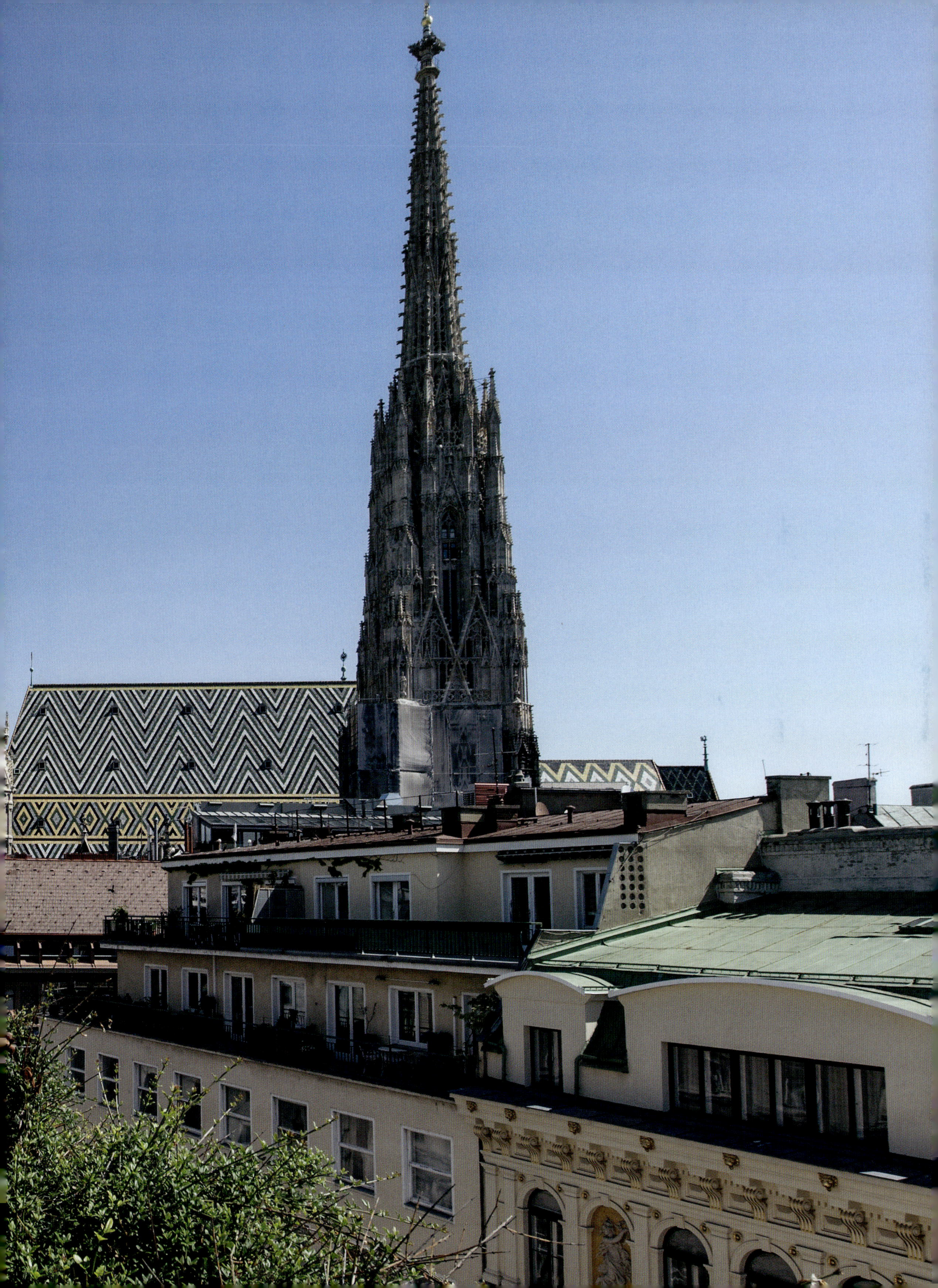

Andalusien und Alt-Wien

Vor einem Besuch des Dachgartens Ende Juni fallen vor der Votivkirche im Wiener Bezirk Alsergrund die prächtigen Blasenbäume *(Koelreuteria paniculata)* auf, die mit ihren gelben Blütenrispen den Platz an der Wiener Ringstraße zieren. Die Kirche erhielt ihren Namen als Dankgeschenk an das verhinderte Attentat auf den jungen Kaiser Franz Joseph I. Nach über 20 Jahren Bauzeit wurde die zweithöchste Wiener Kirche als neugotischer Bau 1897 eingeweiht.

Dieser Dachgarten hat eine ungewöhnliche Geschichte, da seine Entstehung in unmittelbarem Zusammenhang mit einer Fliegerbombe steht, die gegen Ende des Zweiten Weltkriegs dem Mehrfamilienhaus aus dem 19. Jahrhundert das Dach wegriss. Im obersten Geschoss klaffte eine etwa 50 Quadratmeter große Lücke, die ab 1953 als Patio nach eigenen Ideen von Franz und Dietlinde Herunter ausgebaut wurde.

Die Inspiration für eine zukünftige Gestaltung ihres Dachgartens, der eher einem Innenhof gleicht, lieferte eine Hochzeitsreise des jungen Paars in den Süden Spaniens vor vielen Jahren. Innerhalb einer Dekade entstand der zweigeschossige Außenraum als eine Mischung aus Alt-Wien und Andalusien. Im 4. Stock fassen den rechteckigen Patio niedrige Ziegelsteinmauern ein, die als geschwungene Hochbeete in verschiedener Höhe exotisch anmutenden Gehölzen wie Essigbaum, Spindelstrauch, Hibiskus oder Jasmin Platz geben. Ein wichtiges Klettergehölz ist neben Efeu der Wilde Wein, der im Herbst mit seinem farbigen Laub Geländer und Wände feuerrot leuchten lässt.

Der Boden besteht aus alten doppelt gebrannten Ziegelsteinen mit Doppeladler aus der Wienerberger Ziegelei, die dem Garten den Anschein eines hohen Alters verleihen. Diese Steine stammen tatsächlich noch aus dem Haus und wurden nach dem Bombenschaden als Notdach wiedereingebaut.

Die Besitzer beschränken sich auf weiße und auf Terrakotta-Farbtöne. Neben gusseisernen Leuchten gehören antike Skulpturen zu den Ausstattungen in diesem südländisch schei-

OBEN: *Steinskulpturen unterstreichen das südliche Flair des Patios.*
GEGENÜBER: *Schwimmbecken mit Blick auf die beiden Türme der Votivkirche.*

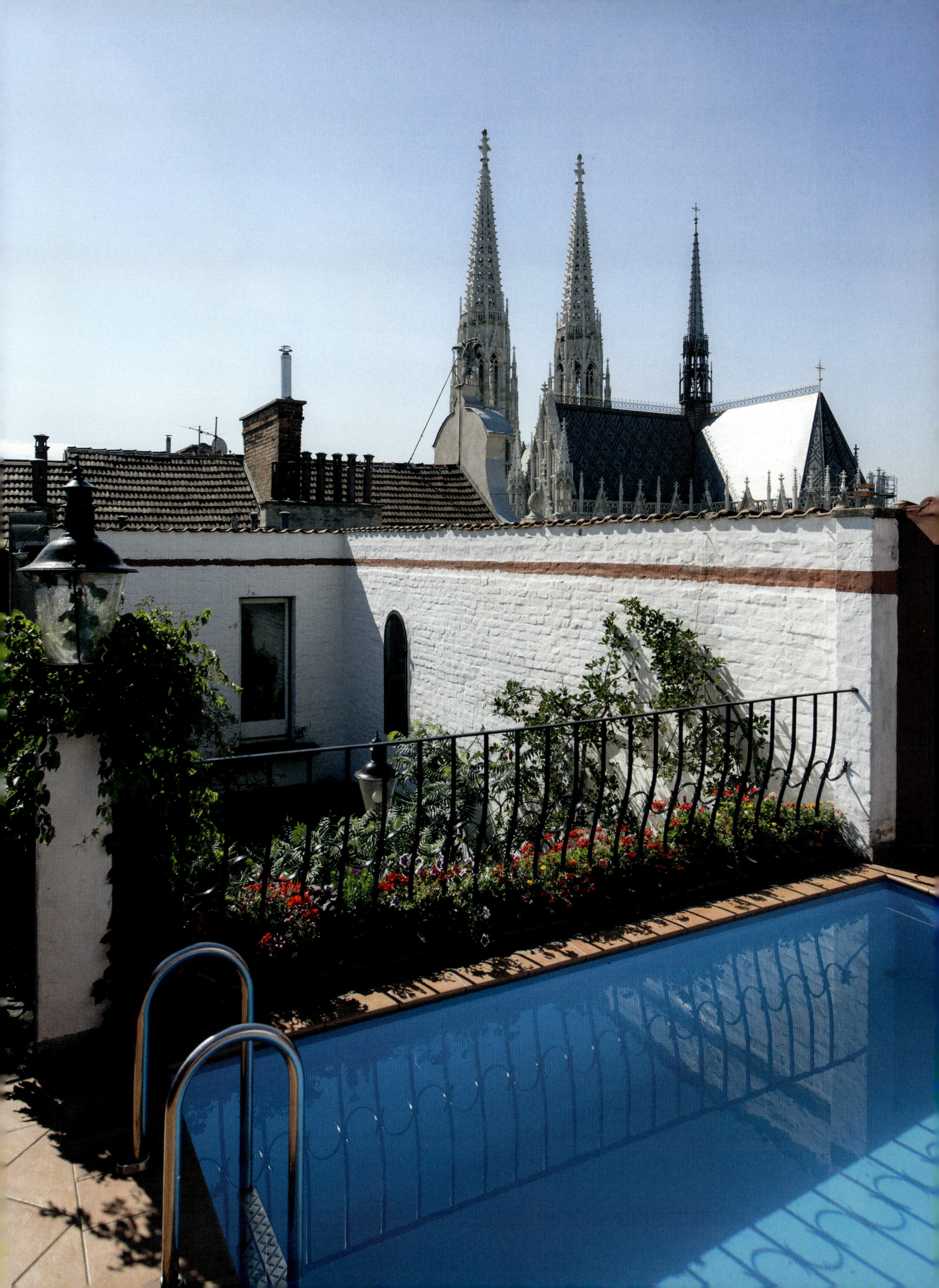

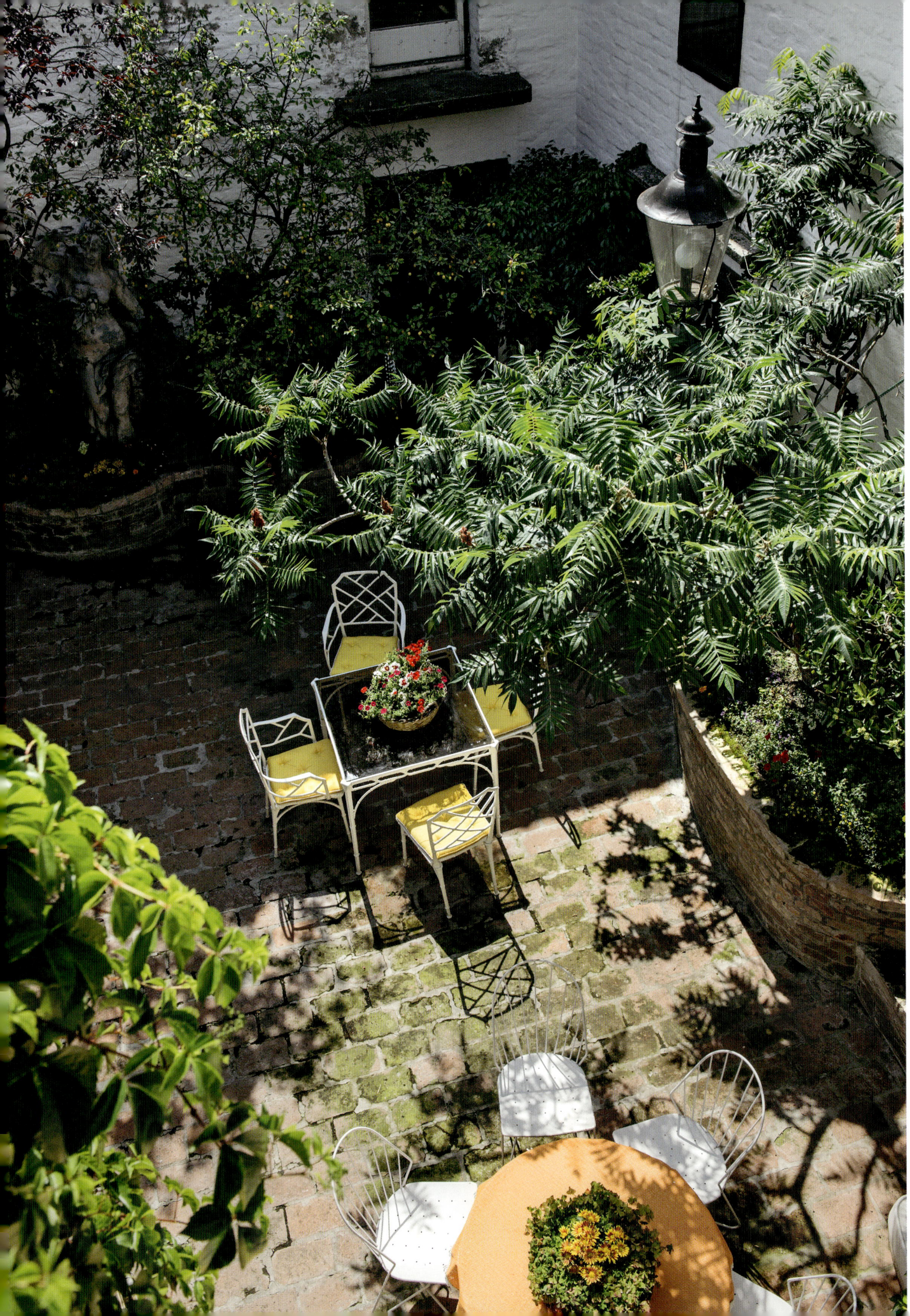

nenden Garten. Das Mobiliar mit weißen Gartenstühlen und einem Tisch stammt aus der Entstehungszeit des Gartens.

In den Hochbeeten, Schalen und Töpfen blühen Sommerblumen wie Pelargonien, Fleißige Wienerin (Fleißiges Lieschen) oder Husarenknöpfchen und sorgen zusammen mit Oleander für bunte Farbakzente.

Über eine Treppe geht es ein Stockwerk höher zu einem Schwimmbecken, das von Sommerblumen in Kästen eingerahmt wird. Von hier aus kann man den Patio gut von oben betrachten, außerdem wird man – nach einer imaginären Spanienreise – wieder daran erinnert, wo man sich wirklich befindet: Der Blick geht auf die beiden Türme der Votivkirche mit ihrer rautenförmig verzierten Dachfläche.

OBEN: *Sommerblumen sorgen für Farbe in den Hochbeeten.*
GANZ OBEN: *Die Hochbeete bestehen aus Ziegelsteinen – dem gleichen Material wie die Terrassenfläche.*
GEGENÜBER: *Vor dem Schwimmbecken hat man einen guten Blick in den Patio.*

Dschungel am Stephansdom

Wenige Meter vom Stephansdom entfernt liegt dieser üppig bewachsene Dachgarten, der Ende der 1970er Jahre mit dem Bau eines zweigeschossigen Penthouses entstand. Die besondere Lage mit Blick auf den Stephansdom war damals letztendlich ausschlaggebend für den Immobilienerwerb.

Mit der Herstellung dieses insgesamt 220 Quadratmeter großen Dachgartens betrat man seinerzeit unbekanntes Terrain, da die ausgewählten Pflanzen nicht in Töpfen gedeihen sollten, sondern direkt in eine starke Substratschicht ausgepflanzt wurden. Was den Anwachserfolg in den Folgejahren betraf, war die Vorgehensweise der Besitzer eher empirisch, und mit der Zeit wurden viele Pflanzen ergänzt und sich nicht gut entwickelnde Gehölze wieder ausgetauscht. Eine große Rasenfläche ersetzt einen ursprünglich vorhandenen Swimmingpool.

Von der ersten Bepflanzung, in der nach der damaligen Mode Koniferen dominierten, ist nur noch eine große Zirbelkiefer erhalten, und viele Laubgehölze schmücken heute den Garten. Offensichtlich kommen sie mit dem Mikroklima der Inneren Stadt besser zurecht und geben dem Garten viel stärker den Eindruck eines Dschungels. Viele Kletterpflanzen wie Wilder Wein, Efeu und Glyzinen haben die ursprünglich kahlen Wände nach 40 Jahren komplett berankt und nutzen mittlerweile alle verfügbaren vertikalen Bauteile als Kletterhilfen. Der jetzige Garten ist das Gemeinschaftsprodukt der Besitzer, die sich eine üppig grüne Großstadtoase geschaffen haben mit unzähligen exotischen Kunstobjekten und Accessoires in bunten Farben.

Wie das Penthouse erstreckt sich auch der Garten über zwei Stockwerke. Im unteren 6. Stockwerk wachsen in schattigen Bereichen Rhododendren, Farne und Blattstauden. Die Baumkronen der hier wachsenden Bäume und Großsträucher sind mittlerweile schon so hoch, dass man im 7. Stock unter einem dichten Blätterdach sitzt.

Durch viele Reisen animiert, wurde der Garten nach und

OBEN: *Blick auf den Dachgarten in Richtung Südwesten.*
GEGENÜBER: *Stephansdom und Buddha.*

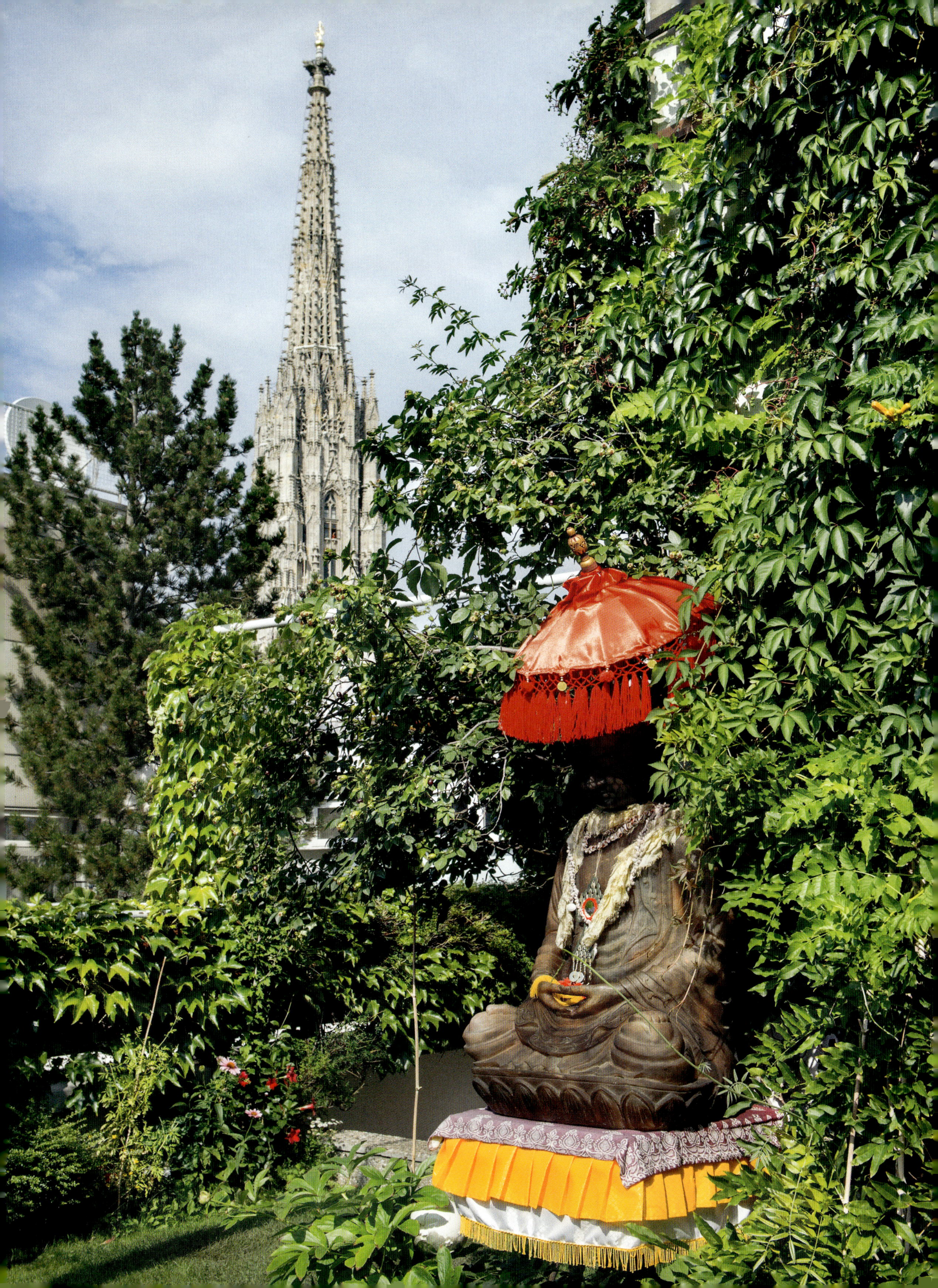

nach mit Erinnerungsstücken oder Anregungen von Besuchen aus fernen Ländern ausgeschmückt. Auf der größten Teilfläche des Dachgartens sind vor allem fernöstliche Kunstobjekte und Buddha-Figuren und Bilder des »Erwachten« zu sehen, der aus eigener Kraft die Reinheit und Vollkommenheit seines Geistes erreicht hat. Dieses Vorbild ist vielleicht Ansporn für den Besucher, der sich hier gerade aufhält. Neben tibetischen Gebetsfahnen wehen auch große bunte balinesische Fahnen im Wind, und feuerrot bemalte Bambusstangen setzen noch zusätzliche Farbaspekte.

In einem südwestlichen Eckbereich befindet sich ein Liegeplatz aus Bambusmöbeln, ein Lieblingsort des Hausherrn, der hier am besten entspannen kann und dieses Refugium scherzhaft sein »Opiumbett« nennt. Von hier sieht man das kupfergrüne Dach des Palais Equitable, eines eindrucksvollen Palais der späten Gründerjahre, ursprünglich gebaut für die New Yorker Lebensversicherungsanstalt Equitable. Das große Dach wird noch von einer Kogge gekrönt.

Neben den fernöstlichen Gärten befindet sich versteckt auf gleicher Ebene auch ein Heuriger. Dieser atmosphärisch starke Sitzplatz ist von einer Glyzine umrankt. Der Holztisch mit zünftigen Bänken und karierten Decken vermittelt sofort das richtige Heurigengefühl. Der Begriff Heuriger ist sicherlich untrennbar mit Wien und seiner Weinkultur verbunden. Zum einen steht der Name für das Lokal, das durch einen grünen Föhrenbusch vor dem Hauseingang gekennzeichnet wird. Der große Unterschied von einem Heurigen zu herkömmlichen Gaststätten besteht darin, dass hier nur eigener Wein ausgeschenkt wird. Die zweite Bedeutung des Worts steht für den Wein der letzten Ernte. Im Herbst scheint die Sonne schräg in dieses Kleinod hinein und wärmt seine Gäste.

Sehr viel gegensätzlicher als mit einem Opiumbett und einem Heurigen kann man seinen Garten nicht gestalten und genau das ist beabsichtigtes Ziel des Besitzerehepaars, das die Meinung vertritt, ihr Garten soll einfach entspannend sein und viel Spaß machen.

OBEN: *Ein violett blühender Hibiskus.*
OBEN LINKS: *Der Lieblings-Ruheplatz des Hausherrn.*
GEGENÜBER OBEN LINKS: *Blick zum Schornstein des benachbarten Palais Equitable.*
GEGENÜBER OBEN RECHTS: *Asiatischer Tempel.*
GEGENÜBER UNTEN: *Efeuranken umspielen das Bildnis des Buddhas.*

Dachgärten

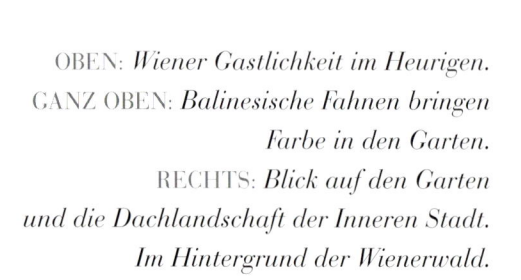

OBEN: *Wiener Gastlichkeit im Heurigen.*
GANZ OBEN: *Balinesische Fahnen bringen Farbe in den Garten.*
RECHTS: *Blick auf den Garten und die Dachlandschaft der Inneren Stadt. Im Hintergrund der Wienerwald.*

Dschungel am Stephansdom

An der Kuppel der Karlskirche

Stellt man sich einen Dachgarten vor, liegt dieser meist unmittelbar an einer Wohnung oder ist mit einem Penthouse verbunden. Das muss nicht immer der Fall sein, wie dieser alte Dachgarten im Gemeindebezirk Wieden beweist. Vor etwa 50 Jahren entschlossen sich die Besitzer des viergeschossigen Wohnhauses, die hofseitige und waagerechte Dachgiebelfläche als Garten zu nutzen.

Vorbei an alten Klingelschildern (Beletage, Atelier und Portier) bringt der mit Holz verkleidete und mit Anweisungen versehene historische »Fahrkorb« seinen Benutzer durch das Stiegenhaus hinauf zum original erhaltenen Dachboden. Über eine Eisentreppe im Dachgestühl gelangt man durch eine Tür in den Garten.

Zur Rechten erstreckt sich die über 72 Meter hohe Kuppel der Karlskirche mit ihren flankierenden Reliefsäulen. Die Kuppel hat einen Durchmesser von 25 Metern, ihr Grundriss ist nicht kreisrund, sondern hat die Form eines Ellipsoids. Der barocke Kirchbau entstand in der ersten Hälfte des 18. Jahrhunderts und gehört zu den bedeutendsten Kirchenbauten nördlich der Alpen.

Entlang der Straßenseite bildet eine hohe Kaminwand die Begrenzung des Gartens. In dieser Mauer befinden sich Öffnungen, die eine Durchsicht in Richtung Osten ermöglichen. Die mittig liegende Rasenfläche fassen viele Töpfe mit zahlreichen Sommerblumen und Kübelpflanzen wie Zitronen, Mandarinen, Oleander und Hibiskus ein. Alle Kübelpflanzen werden von Hand gewässert und überwintern frostfrei auf dem Dachboden. Einjährige Pflanzen, wie Sommerblumen, können hingegen direkt in die dünne Substratschicht gesät werden und gedeihen bis in den Herbst hinein, bis der erste Frost die Vegetationsperiode beendet.

Nur mit sehr viel Fleiß und Freude am Gärtnern und dem Beschreiten von unkonventionellen Wegen ist es hier oben möglich, eine Großstadtoase zu schaffen und sogar Gemüse wie Paradeiser (Tomaten) und viele mediterrane Küchen-

OBEN: *Abendstimmung an der Karlskirche.*
GEGENÜBER: *Die Reliefsäulen tragen vergoldete Greife. Ein Dipladenien-Topf im Vordergrund sorgt für Farbe auf dem Dachgarten.*

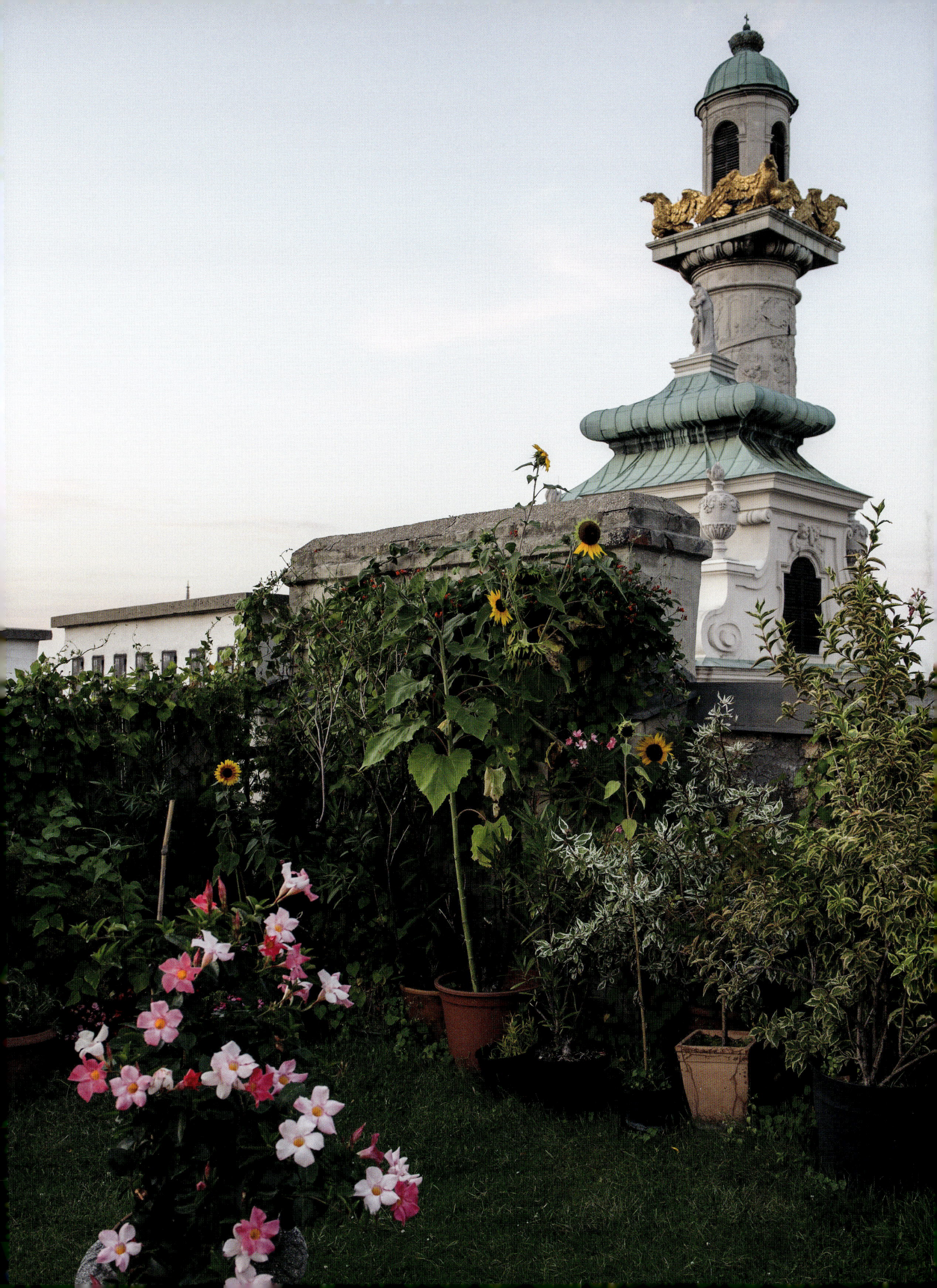

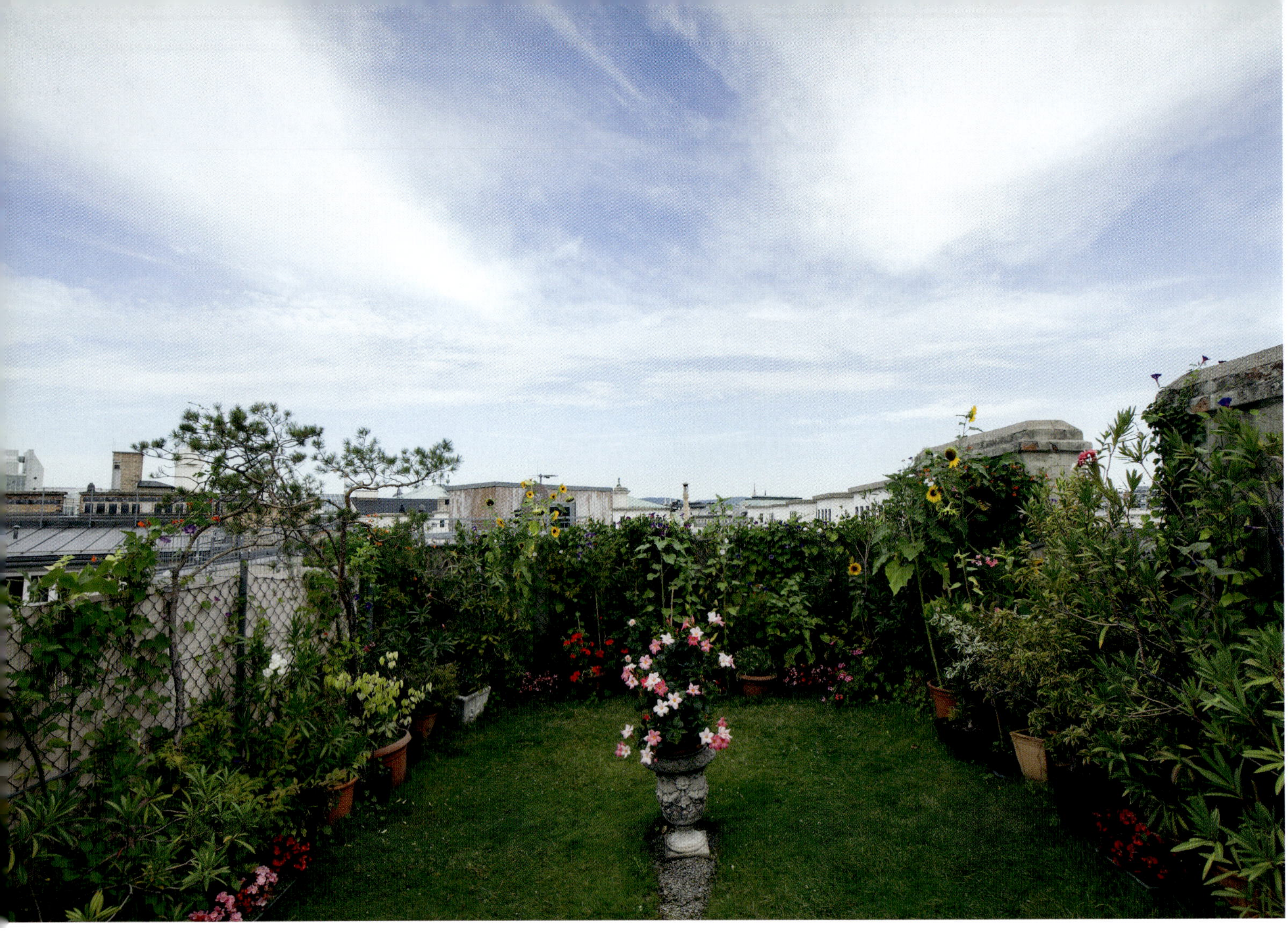

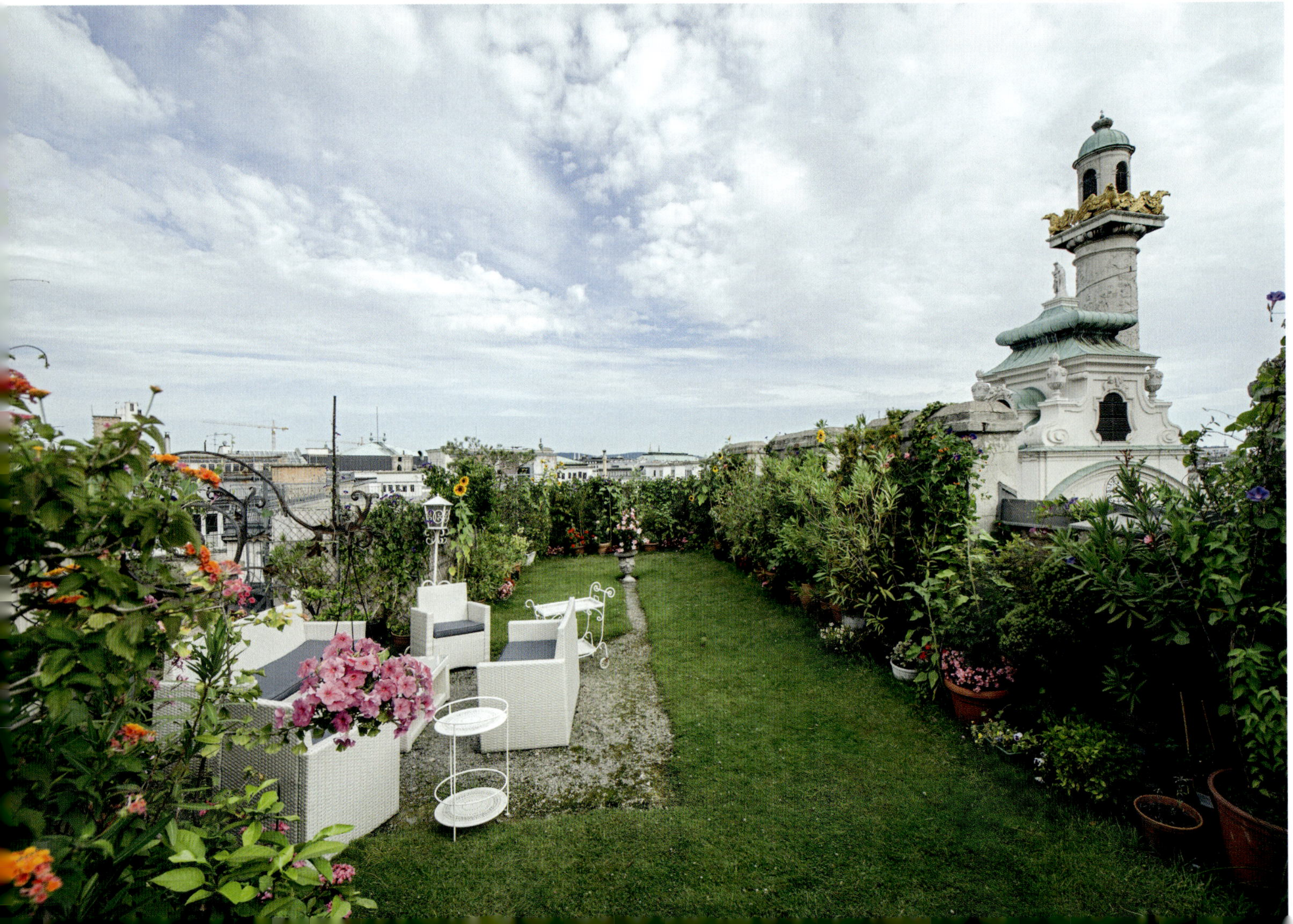

kräuter zu kultivieren. Einmal im Jahr lädt die Besitzerin zum Paradeiser-Essen auf die Dachterrasse ein und serviert ihren Gästen die Früchte aus eigener Ernte mit Pasta und frisch geschnittenem Basilikum.

Gerade abends und in der Nacht ist der Aufenthalt auf dem Dach so reizvoll mit der im Hintergrund angestrahlten Kuppel der Karlskirche. Ab Mitternacht endet pünktlich die Lichtinszenierung dieses prächtigen Nachbargebäudes, das zu den Wahrzeichen Wiens zählt.

OBEN: *Karlskirche und Stephansdom im Dialog.*
GEGENÜBER OBEN: *Alle Töpfe fassen die Rasenflächen ein.*
GEGENÜBER UNTEN: *Sitzplatz für abendliche Einladungen.*
UNTEN VON LINKS NACH RECHTS:
Farbspiel der Blauen Winde (Ipomea-Arten).

161

Dachgärten

OBEN: *Die Kaminwände dienen Kletterpflanzen als Rankhilfe.*
RECHTS: *Die prächtige Kulisse der Karlskirche erstreckt sich entlang des Dachgartens.*

An der Kuppel der Karlskirche

Über den Dächern am Getreidemarkt

Im Zuge des Dachgeschossausbaus eines viergeschossigen Wohnhauses aus der Gründerzeit entstand Anfang der 1990er Jahre dieser Garten nach Plänen des Architekten Gert Strauss. Das Besondere sind seine zwei aufwendig gestalteten Freiflächen, von denen sich aus zwei verschiedenen Höhen interessante Blickwinkel und Aussichten auf die Stadtlandschaft ergeben. Der untere Garten, den man von der Wohnung aus betritt, hat eine Größe von 70 Quadratmetern. Neben einer eingerankten Brandwand fasst eine dicht begrünte, etwa 1 Meter hohe Brüstung den Garten ein, von dem man weit nach Süden über unendlich viele Dächer, Fenster, Schornsteine und Türme schauen kann.

Ziel der Gartengestaltung war es, eine Bepflanzung zu schaffen, die trotz innerstädtischer Wohnlage, nur wenige Meter vom Getreidemarkt entfernt, direkte Ausblicke ins Grüne ermöglicht. Wichtig war es der für alle Gartenbelange verantwortlichen Besitzerin, dem Garten den Anschein des Verwunschenen zu geben. Mithilfe der Firma Gartenbau Reiter in St. Andrä/Wörden gelang dieses. Mauern ließ man üppig bewachsen und viele Gehölze mit unterschiedlicher Blatt- und Blütentextur wie Blutpflaume, Glyzine, Japanischer Ahorn, Kiefer oder Kletterrosen sowie einjährige Sommerblumen schaffen zu jeder Jahreszeit reizvolle Gartenbilder. Einjährige Sommerblumen werden, jedes Jahr wechselnd, in schmale Beete vor die Brüstung gepflanzt und geben zusätzliche Farbakzente bis spät in den Herbst hinein. Einige Gehölze, wie ein Ginkgo-Baum, müssen regelmäßig geschnitten werden, um sie nicht zu groß werden zu lassen.

Der perfekte dunkelgrüne Rasen spiegelt den hohen Pflegeaufwand der Anlage wider, der größtenteils durch die eigene Hand erfolgt. Eine automatische Bewässerung ist für den Dachgarten allerdings unverzichtbar und erfordert die regelmäßige Wartung und Kontrolle durch den Hausherrn. Um unnötige Wege zwischen den Ebenen zu sparen, sind alle Gartengeräte doppelt vorhanden, was sich als sehr praktisch für

OBEN: *Die Gehölze wachsen in großen Kästen an der Dachgartenkante.*
RECHTS: *Blick auf die südliche Stadt mit den Wolkenkratzern der Wienerberg-City.*

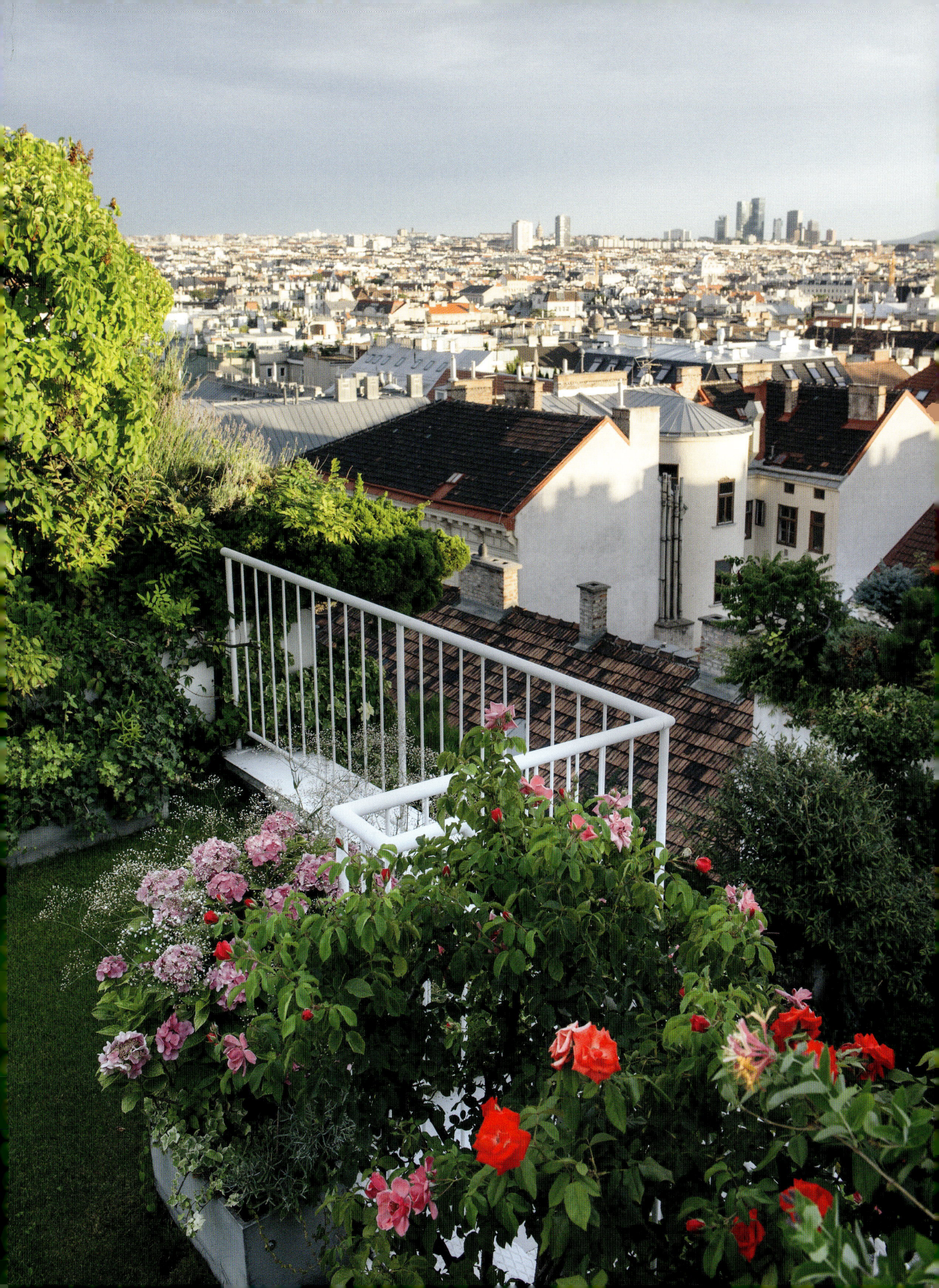

Dachgärten

OBEN: *Eine Kletterrose rankt das Treppengeländer ein.*
GEGENÜBER: *Die zweite Ebene wird über eine raumsparende Treppe erreicht. Im Hintergrund der Stephansdom.*

die fast tägliche Arbeit erweist. Externe Hilfe gibt es in erster Linie nur für den Rasenschnitt und dessen Entsorgung.

Die biologische Schädlingsbekämpfung erfolgt durch den Einsatz von Nematoden, kleinen Fadenwürmern, die als Pulver mit Wasser auf die Beetflächen gegossen werden. Die Würmer suchen die im Boden lebenden Larven und Puppen von Schädlingen auf und vertilgen diese.

Über eine raumsparende Treppe steigen wir etwa 3 Meter höher in die etwa 100 Quadratmeter große zweite Gartenebene. Von hier hat man einen über 180 Grad breiten Blick auf die Stadt mit dem Stephansdom, der Karlskirche und weiter südlich hinaus in die entfernten Stadtbezirke bis zu den Hochhäusern der Wienerberg City, die neben der Donau City den zweiten Wolkenkratzer-Cluster in der Stadt bildet.

Neben der großzügigen Rasenfläche befindet sich ein Sitzplatz mit Oleander-Kübeln und anderen mediterranen Pflanzen, der nach Norden von einer hohen Mauer eingefasst wird. Dadurch erhält man einen perfekten Sicht- und Windschutz

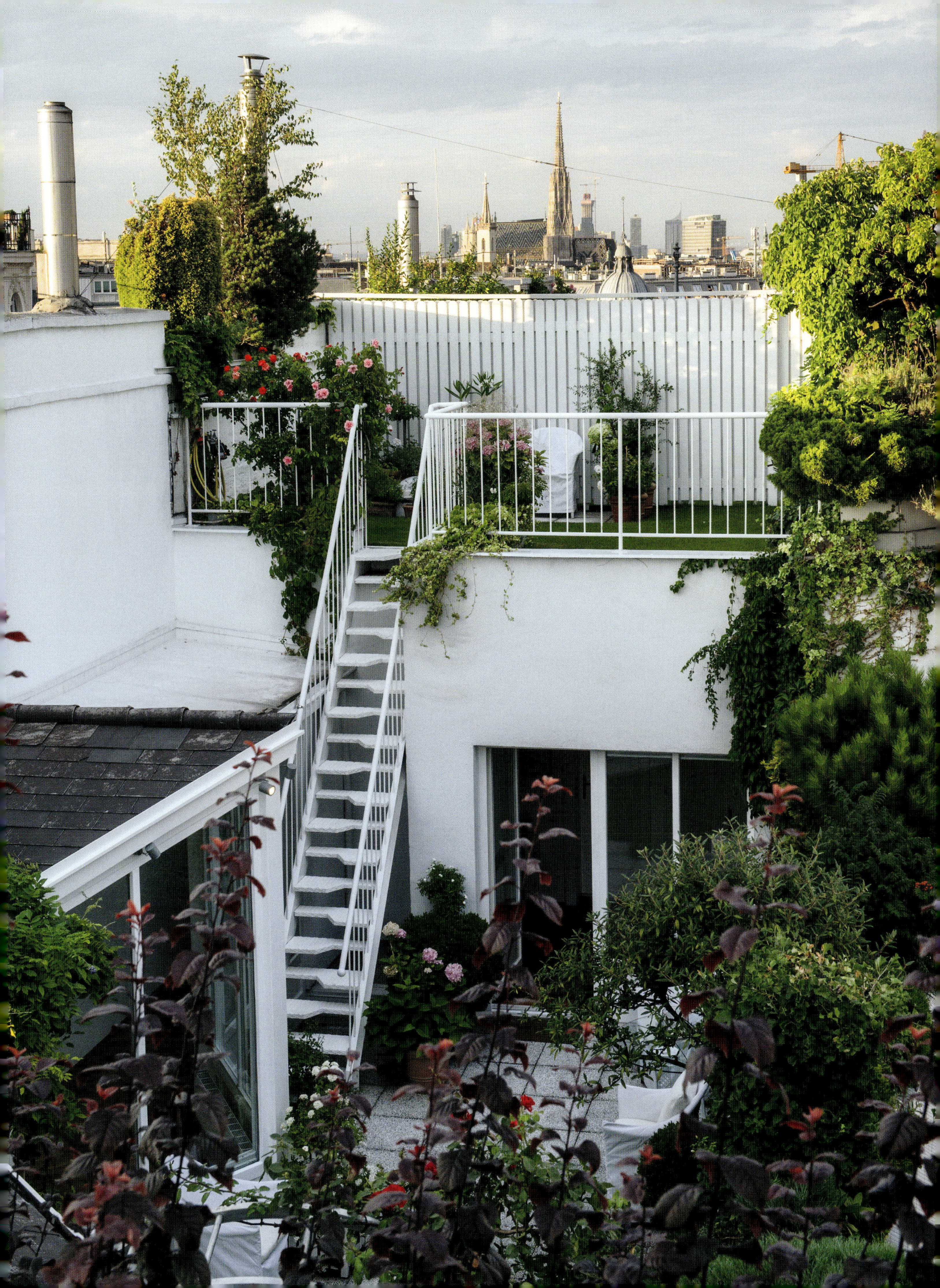

trotz der exponierten Dachlage, und hier ist genügend Fläche, um auch größere Einladungen zu geben.

Den Rand des Gartens definieren große, weiß gestrichene Pflanzkästen mit sonnenhungrigem Lavendel und Rosen. Die Farbe Weiß zieht sich konsequent über die Fassadenwände, Brandwand, Brüstungen und Pflanzbehälter über beide Stockwerke.

Um den Garten auch in Sommernächten zu nutzen, sorgen zahlreiche Leuchten für indirekt scheinendes Licht. Die beiden Ebenen bekommen ganz andere Atmosphären als am Tage und so sorgt die Lichtinszenierung für weitere Garteneindrücke.

Zu den Mitbewohnern des Dachgartens zählen regelmäßig Amseln, die hier sogar brüten und zu den über 100 Vogelarten gehören, die in der Stadt gezählt werden. Gelegentlich schauen auch Turmfalken vorbei, der häufigsten Greifvogelart Wiens.

OBEN: *Sommerblumen werden, jedes Jahr wechselnd, in schmale Beete vor die Brüstung gepflanzt.*
GANZ OBEN: *Blutpflaume und ein intensiv gepflegter Rasen.*
GEGENÜBER OBERN: *Blick über den Dachgarten nach Westen.*
GEGENÜBER UNTEN: *Hortensien, Föhre und Tamarisken sind Teil der Randbepflanzung.*

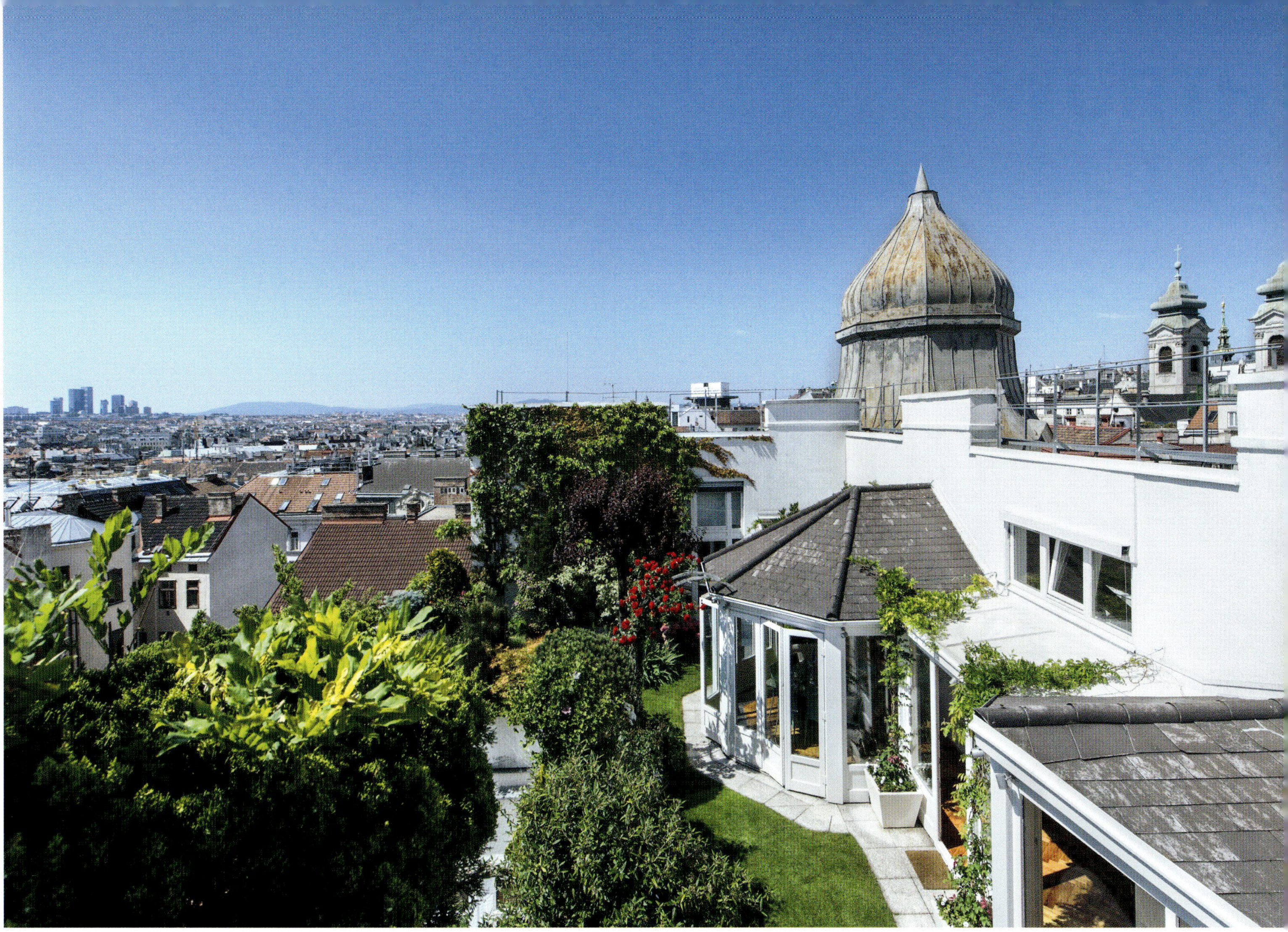

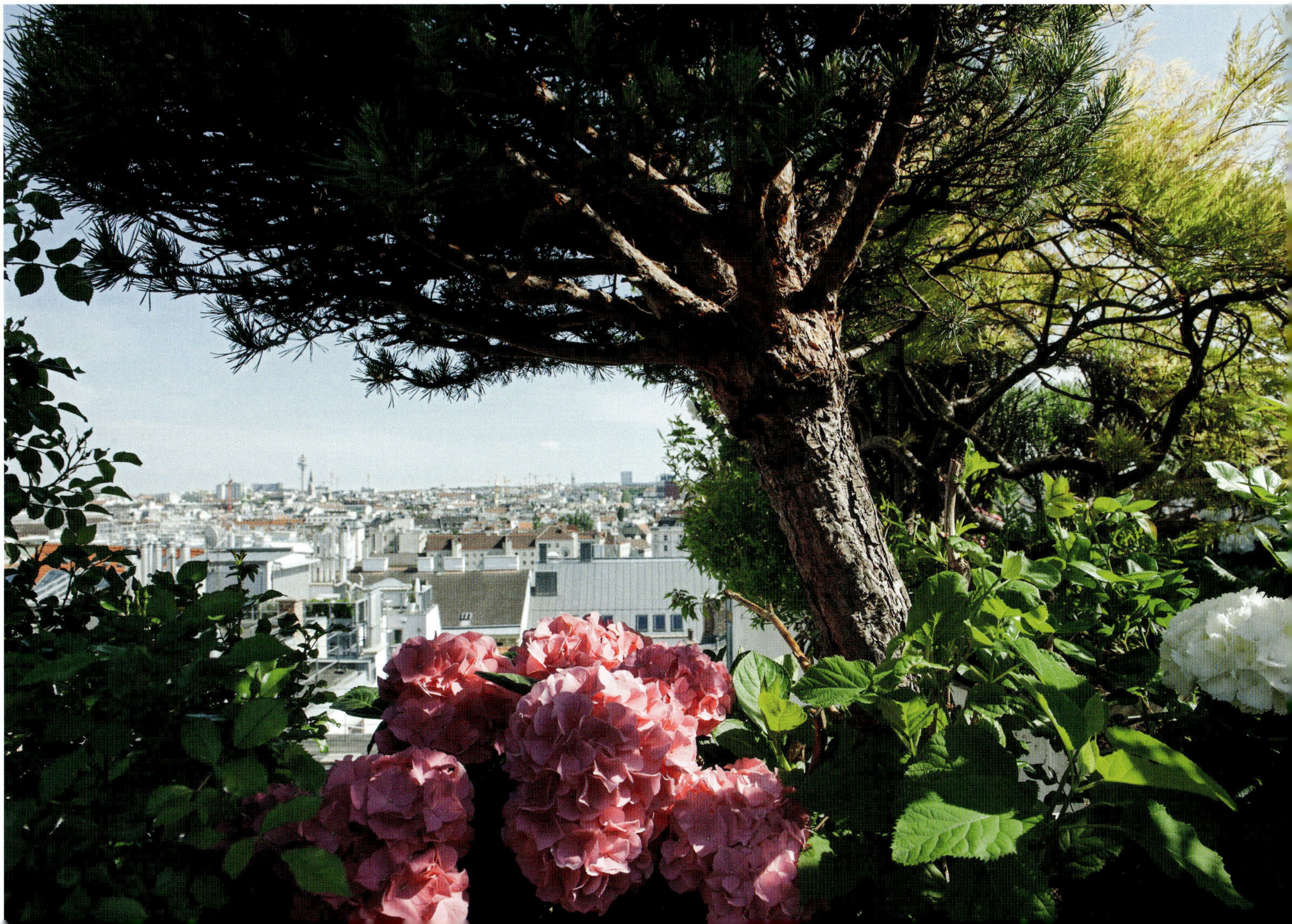

Dachgärten

OBEN: *Abendstimmung auf dem Dachgarten.*
RECHTS: *Die Lichtinszenierungen bereichern das Gartenbild.*

Über den Dächern am Getreidemarkt

Gartenpavillon in Wieden

Dachgärten stellen für viele Pflanzen eine besondere Herausforderung dar, um an ihrem Standort langfristig zu gedeihen. Die klimatischen Bedingungen sind extremer als im ebenerdigen Garten und die exponierte Lage bringt höhere Windgeschwindigkeiten mit sich, die Blätter schnell austrocknen lassen. Häufig ist der zur Verfügung stehende Wurzelraum begrenzt, da aus statischen Gründen große Dachlasten nicht möglich sind. Kleine Bäume und Sträucher können dann meist nur in Kübeln wachsen, wenn sie nicht in Beeten gedeihen.

Dennoch bedeutet der Besitz eines schönen Dachgartens in der Stadt eine deutliche Wertsteigerung der Immobilie sowie der Wohn- und Lebensqualität. Es ist daher einleuchtend, dass auf immer mehr Dächern Gärten gebaut oder vorhandene erweitert oder verschönt werden.

Das gelungene Beispiel eines Penthouse mit Garten entstand im Jahr 1986 auf dem Dach eines Mehrparteienhauses aus der zweiten Hälfte des 19. Jahrhunderts im Stadtteil Wieden, unweit von Schloss Belvedere, nach Plänen der Besitzerin und des Architekten Franz Demblin.

Vom Salon führen drei Stufen hinauf in den rechteckig angelegten Dachgarten. Eine mit Wildem Wein und Kletterrosen dicht berankte Mauer bildet zur Linken eine schützende Einfriedung. Bei genauerer Betrachtung besteht diese Mauer aus einzelnen Schornsteinzügen, die rautenförmige Spaliere überdecken. Parallel zur Mauer verlaufen eine Rasenfläche und ein Lavendel-Rosen-Beet, die von einem mittig liegenden Sonnensitzplatz mit Holztisch und Regiestühlen unterbrochen werden. Eine Trompetenblume *(Campsis radicans)* überwächst das Geländer auf der östlichen Seite des Gartens. Ungewöhnlich für den Garten ist seine Nachbarschaft zu den auf etwa gleicher Höhe befindlichen Baumkronen der Rosskastanien im Innenhof, die ihm eine geborgene Atmosphäre verleihen. Im Mai, während der Kastanienblüte, schaut man von oben auf die aufrechten Blütenstände – eine ungewohnte und sehr reizvolle Perspektive.

OBEN: *Lavendel und Rosen in der Nachbarschaft des Gartenpavillons.*
GEGENÜBER: *Der Pavillon ist Sicht- und Endpunkt im Garten.*

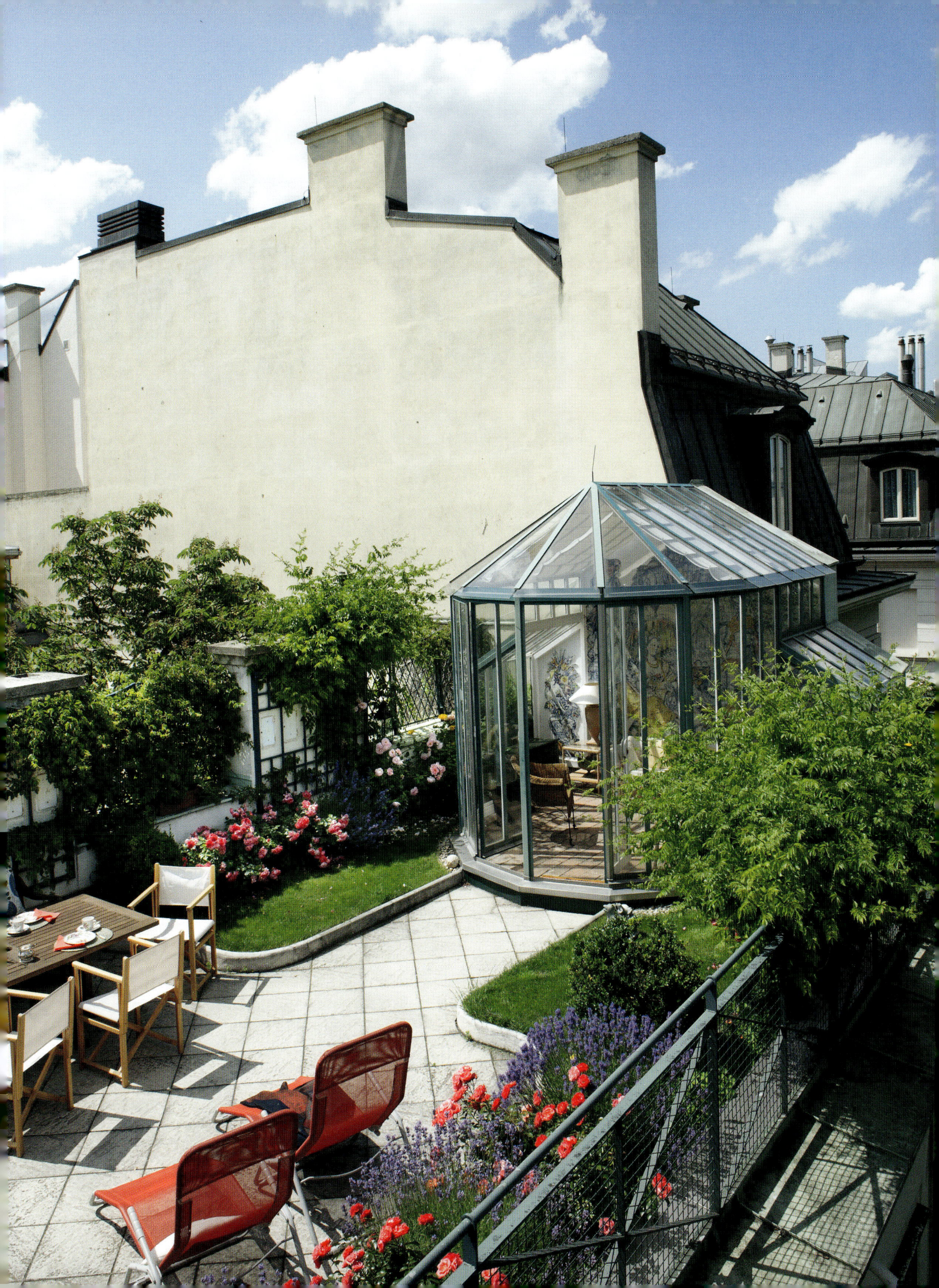

OBEN: *Bemalte Kacheln der Künstlerin Raja Schwahn-Reichmann schmücken den Pavillon.*
GANZ OBEN: *Der Dachgarten befindet sich auf Höhe der Rosskastanien-Baumkronen und ist vor Wind geschützt.*
GEGENÜBER OBEN: *Sitzplatz vor den Schornsteinzügen, die Holzspaliere überdecken. Links am Geländer wächst eine Trompetenblume (Campsis radicans).*
GEGENÜBER UNTEN LINKS: *Blau-Rosa-Farbtöne setzen sich im Pavillon fort.*
GEGENÜBER UNTEN RECHTS: *Perfekt ergänzt sich diese Rosensorte mit der Hortensie 'Annabelle'.*

Gärten sind häufig Rauminszenierungen mit Auftakt, Zwischenspiel, Höhepunkt und Schlussakkord. Der Schlussakkord dieses Dachgartens ist sein Pavillon, der als achteckige Holz-Glas-Konstruktion im Norden den Garten abschließt und sowohl Sichtpunkt vom Salon aus ist als auch Sitzplatz für feuchte und kühle Tage.

Die eigentliche Attraktion des Pavillons aber liegt in seinen bemalten Wandkacheln. Angeregt von Arbeiten des Barockmalers Johann Baptist Bergl, einem Lieblingsmaler der Kaiserin Maria Theresia, stellen über 200 handbemalte Kacheln eine romantische, lukullische Gartenszene dar. Eine Hofdame mit Sonnenschirm verzehrt exotische Früchte, während ihr ein weißer Putto heiße Schokolade serviert. Ein indischer Elefant überreicht ihr einen bunten Blumenstrauß. Am oberen Bildrand rekeln sich ein schwarzer Putto und ein Bananen fressender Affe. Gesellschaft bei dieser Szene leisten noch ein Papagei, eine Eule und ein Hase.

Bei näherer Betrachtung fallen immer wieder kleine schöne Details auf. Die Künstlerin Raja Schwahn-Reichmann hat lange an diesem aufwendigen Werk gearbeitet, und umso mehr freut sich seine Besitzerin, dass die Arbeit so großartig gelungen ist. Besonders gefällt ihr der freche Affe, der lässig eine Banane in der Hand hält, während er den Betrachter etwas gelangweilt ansieht.

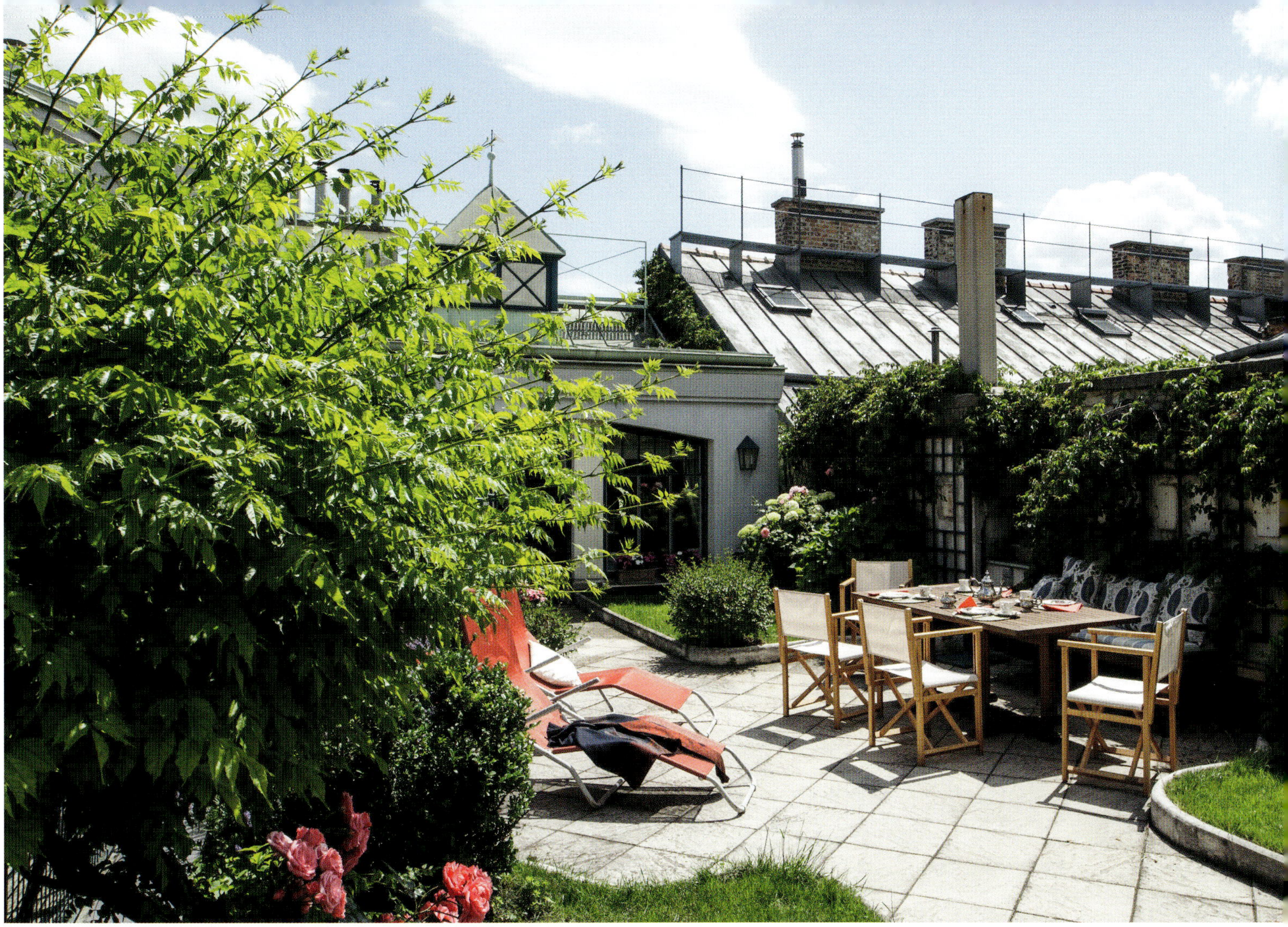
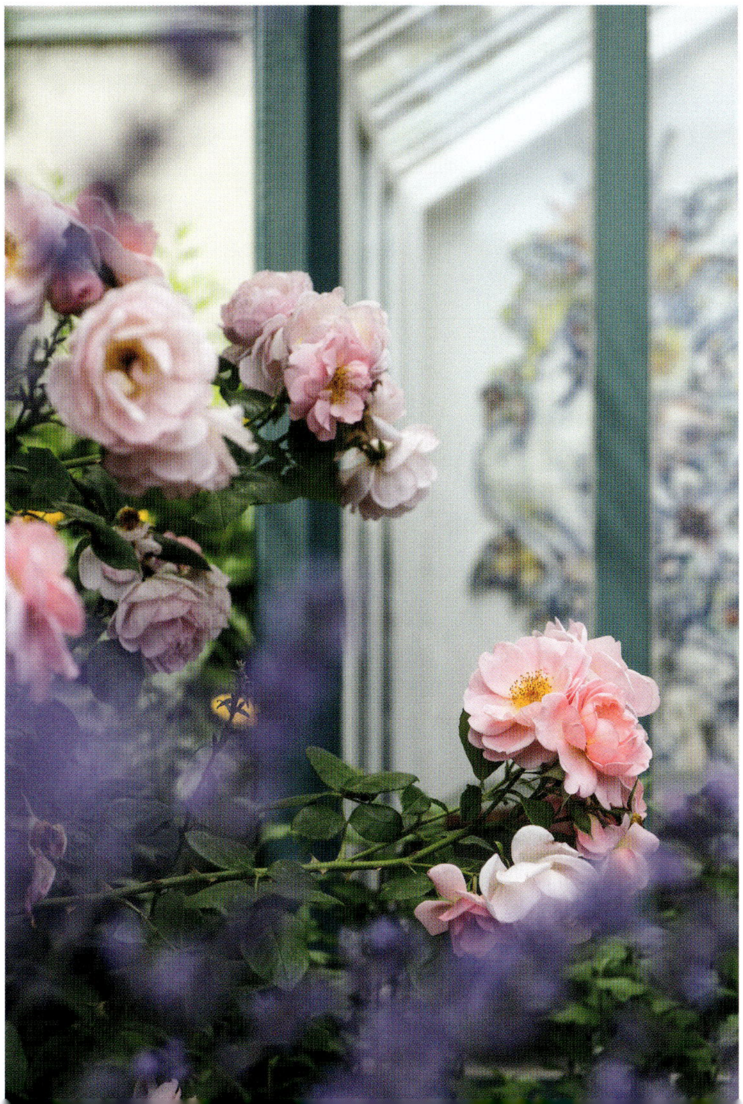
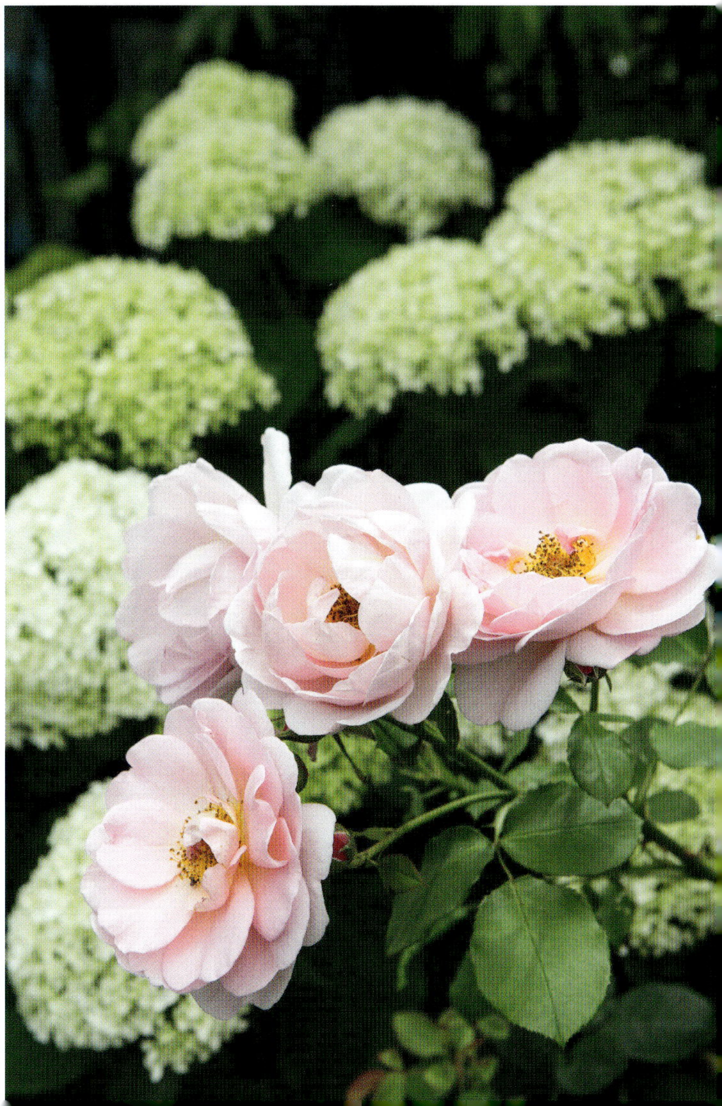

Gemeinschaftsgarten in Penzing

OBEN: *Kuhschellen* (Pulsatilla halleri *und* P. vulgaris) *blühend und mit Samenständen. Verschiedene Kreuzenziane und Frauenmantel* (Alchemilla).
GEGENÜBER: *Im Steingarten an der Holzterrasse wachsen zwischen Kalkstein und Schotter: Kugelblume* (Globularia aphyllanthes), *Pechnelke* (Lychnis viscaria), *Rotes Teppichseifenkraut* (Saponaria ocymoides), *Akelei* (Aquilegia yabeana) *und Bergwundklee* (Anthyllis montana).

Seit einigen Jahren sind Gemeinschaftsgärten in großen Städten in aller Munde. Meist sind es junge Bewohner einer Stadt, die Brachflächen und Dachflächen für sich erobern, um hier selber Gemüse und Kräuter anzubauen. Dabei geht es in erster Linie nicht um das Thema Selbstversorgung, sondern um das Gärtnern an sich. Erwachsene, Jugendliche und vor allem Kinder setzen sich mit der Materie Garten auseinander und wollen im wahrsten Sinn des Wortes geerdet werden. Dabei entwickelt sich ein Grundverständnis für den Anbau von Obst und Gemüse, und später schenken Ernteerlebnisse Bestätigung und belohnen für die erbrachte Mühe. Dieses zeitintensive Hobby wird oftmals durch das Zusammenarbeiten von mehreren Beteiligten erleichtert und fördert so auch die sozialen Verbindungen untereinander. Mittlerweile hat diese Bewegung viele Namen bekommen, wie beispielsweise Urban Gardening oder Guerilla Gardening, wenn es noch spontaner zugeht.

Ähnliche Gartengedanken hegten die Gründer des Vereins für Integrative Lebensgestaltung »Sargfabrik« schon Mitte der 1990er Jahre, indem sie ein alternatives Wohnprojekt mit einem Gemeinschaftsgarten als Neubau mit 70 individuell geschnittenen Wohnungen planten und bauten. Eine passende Liegenschaft fand sich auf dem Gelände der einst größten Sargtischlerei der Donaumonarchie im Wiener Stadtteil Penzing. Gemeinschaftsleben war die alles miteinander verbindende Idee, ein Gegenentwurf zur Wohnform einer traditionellen Familie.

Der Verein ist Grundeigentümer, Bauherr, Betreiber und Vermieter der Wohnanlage. Die Vereinsmitglieder sind die Nutzerinnen und Nutzer der Wohnungen und auch des Dachgartens. Die Mitglieder übernehmen einen Grund- und Eigenmittelanteil, die laufende Rückzahlung des Darlehns und die anteiligen Betriebskosten. Bei Auszug fällt die Wohnung an den Verein zurück.

Betritt man die Wohnanlage von der Goldschlagstraße

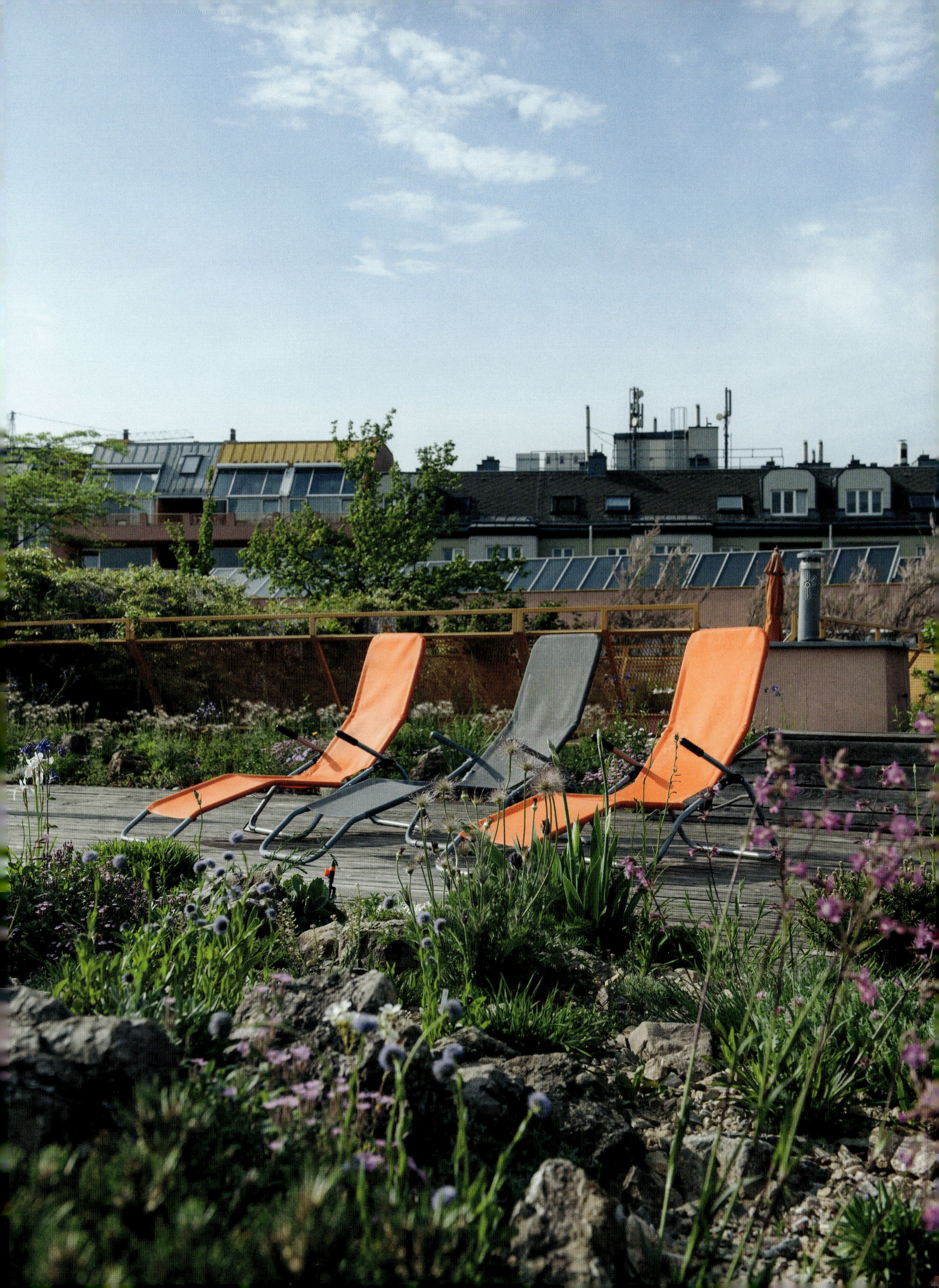

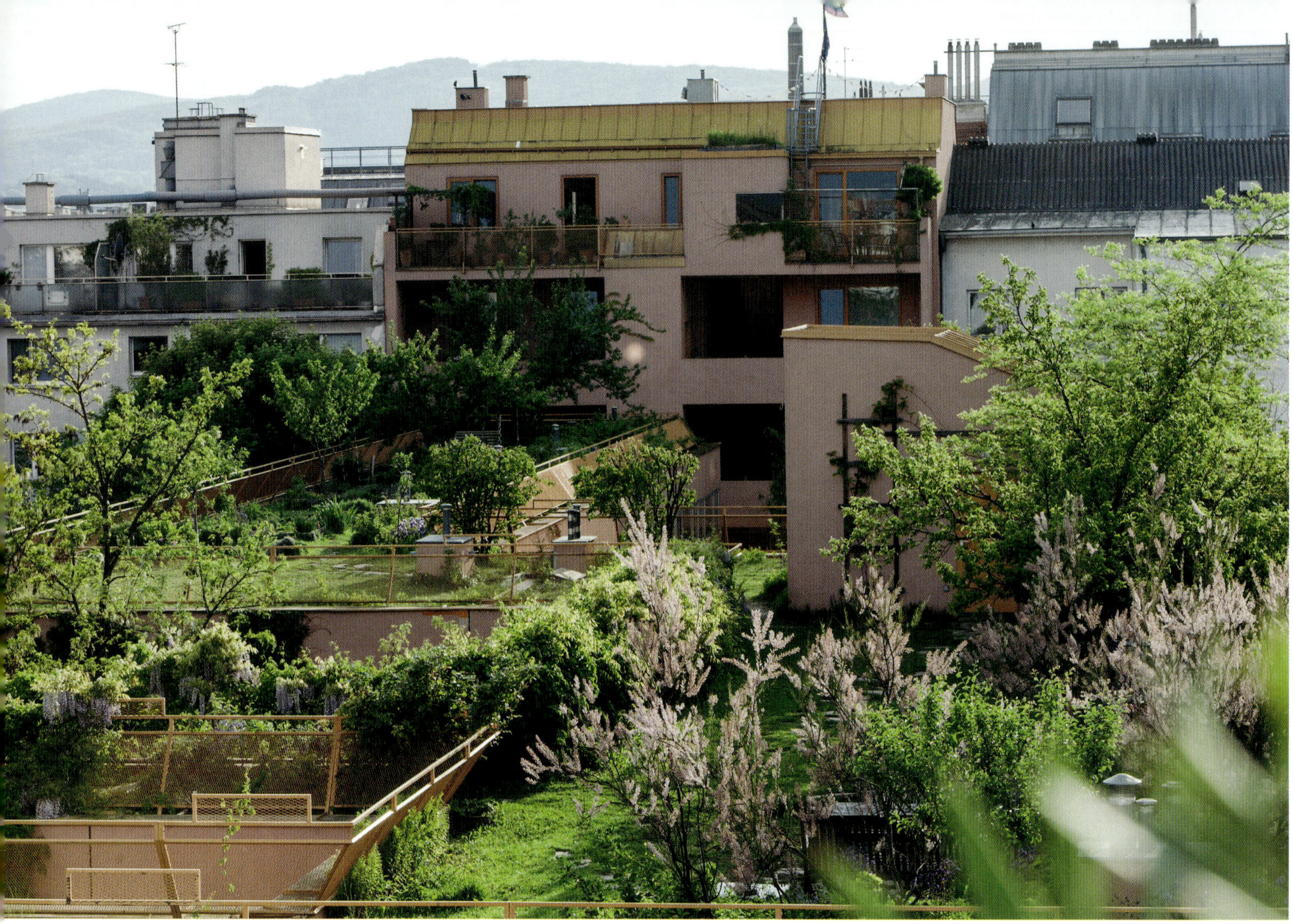

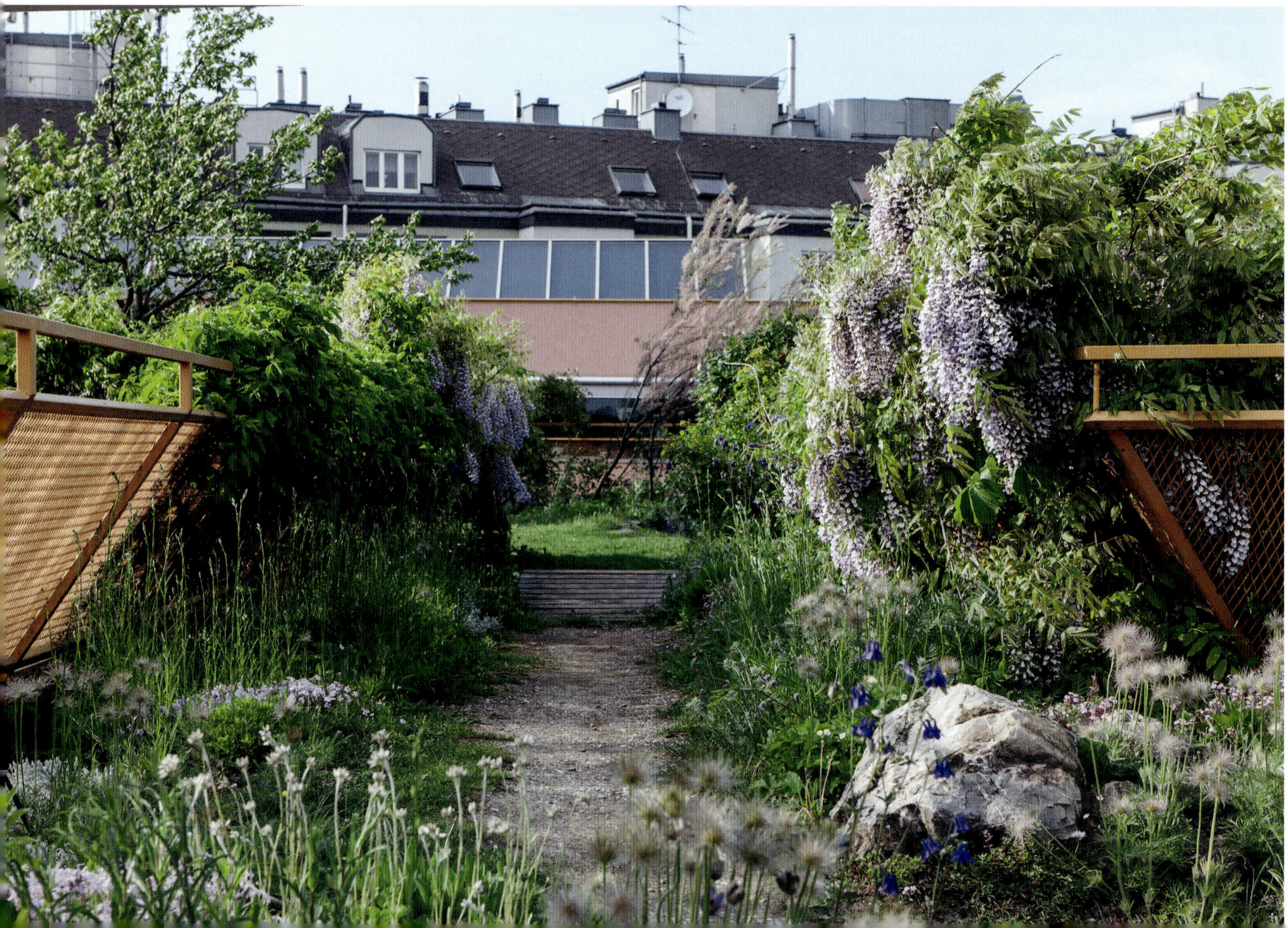

aus, führt der Weg vorbei an einem Restaurant und gegenüberliegender Verwaltung in einen Wohnhof. Sofort fällt die ursprünglich orangefarbene Fassade auf, die sich im Laufe der Zeit in einen rosafarbenen Ton wandelte. Im Innenhof der Anlage stehen zahlreiche Pflanzen in Kübeln entlang eines langgezogenen Wasserbeckens mit Sumpf- und Wasserstauden, die die Wohnatmosphäre hier bereichern.

Durch das Treppenhaus, vorbei an einigen Wohnungstüren, führt der Weg in den obersten Stock zum großen in Ost-West-Richtung verlaufenden Dachgarten, der nach den Plänen des Landschaftsarchitekten Georg Guggenberger entstand. Dieser nichtöffentliche Bereich besteht aus einer weitläufigen Wiesen-Rasenfläche, einem großen Gemüsegarten, Grillplatz und aus einer Holzterrasse mit umlaufendem Steingarten. Dieser Ort dient der Ruhe, dem Naturerlebnis, der Gartenarbeit und dem Feiern. Von hier führt der Blick über Hunderte Dächer in Richtung Wienerwald, und mit etwas Glück sieht man die Gloriette des Schönbrunner Schlossparks.

Der Steingarten beherbergt neben zahlreichen Gebirgspflanzen seltene Arten aus der Gruppe der Pannonischen Flora, welche in der Umgebung von Wien ihr westlichstes Verbreitungsgebiet findet. Verantwortlich für diesen Bereich des Dachgartens ist seit über zehn Jahren Christa Leidinger. Die diplomierte Physiotherapeutin und Garten-Autodidaktin hat

OBEN: *Rotes Teppichseifenkraut* (Saponaria ocymoides) *und Alpenaster* (Aster alpinus).
GANZ OBEN: *Im Gemüsegarten wachsen: Pflücksalate, Mangold, Kohlrabi, Lavendel, Ringelblumen, Margariten und Iris. Im Hintergrund ist der Fabriksschlot der alten Sargfabrik gut zu erkennen.*
GEGENÜBER OBEN: *Blick über den Sitzplatz mit Tamarisken in Richtung Gemüse- und Obstgarten.*
GEGENÜBER UNTEN: *Der Eingangsbereich vom Steingarten mit Blauregen* (Wisteria sinensis), *Katzenpfötchen* (Antennaria plantaginifolia), *Akelei* (Aquilegia vulgaris), *Polsterphlox* (Phlox subulata).

Dachgärten

sich insbesondere der Erweiterung des Artenspektrums heimischer Pflanzen verschrieben. Sie zieht jährlich Hunderte Sämlinge auf und experimentiert fortlaufend mit neuen Arten, die gerade im April und Mai schöne und vor allem ungewöhnliche Blühbilder bescheren.

Auf einer Fläche von 250 Quadratmetern liegen die in Nord-Süd-Richtung angelegten Gemüsebeete des Vereins. Hier finden wir einen merklichen Unterschied zu den meisten Dachgärten, die einzig als Ziergärten und Aufenthaltsräume genutzt werden, aber nicht als produktive Gemüsegärten. In der Sargfabrik ist der Bodenaufbau des Dachgartens so mächtig, dass hier direkt im Boden Gemüse wie Kohlrabi, Fisolen (Bohnen), Fenchel, Paradeiser und Salat, aber auch Beerenobst angebaut werden. Die Substratschicht erlaubt sogar das Wachsen von ausgepflanzten Ostbäumen wie Weichsel (Sauerkirsche), Pflaume, Pfirsich oder Marille.

Auch eine Bewirtschaftung mit eigenem Kompost findet hier statt, so dass keine langen Wege beim Transport von organischem Material wie Ernteabfällen, Laub und Rasenschnitt entstehen.

Auch nach 17 Jahren alternativen Wohnens hat sich das Ursprungskonzept der Sargfabrik – Verein für integrative Lebensgestaltung – als Wohnform bewährt und insbesondere auch dieser Gemeinschaftsgarten in 12 Metern Höhe.

OBEN: *Iris vor Yucca und einer Kolkwitzie* (Kolkwitzia amabilis).
MITTE: *Polsternelke* (Dianthus species).
LINKS: *Kuhschelle* (Pulsatilla vulgaris) *mit Samenständen.*
GEGENÜBER OBEN: *Vogelperspektive auf den Dachgarten.*
GEGENÜBER UNTEN LINKS: *Blauregen, Akelei und Rotes Teppichseifenkraut.*
GEGENÜBER UNTEN RECHTS: *Gemüsebeet, Pflaumenbaum und Himbeeren.*

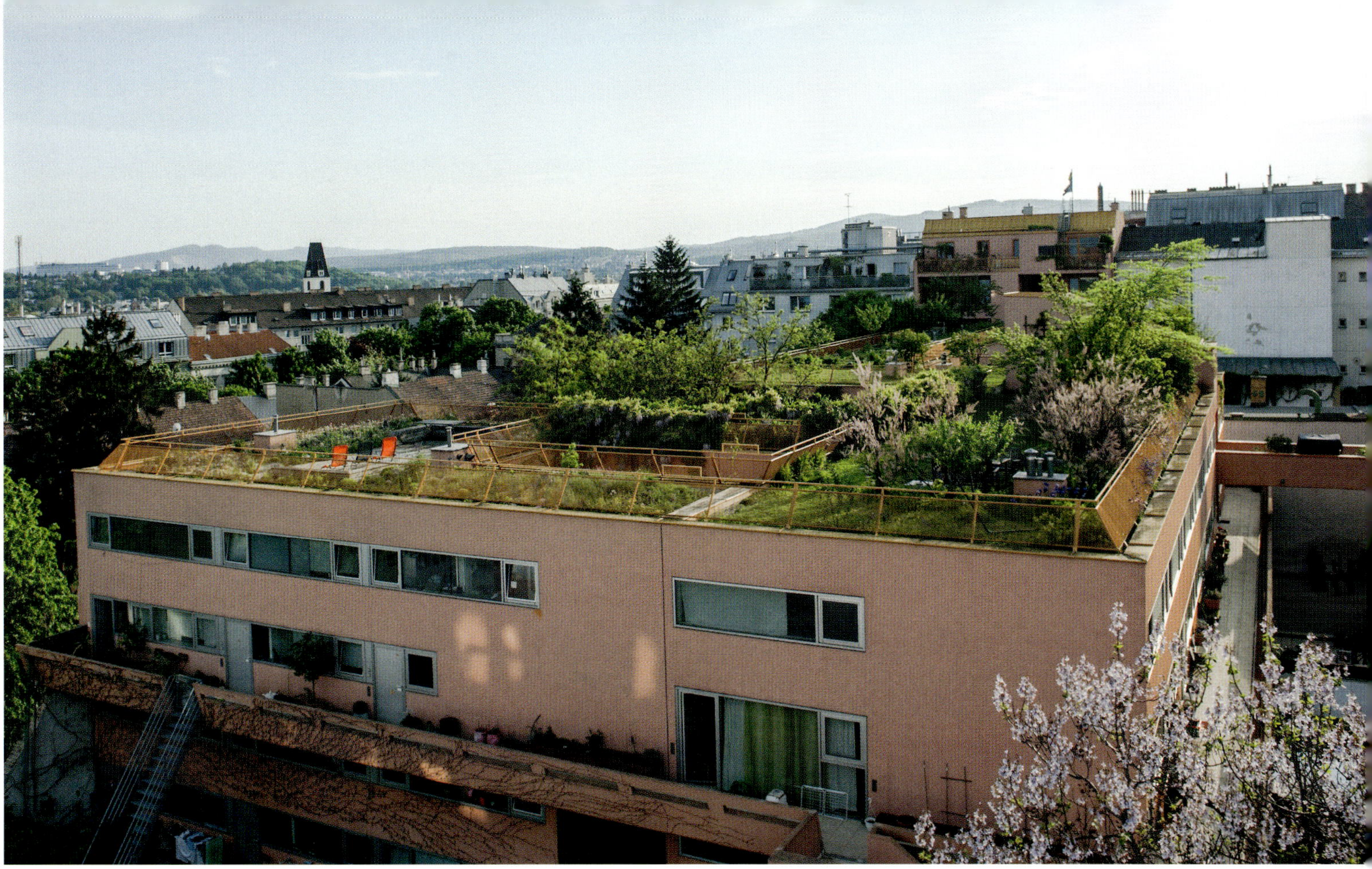

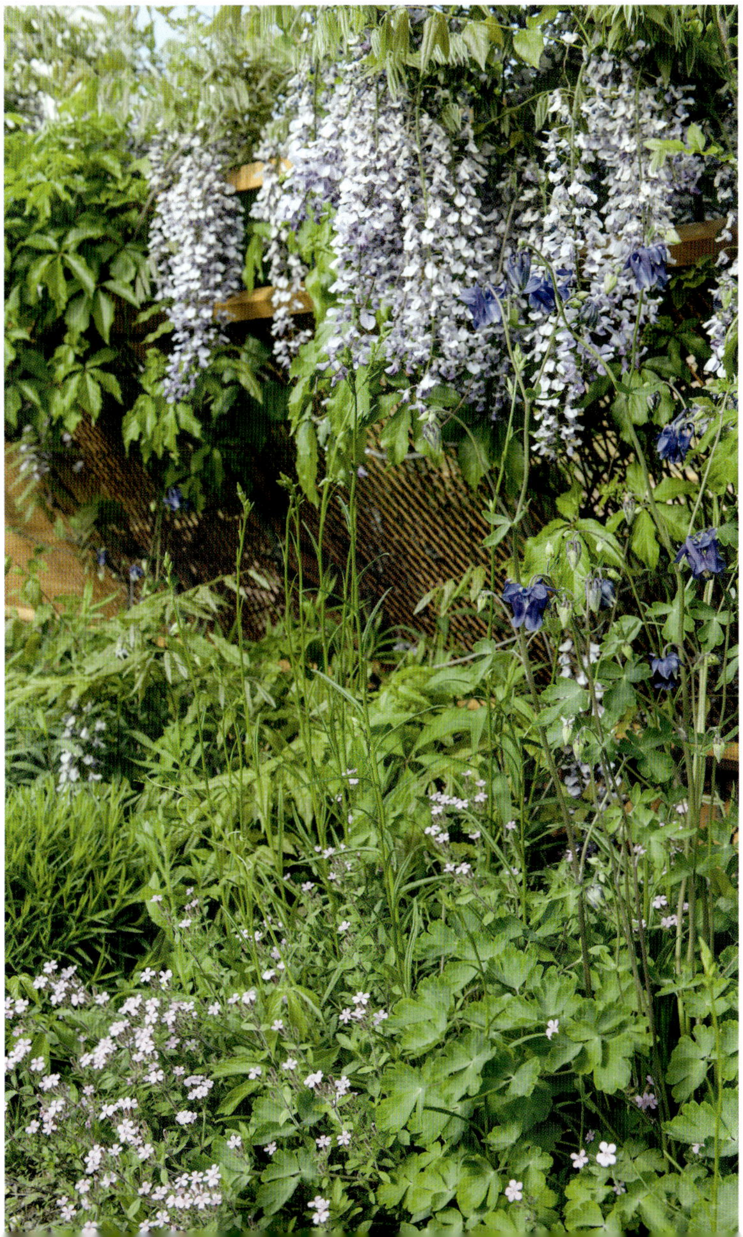

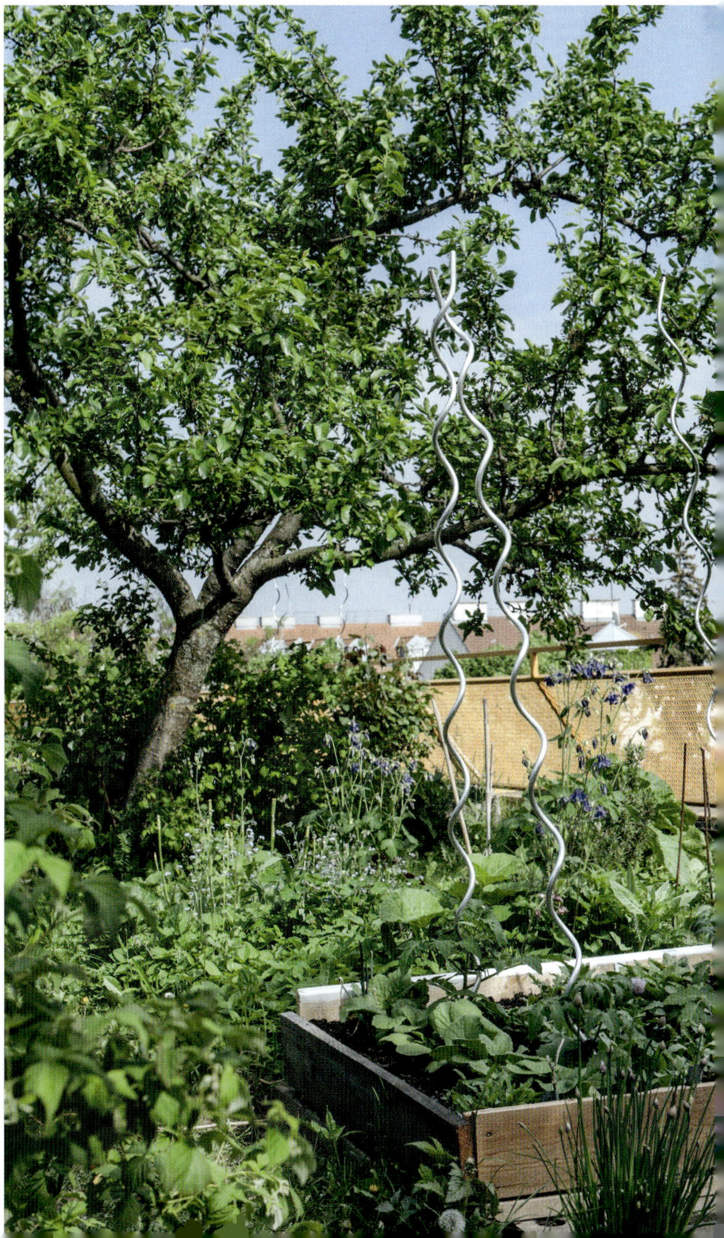

Zu Gast bei einer Kosmopolitin

Die Steigerung eines geheimen Gartens ist ein Dachgarten, denn auf den Dachgarten gelangt man nur, nachdem man die Wohnung betreten und so die Privatsphäre des Bewohners berührt hat.

Gärten, die auf Erdniveau hinter Zäunen und Mauern versteckt liegen, bieten fast immer die Gelegenheit, zumindest zu erahnen, was man nicht sehen soll, und meistens gelingt es trotzdem, einen Blick durch irgendeine undichte Stelle zu erhaschen. Dieses ist beim Dachgarten fast unmöglich, und wie auf einer uneinnehmbaren Burg steht man, vor allen Blicken geschützt, über den Dächern der Stadt.

Dieser Dachgarten befindet sich im 9. Bezirk wenige Meter von der Servitenkirche entfernt auf einem Wohnhaus aus der Gründerzeit. Hat man es bis zu der modern ausgebauten großen Dachgeschosswohnung geschafft, begrüßt die Hausherrin Despina Emirza ihre Besucher und begleitet sie hinauf auf das Dach. Ab dem oberen Drittel der Stiege sieht man durch ein Fenster schon Bereiche des modern anmutenden Gartens mit Wasserbecken und Bronzeskulpturen.

Intention für die Gestaltung des Dachgartens war das Schaffen einer grünen Oase im Stadtzentrum Wiens. Da die Wohnung übereck gebaut ist, hat auch der Dachgarten zwei rechtwinklig zueinander liegende Bereiche in unterschiedlichen Höhenniveaus. Möchte man zur südöstlichen Ebene gelangen, müssen noch fünf weitere Stufen genommen werden, die vor zwei mit Wasser gefüllten Stahlbecken enden. Am Rand einer Rasenfläche wachsen Buchsbaum, Rosen, eine Kiefer und sogar ein Apfel- und ein Kirschbaum. Zur Linken der Rasenfläche führen vier verschieden lange Blockstufen hinauf zu einem Sonnensitzplatz aus hellen Natursteinplatten, den Buchsbaumkugeln einfassen und dessen Geländer eine Glyzine berankt. Bei allen besuchten Dachgärten Wiens scheint diese Kletterpflanze mit ihren traubenförmigen Blütenständen sehr gut mit den klimatischen Bedingungen auf Dächern zurechtzukommen. Mit teilweise schon mächtigen Stämmen

OBEN: *Abendstimmung auf dem Dachgarten.*
GANZ OBEN: *Blick nach Norden auf den Sitzbereich mit Pergola aus Stahl.*
GEGENÜBER: *Blockstufen führen hinauf zu einem Sonnensitzplatz aus hellen Natursteinplatten. Dahinter die beiden Türme der Servitenkirche.*

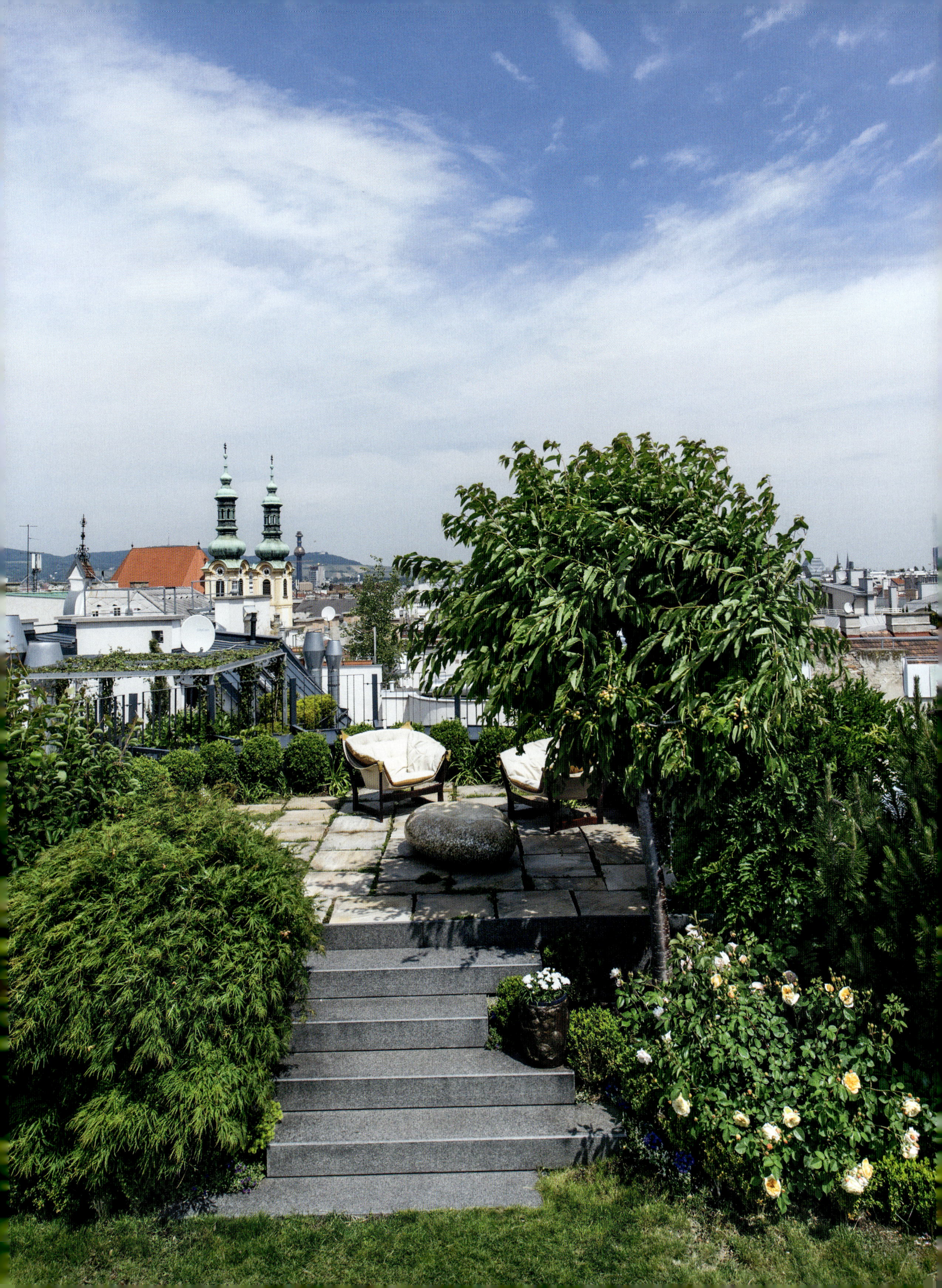

Sitzplatz mit Natursteinplatten und bewachsenen Fugen.

überranken sie ganze Dachgärten, wenn sie eine entsprechende Rankhilfe und genügend Zeit zum Wachsen bekommen.

In den Plattenfugen des Sitzplatzes wächst Sternmoos und unterstreicht mit seinem dunklen Grün den leicht unregelmäßigen Zuschnitt der Platten. Auf dem erhöhten Podest kann man auch im Sitzen die Stadtsilhouette erleben.

Zu den interessantesten Ausstattungen gehören die Skulpturen der beiden im Wasserbecken stehenden Schwangeren, die von dem amerikanischen Bildhauer John Henry Waddell stammen. Den Künstler kennt Despina Emirza seit ihrer Kindheit, als er an der Arizona State University lehrte. Die beiden kleinen Skulpturen kommen gut zur Geltung, da sie immer von Nahem betrachtet werden müssen, wenn man die Treppe hinauf- oder herabsteigt.

Der etwas tiefer liegende und damit auch geschützte nordwestliche Teil des Gartens wird von einer Eibenhecke, die in Pflanzkästen wächst, nach Osten eingefasst. Eine Pergola aus Stahl überdacht diesen großen Sitzbereich, der mit Buchsbäumen und Zypressen in Töpfen umgeben ist. Damit die gleiche Materialität überall im Garten gewahrt bleibt, dienen auch hier Natursteinplatten als Bodenbelag. Im hinteren Teil verfügt die Fläche noch über ein Holzdeck.

Von hier hat man einen Blick auf die beiden Türme der Servitenkirche, einem Barockbau aus dem 17. Jahrhundert.

Dahinter erstrecken sich die Weingärten im Nordwesten der Stadt bis zum Kahlenberg.

Aufgrund ihrer exponierten Lage sind Dachgärten mit ihrer hohen Sonneneinstrahlung und höheren Windgeschwindigkeiten manchmal in ihrer Nutzung, besonders tagsüber, deutlich eingeschränkt. Dafür aber haben sie gerade als Aufenthaltsräume am Abend und in der Nacht ihren besonderen Charme. Der Einsatz von Lichtquellen ist daher ein wichtiges zusätzliches Gestaltungsmittel, dessen sich auch die Gastgeberin bedient. Leuchtend orangefarbene Glasscheiben in Kombination mit gleichfarbigen Kerzen unterstützen die abendliche Inszenierung des Gartens und schaffen beeindruckende Effekte in der Nacht.

Es ist nicht verwunderlich, dass auch im Winter, zu Silvester, der Dachgarten ein idealer Ort ist, um von hier aus das Feuerwerk über der Stadt neben Stephansdom, Parlamentsgebäude und Riesenrad im Prater zu bewundern. Für Despina Emirza ist ihr sich ständig im Wandel befindlicher Dachgarten nicht nur Außensitzplatz oder Treffpunkt, sondern vielmehr ein Ort des Meinungsaustauschs, um mit Interessierten bei einem Glas Wein in der Hand, das Leben für ein paar Stunden zu teilen.

OBEN: *Skulptur des amerikanischen Bildhauers John Henry Waddell.*
GANZ OBEN: *Der tiefer liegende nordwestliche Bereich mit Pergola und zahlreichen Kübeln.*

Dachgärten

OBEN: *Die leuchtend orangefarbenen Glasscheiben in Kombination mit gleichfarbigen Kerzen steigern die nächtliche Atmosphäre.*
RECHTS: *Das Wasserbecken bei Nacht. Im Hintergrund ein Turm der Rossauer Kaserne.*

Zu Gast bei einer Kosmopolitin

Penthouse in Alsergrund

OBEN: *Die US-amerikanische Botschaft hinter blühenden Rosskastanien und Blumen-Hartriegel.*
GEGENÜBER: *Die beiden Türme der Canisiuskirche prägen die Stadtsilhouette.*

Ein Fahrstuhl bringt den Besucher in das von einer Dachterrasse umgebene Penthouse im 9. Gemeindebezirk Alsergrund, das Ende der 1970er Jahre entstand. Durch ihre Lage gleicht die Dachterrasse einem Balkon mit einem weiten Panoramablick auf die Stadtlandschaft, der im Nordwesten nur durch den Wienerwald begrenzt wird. Aufgrund der unmittelbaren Nachbarschaft zu einem kleinen, weiter östlich gelegenen Park schaut man auch auf das Blätterdach teils großer Altbäume.

Azaleen, Japanische Ahorne, Blumen-Hartriegel, Wacholder, Lebensbaum und Kiefern in aufgestellten Pflanzenbehältern rahmen die etwa 300 Quadratmeter große Terrasse ein. Zusammen mit den Baumkronen der Nachbarschaft bilden diese teils immergrünen Gehölze eine Art Passepartout für Aussichten auf die Stadt.

Die verwendeten Pflanzen sind vornehmlich Gehölze, die sich langfristig auf die nicht ganz einfachen klimatischen Bedingungen des Dachgartens eingestellt haben. Bewässerungsschläuche sorgen für die regelmäßige Versorgung mit Wasser, was bei höherer Verdunstung, stärkerem Wind und mehr Sonneneinstrahlung lebenswichtig ist. Auch der Pflegeaufwand verringert sich hierdurch. Für abendliche Lichtinszenierungen befinden sich in den Pflanzkästen versteckte Leuchten.

Vor zu starker Sonne schützt sich das Besitzerehepaar mithilfe einer ausfahrbaren Markise über seinem Sitzplatz, der zur Erweiterung ihres Wohnzimmers wird. Durch ihre Größe erlaubt die Terrasse ein Erkunden der verschiedenen Pflanzen, aber auch ein Wandeln über der Stadt. Nach Nordwesten blickend fallen die beiden Türme der Canisiuskirche auf, die hier die Stadtsilhouette prägen. Der große Kirchbau wurde innerhalb von nur drei Jahren 1903 fertiggestellt und vom damaligen Kaiser Franz Joseph eingeweiht. Hinter der Kirche zeichnen sich die mit Weinreben bepflanzten Höhen des Kahlenbergs mit dem Sendemast des Österreichischen Rundfunks ab. Etwas weiter nördlich fällt die glitzernde Kugel am Schornstein eines großen Industriebaus auf. Diese ist Teil einer Arbeit

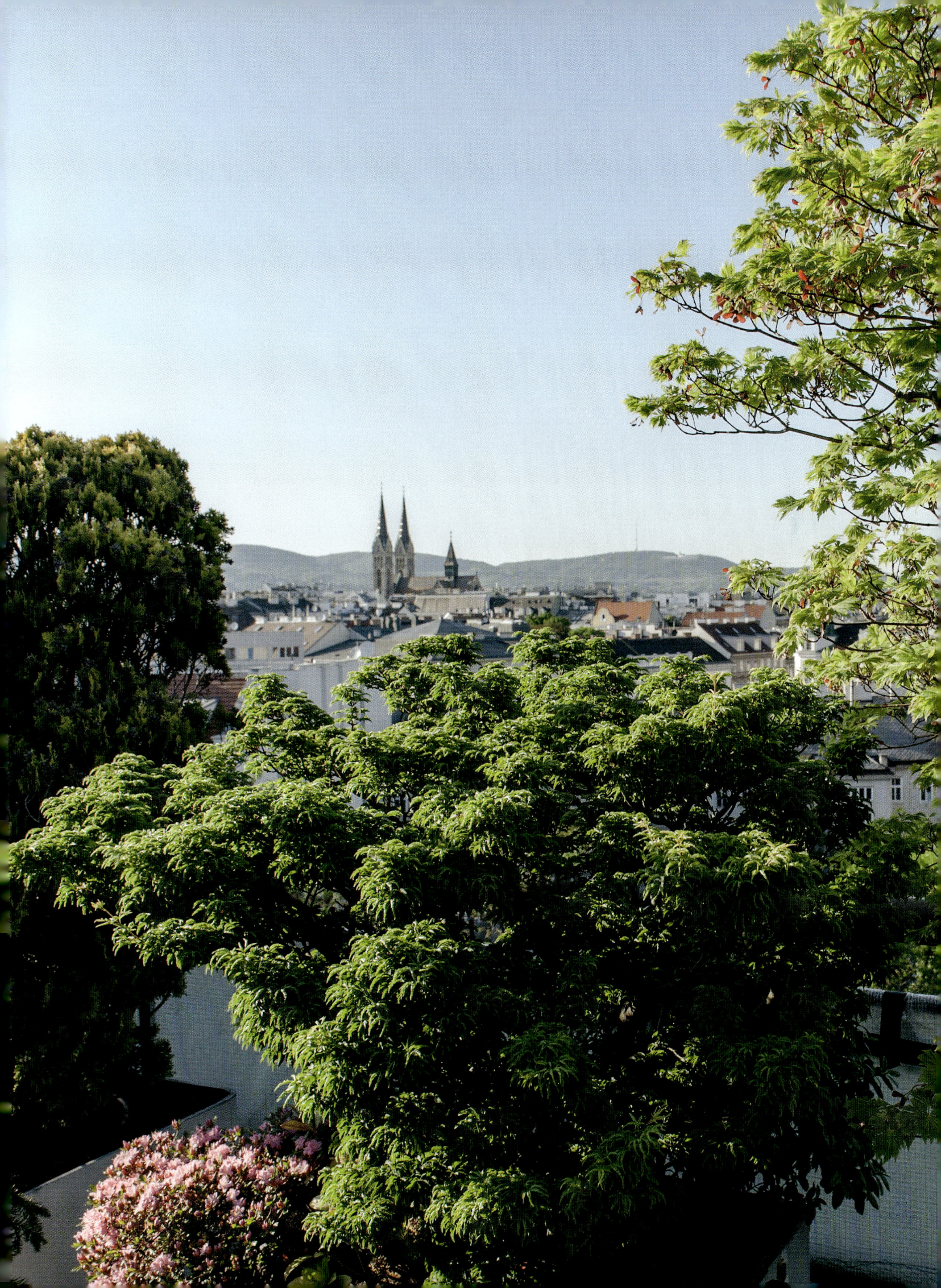

Dachgärten

des österreichischen Künstlers Friedensreich Hundertwasser, der die Fassade der Müllverbrennungsanlage Spittelau Ende der 1980er Jahre bunt und fantasievoll umgestaltete und den Zweckbau zu einer Fremdenverkehrsattraktion machte.

Ein Blick nach Südosten geht auch auf die im historischen barocken Stil erbaute ehemalige Kaiserlich-königliche Akademie für orientalische Sprachen, die seit 1947 erst US-amerikanische Gesandtschaft und dann ab 1951 wieder Botschaft wurde. Anfang Mai blühen vor dem großen Gebäude und im Park des ehemaligen Priesterseminars die für Wien so typischen Rosskastanien, die hier ein großes weißes Blütenmeer bilden.

OBEN: *Rote Fruchtflügel am Grünen Schlitzahorn.*
OEBEN RECHTS: *Kugelige Beeren am Wacholder.*
GEGENÜBER OBEN: *Blick über den Dachgarten in den Norden der Stadt.*
GEGENÜBER UNTEN: *Blühender Blumenhartriegel. Am Horizont der Schornstein mit Kugel der Müllverbrennungsanlage Spittelau.*

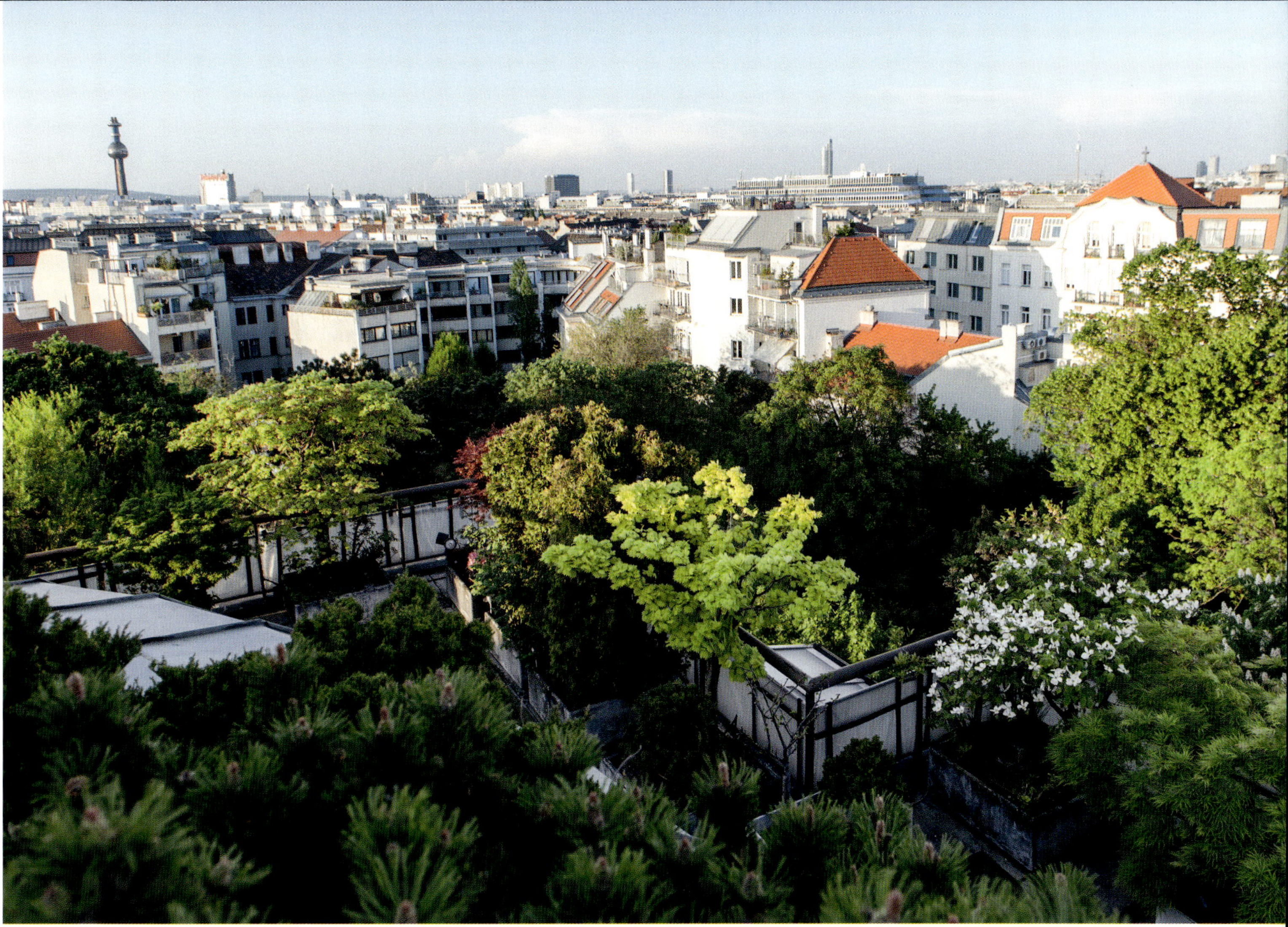

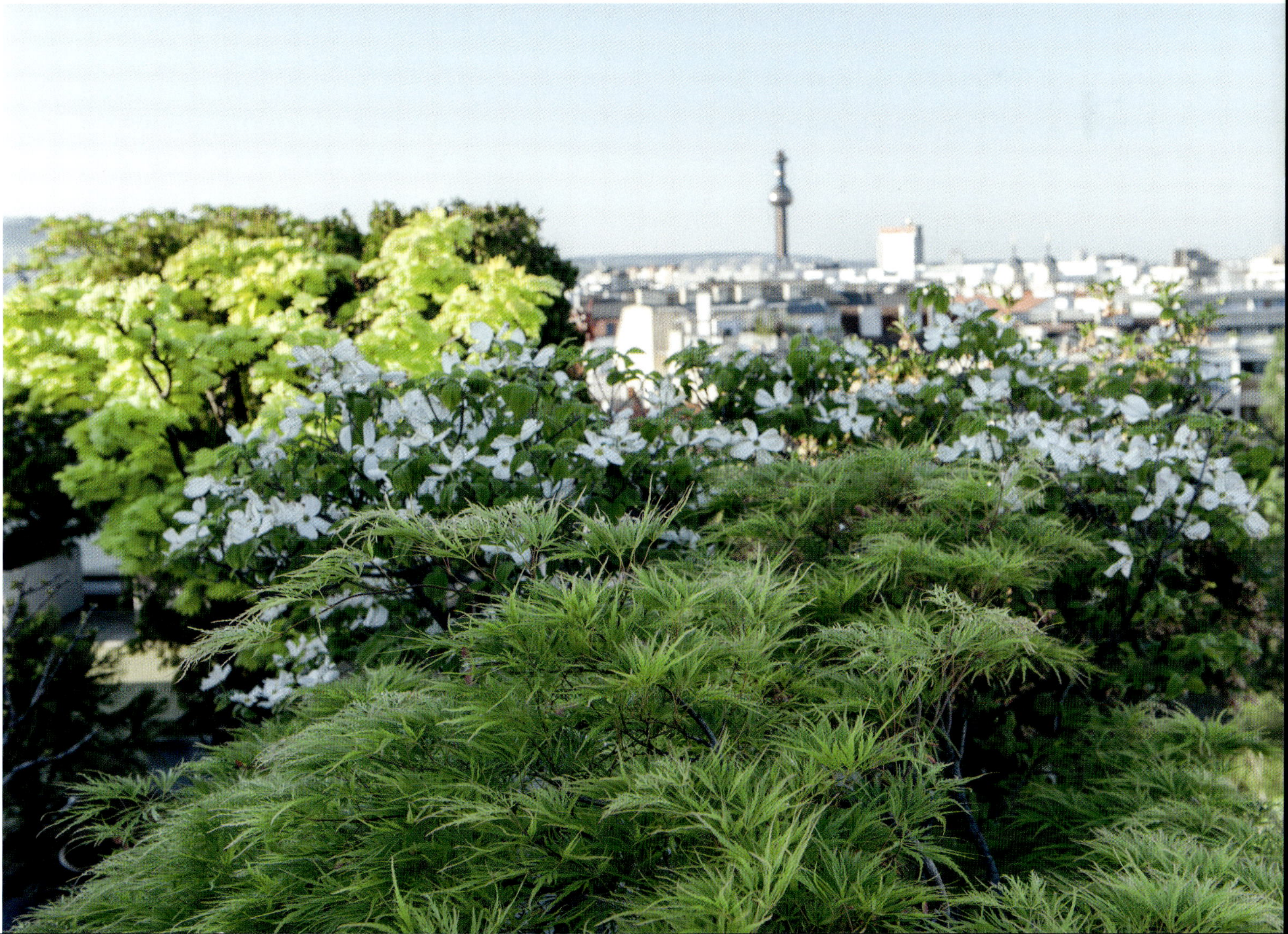

Adressen

Dipl.-Ing. Philipp Kröner
Innenarchitekt BDIA
Thomas-Knorr-Straße 48
82467 Garmisch-Partenkirchen
Telefon: +49 (0) 88 21-35 40
Seite 20

DI Dr. Sabine Plenk
AG Pflanzenverwendung im Freiland –
Planting Design
Institut für Garten-, Obst- und Weinbau
Department für Angewandte Pflanzenwissenschaften und Pflanzenbiotechnologie,
BOKU Wien
Gregor-Mendel-Straße 33
A-1180 Wien
Telefon: +43 (0) 1- 476 54 - 34 24
Seite 23

cp-architektur
Christian Prasser
Nestroyplatz 1/1
A-1020 Wien
Telefon: +43 (0) 1-96 90 66-0
www.cp-architektur.com
Seite 66

Clemens Lutz, Gartenarchitekt
stalzer lutz gärten
Hauptstrasse 286
A-3411 Weidling
Telefon: +43 (0) 1-212 13 09
www.stalzerlutz.at
Seite 68

Ideenraum Rudolf Matkovits
Theodor-Körner-Gasse 18
A-3400 Klosterneuburg
Telefon: +43 (0) 664-226 02 79
Seite 79

Atelier Auböck + Kárász
Bernardgasse 21
A-1070 Wien
Telefon: +43 (0) 1-523 72 20
www.auboeck-karasz.at
Seite 84

LEDERLEITNER GmbH
Feldgasse 5
A-3451 Michelhausen
Telefon: + 43 (0) 22 75-52 05
www.lederleitner.at
Seite 124

Isabella Reiter Baumschule GmbH
Schloßgasse 8
A-3423 Sankt Andrä-Wördern
Telefon: +43 (0) 2242-322 55-0
Seite 164

Architekt DI Gert Strauss
staatlich befugter und beeideter
Ziviltechniker
Vinzenzgasse 14
A-1180 Wien
Telefon: +43 (0) 1-402 13 22
www.strauss.eu
Seite 164

DI Architekt Franz Demblin
Brahmsplatz 4
A-1040 Wien
Telefon: +43 (0) 1-504 95 95
Seite 172

Fa. Traumgarten –
Ing. Georg Guggenberger
Linzer Straße 36
A-1140 Wien
Telefon: +43 (0) 1-786 83 84
www.traumgarten.co.at
Seite 179

Dank

»Österreich ist ein Labyrinth, in dem sich jeder auskennt.« Dieses Zitat stammt von dem Kabarettisten, Schauspieler und Schriftsteller Helmut Qualtinger. Auf Wien übertragen galt Ähnliches, als der Entschluss gefasst wurde, *Die Geheimen Gärten von Wien* zu realisieren und mit der Recherche begonnen wurde.

Die entscheidenden Hilfen auf der Suche nach privaten Gärten gaben dabei Claudia Breitenfeld zusammen mit Rita Weber, Ulla Metz und Dr. Sylvia Papházy. Ganz herzlichen Dank dafür!

Ebenfalls gilt unser Dank Monika Pral und Marc Rosengarten.

Natürlich danken wir auch besonders den 30 Wiener Gartenbesitzern, die uns ihre städtischen Oasen zeigten und sich bereit erklärten, diese auch in einem Buch veröffentlichen zu lassen. Wir freuen uns, dass sie es damit möglich machten, vielen interessierten Lesern ein Stück private Gartenkultur in der Donaumetropole zu präsentieren.

Dieses Buch hat nicht den Anspruch auf Vollständigkeit, sondern wirft viel mehr ein Schlaglicht auf Gärten einer Großstadt während einer Vegetationsperiode. Viele Zufälle sowie fachliche und soziale Netzwerke führten zu dieser Privatgartenkollektion.

Schließlich danken wir dem Verlag mit seinem Lektor Roland Thomas und der Herstellerin Monika Pitterle für die freundliche Unterstützung während der Buchgenese und für die gute Atmosphäre bei unserer Zusammenarbeit.

Georg Freiherr v. Gayl   *Ferdinand Graf von Luckner*

Impressum

Das für dieses Buch verwendete Papier *Profisilk*, hergestellt von Sappi, liefert IGEPA.

1. Auflage
Copyright © 2013 Deutsche Verlags-Anstalt, München, in der Verlagsgruppe Random House GmbH
Alle Rechte vorbehalten
Fotos: © Ferdinand Graf von Luckner
Satz und Layout: Monika Pitterle / DVA
Gesetzt aus der Adobe Garamond Pro
und der Bauer Bodoni Std 1
Lithographie, Druck und Bindung:
Longo AG, Bozen
Printed in Italy

ISBN 978-3-421-03881-4

www.dva.de